Theo Hirsbrunner

Olivier Messiaen
Leben und Werk

Laaber-Verlag

ISBN 3-89007-139-2

Gesamtherstellung: Erhardi Druck GmbH, Regensburg.
Umschlag: Messiaen in Japan (Foto: Yvonne Loriod, Paris).

Inhaltsverzeichnis

Anhang

Vorwort

Olivier Messiaen ist eine Schlüsselfigur der internationalen Entwicklung der Musik nach dem Zweiten Weltkrieg. Am Conservatoire National Supérieur de Musique in Paris unterrichtete er bis 1978 Schüler aus aller Welt. Bekannt wurde er in erster Linie dadurch, daß er dem Serialismus von Pierre Boulez und Karlheinz Stockhausen wichtige Impulse gab, um sich nachher aber entschieden von dieser Kompositionstechnik zu distanzieren und dafür auch jüngere Musiker, wie Gérard Grisey und Hugues Dufourt, in ihren Recherchen auf dem Gebiet der Klangfarbe zu unterstützen.

Doch kann man eigentlich Messiaens Wirken nicht als eine Folge von rein musikalischen, rationalen Experimenten darstellen. Messiaen erlebt seine Musik als eine in größere Zusammenhänge eingebettete. Der Mensch Messiaen mit seinem tiefen Glauben an Gott und dessen Schöpfung muß deshalb ins Zentrum gerückt werden. In seiner Kindheit ist schon alles das angelegt, was ihn später zu einer singulären Erscheinung machen sollte, während das Privatleben des reifen Künstlers von größter Diskretion umgeben bleibt. Doch bieten immerhin die Texte, die er schrieb und dann vertonte, eine gewisse Möglichkeit, sein Inneres zu erahnen.

Dem katholischen Glauben blieb er immer treu; er war nicht ein Kinderglaube, der durch spätere, bittere Erfahrungen zerstört werden konnte, auch seine Entdeckung der orientalischen Kulturen konnte ihn darin nicht erschüttern. Ihm untergeordnet und beigesellt erscheinen der Tristan-Mythos und die Ehrfurcht vor der Natur als wichtige Kräfte seiner Persönlichkeit. Daneben spielt noch der Surrealismus eine nicht zu unterschätzende Rolle, doch hier muß sofort ein Vorbehalt angemeldet werden: Brutalität und Arroganz gegenüber der bürgerlichen Vernunft sind in Messiaens verbalen Äußerungen nicht zu finden, für ihn war der Surrealismus nichts mehr als eine Verlockung, frei mit der Phantasie zu spielen, wobei aber die Musik selbst, als nicht-verbale Äußerung, von Zeit zu Zeit jene surrealistische Bizarrerie und Absurdität verrät. Messiaens Musik ist mehr, als gewisse nüchterne Hörer wohl glauben: Sie ist nur gelegentlich dem süßen Kitsch von Votivbildern ähnlich und dafür immer wieder fähig, dem Schrecken vor dem Numinosen eine Stimme zu geben.

Messiaen wurde fast ausschließlich durch die französische Kultur geprägt, deshalb erscheinen hier die slawischen Namen in französischer Rechtschreibung. Die Zitate aus den Interviews, die er gab, werden im ersten Teil des Buches nur auf Deutsch wiedergegeben, um das flüssige Lesen zu erleichtern, im zweiten Teil wird aber auch der originale Wortlaut neben der Übersetzung aufgeführt, da dieser Teil ebenso wie der dritte höhere Anforderungen an das Verständnis der Musik stellt, wobei aber immer wieder der menschliche Aspekt eine wichtige Rolle spielen wird; ohne ihn lassen sich die Kompositionen nicht verstehen. Texte in gebundener Form erscheinen in beiden Sprachen, Französisch und Deutsch.

Das Buch will nicht eine Übersicht über alle Werke geben, das wäre bei der gebotenen Kürze nicht möglich gewesen. Harry Halbreich (siehe Bibliographie) unternahm diesen Versuch, wobei er oft im Stile eines Konzertführers befangen bleibt, obwohl sein Buch viel umfangreicher ist. Bei der Fülle der Werke, die Messiaen schuf, schien ein Hinweis auf verschiedene grundlegende Aspekte viel hilfreicher für den Leser, der sich nicht ungehalten zeigen möge darüber, daß die Notenbeispiele fast ausschließlich aus Klavier- und Orgelwerken stammen; die Wiedergabe von Seiten aus Orchesterpartituren wäre im Format dieses Buches nicht sinnvoll gewesen.

Denkbar wären auch gesonderte Kapitel über Messiaens Beziehungen zur Musik Debussys und Strawinskys, doch werden diese beiden Komponisten überall erwähnt, und in anderen Büchern von mir, die in den Anmerkungen erscheinen, habe ich darüber schon viel gesagt.

Zu danken habe ich Madame Loriod und Maître Messiaen für ihre Hilfe, zu danken habe ich aber auch meinen Studenten, die im Laufe der Jahre meinen Vorlesungen über diesen Komponisten gerne folgten.

Bern, im Frühjahr 1987 Theo Hirsbrunner

Leben

Einleitung

Das Leben von Olivier Eugène Prosper Charles Messiaen ist äußerst arm an spektakulären Ereignissen. Seine Existenz als Lehrer und Privatmann entzieht sich zum großen Teil unseren Blicken, und dennoch hat er auf das kompositorische Schaffen der Folgegenerationen eine Wirkung ausgeübt, die nur mit derjenigen von Arnold Schönberg verglichen werden kann. Am Conservatoire National Supérieur de Musique in Paris, an der rue de Madrid, wurde mit seiner Hilfe eine Revolution der musikalischen Sprache vorbereitet, die die Jahre nach dem Zweiten Weltkrieg in internationalen Dimensionen prägen sollte.

Neben seinem eigenen schöpferischen Schaffen war er vor allem ein unvergleichlicher Anreger für die Jüngeren. Diese Anregungen aber haben ihre Wurzeln in der Kindheit und Jugend Messiaens, in einer Kindheit, die zu erzählen es sich unbedingt lohnt, mag auch das Privatleben des reifen Künstlers eher unbedeutend erscheinen. Mit dem gegen Ende der vierziger Jahre schnell wachsendem Ruhm machte Messiaen zwar viele Reisen durch die ganze Welt, Reisen, die er bis jetzt (1986), wo sich das achte Dezennium seines Lebens zu vollenden verspricht, mit unverminderter Intensität fortsetzt, doch auch das gehört zur banalen Routine von Leuten der westlichen Welt. Es ist unmöglich, die genauen Daten aller Reisen nach Japan, den Vereinigten Staaten und innerhalb Europas zu nennen; sie sind zum großen Teil Messiaens Erinnerungsvermögen entfallen, doch sollen einige davon in den folgenden Kapiteln erwähnt werden, da sie von großer Bedeutung und Wirkung waren, wie zum Beispiel die erste Fahrt nach Japan.

Die Biographie dieses Buches ist nicht streng chronologisch gegliedert, dafür wird vor dem Werkverzeichnis nach Gattungen eine kurze tabellarische Übersicht gegeben. Die Chronologie wird hier nicht durchweg eingehalten, weil es sinnvoller ist, Messiaens Lehrtätigkeit zum Beispiel in einem einzigen geschlossenen Kapitel darzustellen, obschon sie sich, was das Conservatoire betrifft, von 1941 bis 1978 hinzog. Die darauf folgenden Kapitel verzichten vollends auf die Chronologie und stellen dafür einzelne Aspekte des Lebens und Schaffens, die eine Einheit bilden, in den Vordergrund.

Nicht eine lineare Erzählung, sondern Lebensbilder, die äußere und innere Welt umfassend, werden im Vordergrund stehen, da sie nahezu, wenn auch mit einer gewissen Vorsicht, zur Deckung gebracht werden können.

Deutlich muß gesagt werden, daß diese Biographie nicht ohne Harry Halbreichs Buch über Messiaen (siehe Bibliographie) hätte geschrieben werden können. Halbreich war Schüler von Messiaen und nützte seine während Jahren andauernde Nähe zum Komponisten zu Kontakten, während denen der Lehrer viele mündliche Hinweise zu seinem Leben geben konnte, die sonst nicht auf die Nachwelt hätten kommen können. Um das flüssige und problemlose Lesen zu ermöglichen, wird aber im folgenden nicht immer mit Zitaten und Anmerkungen auf Halbreich verwiesen, dafür wird Messiaen selbst ausgiebig zu Wort kommen in den Gesprächen, die er Claude Samuel gewährte (siehe Bibliographie). Sie stammen zwar erst aus den sechziger Jahren, vermögen aber ein lebhaftes und warmherziges Bild von früheren Erlebnissen und Eindrücken zu geben, auf die nur zum Schaden einer faktenreichen Schilderung hätte verzichtet werden können.

Ich selbst wurde erst im Spätherbst 1985 mit Messiaen persönlich bekannt. Während meiner Studienzeit in Paris, am Anfang der fünfziger Jahre, habe ich die einzigartige Gelegenheit verstreichen lassen, in Messiaens Klasse am Conservatoire hineinzuschauen, in eine legendäre Klasse, über die die durchschnittlichen Schüler des Instituts nur komische Geschichten erzählten. Ich war damals in Paris „gestrandet", ohne zu wissen, welche Bedeutung Messiaen für Pierre Boulez und Karlheinz Stockhausen längst schon gehabt hatte. Ein blutiger Anfänger, ein Grünschnabel war ich und verpaßte auch die Theaterstücke von Samuel Beckett und Eugène Ionesco, um mich dafür an Jean Giraudoux, Henry de Montherland und Jean Anouilh zu delektieren, die zwar schon etwas früh von der Pariser Presse zu „Klassikern" gemacht wurden, um aber dafür praktisch jede Bedeutung für die Zukunft des Theaters zu verlieren. Durch meine Arbeiten über Claude Debussy, Igor Strawinsky, Pierre Boulez und nicht zuletzt Richard Wagner mußte ich aber zu Messiaen kommen, der weitherzig und großmütig alle diese Komponisten zusammenfaßt.

Ohne mit Halbreich rivalisieren zu wollen, möchte ich der Biographie doch noch eine persönliche Note geben, indem ich mit aller gebotenen Diskretion hier von meinen Besuchen bei Messiaen berichte, um damit doch den naiv schwärmerischen Ton zu vermeiden, den solche Schilderungen bei

Robert Schumann und Richard Wagner haben: Sie geben beide vor, noch Ludwig van Beethoven in Wien besucht und bewundert zu haben, um damit eigentlich — es sei ihnen verziehen — nur von ihrem eigenen Künstlertum, ihrer eigenen Künstlerproblematik zu reden. Meine Sicht auf den privaten Messiaen ist — so hoffe ich — weniger egozentrisch, und wenn man schon von einer gewissen „Privatheit“ sprechen will, in die mir Messiaen freundlich und gütig Einblick gewährte, so gilt es doch zu betonen, daß seine Existenz als Mensch und Künstler längst eine, wie es scheint, endgültige Stilisierung und auch Monumentalisierung erreicht hat, die jede Indiskretion ruhig, aber bestimmt abweisen. Was schließlich von Messiaen überdauern wird, ist ein Lebensbild, das er sich im Laufe der Jahre still und unbeirrt aufgebaut hat, und nicht die Aufzählung von Fakten, die dieses Bild trüben und uns desillusionieren könnten, ohne das Werk, um das es ja letzten Endes geht, besser verstehbar zu machen.

Kindheit

Olivier Messiaen wurde am 10. Dezember 1908 um Mitternacht in Avignon geboren. Sein Vater, Pierre Messiaen, war Englischprofessor, und er sollte von 1919 an während dreißig Jahren eine Shakespeare-Übersetzung verfassen. Der elisabethanische Dramatiker gewann für den Komponisten eine ganz entscheidende Bedeutung, wovon hier noch mehr die Rede sein wird. Er las ihn aber als Jugendlicher in der Übersetzung von Montegut, da er nie das Englische sprechen und lesen lernte, genau so wenig wie das Deutsche, im Gegensatz zu seinem Schüler Boulez, der diese beiden Fremdsprachen perfekt beherrscht. Messiaen glaubt noch in aller ruhigen Bescheidenheit daran, daß seine Muttersprache, das Französische, die „lingua franca" der ganzen Welt sei, und mit den japanischen Ornithologen unterhielt er sich während seines ersten Besuches im Fernen Osten auf Lateinisch, das nun wirklich seit dem früheren Mittelalter allen Gelehrten vertraut sein sollte.

Seine Mutter, Cécile Sauvage, war Dichterin, und ihren schönsten Gedichtband verfaßte sie gerade in den Monaten, während denen sie ihr erstes Kind, das Olivier sein sollte, erwartete. Er heißt *L'Ame en bourgeon* (Die knospende Seele) und ist längst nicht mehr greifbar auf dem Buchmarkt. Doch Paul Griffiths gibt in seinem Messiaen-Buch einige Verse aus diesem Band wieder[1]:

„O mon fils, je tiendrai ta tête dans ma main,
Je dirai: j'ai pétri ce petit monde humain;
Sous ce front dont la courbe est une aurore étroite
J'ai logé l'univers rajeuni qui miroite
Et qui lave d'azur les chagrins pluvieux.
Je dirai: j'ai donné cette flamme à ces yeux,
J'ai tiré du sourire ambigu de la lune,
Des reflets de la mer, du velours de la prune
Ces deux astres naïfs ouverts sur l'infini.
Je dirai: j'ai formé cette joue et ce nid
De la bouche où l'oiseau de la voix se démène;
C'est mon oeuvre, ce monde avec sa face humaine."

(Oh mein Sohn, ich werde deinen Kopf in meinen Händen halten, / Ich werde sagen: ich habe diese kleine Menschenwelt geformt; / Unter dieser Stirn, deren Bogen eine engbegrenzte Morgenröte ist, / Habe ich das verjüngte Universum eingerichtet, / Das die regnerischen Sorgen widerspiegelt und mit Azurblau wäscht. / Ich werde sagen: ich habe diese Flamme diesen Augen gegeben, / Ich habe dem zweideutigen Lächeln des Mondes, / dem Leuchten des Meeres, dem Samt der Pflaume / Diese zwei kindlichen Sterne entnommen, die sich dem Unendlichen öffnen / Ich werde sagen: ich habe diese Wange geformt und dieses Nest / Des Mundes, wo sich die einem Vogel gleiche Stimme abmüht; / Das ist mein Werk, diese Welt mit ihrem Menschengesicht.)

Diese paar Verse aus dem Gedicht *La Tête* (Der Kopf) sind sicherlich nicht große Literatur, doch bedeutend genug, um das noch nicht geborene Kind mit einer Atmosphäre von wunderbarem Zauber zu umgeben. Heute ist längst allgemein bekannt, daß schon die pränatale Phase auf das zukünftige Schicksal eines Kindes und sogar eines Erwachsenen einwirken kann. Kennzeichend für den späteren Messiaen als Musiker sind das kosmische Gefühl und der Gedanke an Vogelstimmen, von denen Cécile Sauvage hier spricht. Die Natur als Geschenk der göttlichen Gnade — ein Thema, das Messiaen ohne Unterlaß umkreisen sollte — wird von der Mutter schon ganz intensiv erlebt. Antoine Goléa gibt noch eine weitere Zeile aus diesem Gedicht wieder, die die Bestimmung zum Künstler enthält[2]: „L'angoisse du mistère où l'art va se briser . . ." (Die Angst vor dem Geheimnis, wo die Kunst bald zerbrechen wird . . .) Pierrette Mari glaubt sogar zu erkennen, daß die Mutter ihr Kind zum Musiker bestimmt habe, lange bevor es geboren wurde. Sie zitiert dazu den folgenden Vers[3]: „Je souffre d'un lointain musical que j'ignore . . ." (Ich leide unter Musik aus der Ferne, die mir unbekannt ist . . .)

Cécile Sauvage starb 1927, zu früh, um ihres Sohnes erste Erfolge miterleben zu können, doch sah sie zum mindesten, wie sich die musikalischen Gaben ihres Ältesten am Conservatoire befriedigend entwickelten. Messiaen blieb dem Andenken seiner Mutter treu und verwirklichte später bei Erato eine Schallplatte, auf der er eine Auswahl der Gedichte mit Orgelimprovisationen umrahmte.

Der Musiker hat auch literarische Gaben entwickelt; nahezu alle seine vokalen Werke schrieb er auf eigene Texte, die ihm genau so wichtig sind wie die Musik. Auch die Kommentare, die vielen Werken vorangehen, wie zum Beispiel den einzelnen Stücken des *Catalogue d'oiseaux*, sind richtige Prosagedichte, die einen evokativen Zauber ganz besonderer Art ausstrahlen. Alain, der jüngere Bruder von Olivier, griff später ebenfalls zur Feder und verfaßte

Le Cortège d'Euterpe, poetische Kommentare zu musikalischen Werken — auch zu solchen seines Bruders —, womit beide Söhne von Cécile Sauvage sich im Überschreiten der Grenzen zwischen den verschiedenen Künsten übten, zwischen Musik und Poesie, Klang und Farbe, wovon hier später wiederholt die Rede sein wird.

Messiaen hat immer wieder betont, daß seine Geburt in Avignon in einem gewissen Sinne „zufällig" gewesen sei; sie fand nur dort statt, weil der Vater Pierre durch seine ihm vorgesetzte Behörde dorthin geschickt wurde. Die Mutter war freilich zum Teil südfranzösischer Herkunft, der Name Messiaen stammt aber aus Flandern und der belgischen Hauptstadt Bruxelles. Der Komponist hat an jene provenzalische Stadt mit dem weitausladenden Papstpalast über der breiten Rhone keine Erinnerung bewahren können, denn als er vierjährig war, wurde sein Vater nach Ambert versetzt, der Stadt Emmanuel Chabriers im Department Puy de Dôme, ins französische Zentralmassiv also, das westlich von Lyon liegt. Ambert liegt aber nicht weit weg von Montbrison, wo Boulez auf die Welt kommen sollte, der später Messiaens Schüler und nach des Lehrers Worten auch sein Erbe werden sollte. In Ambert lernte Messiaen lesen — französische Kinder werden im allgemeinen in allen möglichen Schuldisziplinen sehr frühzeitig gedrillt —, und sein Vater sah ihn damals schon in die Lektüre von François René de Chateaubriands *Les Aventures du dernier des Abencerages* vertieft. Doch genau so wie Avignon hat auch Ambert keine tiefen Erinnerungsspuren in Messiaens Geist hinterlassen.

Ganz anders steht es mit Grenoble, wohin er 1914 gebracht wurde. Der Vater mußte an die Front, und der Rest der Familie zog in diese Stadt des Dauphiné, wo der Bruder von Cécile Sauvage, der Chirug André Sauvage, wirkte. Noch heute bekennt Messiaen: „Je suis grenoblois", denn in dieser Stadt, wo Henri Stendhal geboren wurde, hat er seine entscheidendsten Eindrücke empfangen, die sein späteres Leben prägen sollten. Halbreich erwähnt fünf wichtige Kräfte, die damals auf das Kind einwirkten:

Zum Ersten: Musikalische Talente verdanken meist ihre Entstehung dem mütterlichen oder ganz einfach weiblichen Einfluß, dem ein Kind ausgesetzt ist. In Grenoble fehlte Olivier der Vater, und Cécile Sauvage und deren Mutter konnten auf den Heranwachsenden einwirken: „Der größte Eindruck, den ich empfing, kam von meiner Mutter, (. . .) vor allem während des Krieges von 1914, als mein Vater und mein Onkel eingezogen wurden und ich mich allein in Grenoble befand, mit meiner Mutter und meiner Großmutter; während dieser ganzen Zeit (. . .) hat mich meine Mutter in einem Klima von Poesie und Märchen erzogen, das, unabhängig von meiner Berufung zum Musiker, der Ursprung von all dem war, was ich später gemacht habe. Tatsächlich entwickelt ein solches Klima unermeßlich die Phantasie eines Kindes und führt es zum immateriellen Ausdruck, der sein wahres Ziel in der Musik findet, die die immateriellste aller Künste ist."[4]

Zum Zweiten: Noch einmal Shakespeare, den Messiaens Vater übersetzen sollte. Seine Theaterstücke schildern nicht nur „die menschlichen Leidenschaften, sondern auch die Magie, die Hexen, die Kobolde, die Sylphen, die Gespenster und Erscheinungen aller Art; Shakespeare ist ein Autor, der mächtig die Phantasie entwickelt. Ich orientierte mich an Märchen, und Shakespeare ist manchmal ein Supermärchen (super-conte de fées), und es ist vor allem dieser Aspekt von Shakespeare, der mich beeinflußt hat (. . .). Ich liebte mehr als alles andere Macbeth (wegen den Hexen und dem Gespenst Banquos) ebenso Puck und Ariel (aus denselben Gründen), und ich empfand lebhaft die Größe des Königs Lear, der, verrückt geworden, den Sturm und den Blitz verflucht."[5] Naturgewalten und Naturgeister blieben für Messiaen zeit seines Lebens quasi reale, zum mindesten ernstzunehmende Kräfte, doch als Kind inszenierte er schon Shakespeare für seinen Bruder Alain als Publikum, indem er Dekors aus Zellophanpapier herstellte, dieses mit Aquarellfarben bemalte, gegen Glasscheiben klebte und so schon seine spätere große Liebe zu den farbigen gotischen Kirchenfenstern vorausnahm.

Zum Dritten: Nun erwacht in ihm auch die Liebe zur Musik, und zwischen sieben und zehn Jahren wünscht er sich nach und nach die folgenden Werke zu Weihnachten: *Don Giovanni* und *Die Zauberflöte* von Mozart, *Orphée* und *Alceste* von Gluck, *La Damnation de Faust* von Berlioz und *Die Walküre* und *Siegfried* von Wagner — alles Bühnenwerke, die einen nur ratlos vor der Frage bleiben lassen, warum er später nicht mehr Bühnenwerke komponiert hat. *Saint François d'Assise* wurde erst 1983 uraufgeführt, die einzige Oper von seiner Hand und doch nicht eine Oper oder ein Musikdrama im traditionellen Sinne, vielmehr ein Theater für das innere Vorstellungsvermögen. Zur selben Zeit begann er autodidaktisch Klavier zu spielen und instinktiv Kanons in der Oktave zu komponieren, so daß ihm seine Mutter die erste Klavierlehrerin gab, eine Mademoiselle Chardon. Freunde der Familie schenkten ihm auch die Partituren der *Estampes* von Debussy und von

Gaspard de la nuit von Ravel. Damit sind die wichtigsten Komponisten, außer Strawinsky, aufgezählt, die für seinen Werdegang bestimmend sein sollten: „Es ist unbestreitbar, daß ich diese Komponisten immer geliebt habe und daß diese Liebe sich heute nicht verleugnet. Ich erinnere mich an einen Tag, wo ich mich, statt mit den anderen Kindern zu spielen, auf eine Steinbank setzte, im großen Stadtpark von Grenoble (. . .) Man hatte mir eben Auszüge aus dem *Orphée* von Gluck gekauft, und ich betrachtete das Thema in F-Dur der großen Arie des Orpheus im ersten Akt, das wahrscheinlich die schönste Melodie ist, die Gluck geschrieben hat — als ich merkte, daß ich sie ‚hörte'. Also hatte ich schon das innere Gehör — und ich machte doch erst seit einigen Monaten Musik."[6]

Zum Vierten: Halbreich beschreibt ausführlich die Lage von Grenoble, die nur mit der von Innsbruck zu vergleichen sei: Überall — im Norden, Süden, Osten und Westen — steigen die Berge jäh auf zu schwindelnden Höhen, Gletscher und Felswände bilden eine grandiose und zugleich unnahbare Szenerie, die Messiaen im ersten Stück aus dem *Catalogue d'oiseaux* beschreiben sollte, und sein Werk zum Andenken der Gefallenen der beiden Weltkriege, *Et exspecto resurrectionem mortuorum,* könne man nicht nur in Kathedralen, sondern auch hoch oben auf den Bergen aufführen: „Ich liebe die verschiedensten Formen der Natur, und ich liebe alle Landschaften, aber ich habe eine Vorliebe für die Berge, weil ich meine Kindheit in Grenoble verbrachte und weil ich schon in jungen Jahren die Berge des Dauphiné gesehen habe (. . .) Wie Berlioz — und speziell wilde Orte wie den Gletscher der Meije, die weniger berühmt ist als der Mont Blanc, aber sicher schrecklicher, reiner, isolierter . . ."[7] Die Meije ist Messiaens heiliger Berg —, wie man ohne Übertreibung sagen darf — Meije ist Provenzalisch für mont: Berg —, und die Attribute „schrecklich, rein, isoliert", die er dem Berg gibt, lassen sich mit gutem Recht auch auf bestimmte monumentale und beschwörende musikalische Werke von seiner Hand anwenden.

Zum Fünften: Schon als Kind kaufte sich Messiaen theologische Bücher, und er bekannte später: „Ich habe das Glück Katholik zu sein; ich wurde als ein Glaubender geboren („je suis né croyant"), und die heiligen Schriften haben mich schon als Kind stark berührt."[8]

Die Märchen und Shakespeare, die Musik und die Größe der Natur finden ihre Fortsetzung und Krönung im christlichen Glauben: „Es ist unbestreitbar, daß ich in den Wahrheiten des katholischen Glaubens diese Verführung durch das Wunderbare hundertfach, tausendfach multipliziert wiedergefunden habe, und es handelte sich nicht mehr um eine theatralische Fiktion, sondern um etwas Wahres. Ich habe die Wahrheit gewählt, in der Art des heiligen Christophoros, der, als er noch Reprobus hieß, nacheinander der Königin der Wollust, dem König des Goldes und dann dem Fürsten des Bösen diente und schließlich Christus trug (daher sein Name Christophoros: Christus-Träger)."[9]

Schritt für Schritt durch die sinnlich erfahrbare Welt hindurch führt Messiaens Weg zu Gott. Ihn sollte er mit Vogelstimmen, Windesrauschen, Wellenschlag und mit allen Farben des Himmels rühmen. Die natürliche Welt wird nicht verleugnet oder asketisch vermieden, doch zwischen ihr und Gott besteht für Messiaen doch noch ein wesentlicher Unterschied: Die Natur ist in der Zeit, Gott außerhalb der Zeit. Deshalb sollte er ein vollkommen neues Zeitgefühl in die Musik einbringen, ein Zeitgefühl, hinter dem wir die Ewigkeit ahnen können. Der heilige Franz wird in Messiaens Oper diese Reise durch die reale, bildhafte Welt vollziehen, um doch nie ganz zur letzten Wahrheit, die nur bei Gott ist, vorzudringen. Die Welt wird auf diesem Wege dankbar genossen und in all ihren Aspekten gefeiert. Der deutsch-protestantische Bildersturm mußte Messiaen immer fremd bleiben. Viele seiner Werke sind richtige Bilder trotz der immateriellen Natur der Musik, und, vor allem, sie klingen meist ausgesprochen schön, ja zuweilen sogar süß, ohne ihren theologischen Ernst zu vergessen.

Diese entscheidenden Jahre nahmen 1918 ein Ende, der Vater kam heim und wurde nach Nantes, an die Atlantik-Küste, versetzt. Dort verbrachte die Familie nur einen einzigen Winter, der aber doch für den nun Zehnjährigen neue Anregungen brachte. Er hatte eine ganze Reihe von Klavierlehrern, deren Unterricht er nur kurze Zeit folgte: Gontran Arcouët, Robert Lortat, die Fräulein Véron und den später recht bekannten Kritiker Louis Vuillemin. Doch das waren alles ephemere Erscheinungen im Leben Messiaens, ganz entscheidend war dagegen der Harmonie-Unterricht bei Jehan de Gibon. Wer war Jehan de Gibon? Wir wissen es nicht, doch für den Schüler war er die erste große Lehrerpersönlichkeit in seinem Leben, der noch einige weitere, bedeutende folgen sollten. Der Vorname Jehan statt Jean zusammen mit dem Adelspartikel würde an einen Ritter des Mittelalters denken lassen, und etwas von alten Legenden scheint um ihn am Werke gewesen zu sein, denn Messiaen bekannte später: „Dieser zuletzt erwähnte Professor [de Gibon] war zugleich sehr arm und ein sehr großer Künstler. Er hat mich nie vergessen, er hat mir während seines ganzen Lebens regelmäßig geschrieben, und ich hatte sogar die Freude, ihn wiederzusehen einige Monate vor seinem Tode, in der kleinen Stadt Redon, wohin er gefahren war, um seine Tage zu beenden."[10]

De Gibon schenkte dem Zehnjährigen die Partitur von Debussys *Pelléas et Mélisande*, einem Werk, um das damals immer noch ein gewisser Skandalgeruch schwebte, doch Messiaen erklärte: „Das war eine richtige Bombe, die ein Provinzlehrer in die Hände eines ganz kleinen Jungen legte. Diese Partitur war für mich eine Offenbarung wie ein Blitzschlag; ich habe sie gesungen, gespielt und endlos wieder gesungen. Ich sehe darin wahrscheinlich das Werk, das mich am entscheidendsten beeinflußt hat."[11]

Wieder eine Oper, wie einige Jahre früher *Don Giovanni* oder *Die Walküre*! Doch auch wieder mehr ein „théâtre mental", ein Bühnenstück für das innere Ohr und die innere Vorstellungskraft. Hat nicht aber sogar Wagner sich ein „unsichtbares Theater" gewünscht, als er sah, wie seine Werke auf der Bühne banalisiert wurden?[12] Die Ästheten rund um Debussy zur Zeit der Uraufführung von *Pelléas et Mélisande*, um 1902 also, träumten außerdem von einer „musique du silence", einer Musik des Schweigens oder der Stille, die transparent bleibt für das Unsagbare, was durchaus Messiaens magischem und dem Geheimnis zugewandten Konzept der Musik entsprach, wie er sie von seinen ersten Werken an immer wieder realisierte. Darüber muß hier später noch viel gesagt werden, doch — um auf eine mehr sachliche Ebene zu kommen — Messiaen und nach ihm Boulez haben Debussy nicht mehr als dekadenten Schöngeist des Fin de siècle aufgefaßt und dafür zukunftsweisende Aspekte in seinem Werk entdeckt, vor allem die Klangfarbenkomposition, die gerade heute wieder von Gérard Grisey in Paris einem neuen Höhepunkt zugeführt wird.

Anmerkungen

1 P. Griffiths, *Olivier Messiaen and the Music of Time*, London 1985, S. 19f.
2 A. Goléa, *Rencontres avec Olivier Messiaen*, Paris 1960, S. 23.
3 P. Mari, *Olivier Messiaen*, Paris 1965, S. 7.
4 C. Samuel, *Entretiens avec Olivier Messiaen*, Paris 1967, S. 121f.
5 Ebd., S. 5.

6 Ebd., S. 123.
7 Ebd., S. 27.
8 Ebd., S. 11.
9 Ebd., S. 19.
10 Ebd., S. 124.
11 Ebd., S. 124.
12 Th. Hirsbrunner, *Debussy und seine Zeit,* Laaber 1981, S. 173ff.

Schüler am Conservatoire

Zum Schulanfang im Herbst 1919 wurde Pierre Messiaen nach Paris an das Lycée Charlemagne berufen. Dieses Gymnasium befindet sich zwischen der rue de Rivoli und der Seine auf der Höhe der Kirche Saint-Paul im Norden und dem pont Marie im Süden, in einem der ältesten Quartiere von Paris, das zur Zeit der Könige überbaut wurde mit vornehmen Palästen; unweit der Schule steht das ehrwürdige Hôtel de Sens. In Paris Professor für Englisch sein zu können, bedeutete und bedeutet immer noch den Höhepunkt in einer französischen Lehrerlaufbahn, und es ist deshalb nicht erstaunlich, daß Oliviers Vater, im Hochgefühl seines beruflichen Erfolges, jetzt an seine Shakespeare-Übersetzung ging, die ein großangelegtes und ehrgeiziges Projekt für jeden Anglisten sein müßte.

Für den nun elfjährigen Olivier begann zur selben Zeit der Unterricht im Conservatoire, das er erst 1930, versehen mit verschiedenen Auszeichnungen und Preisen, verlassen sollte. Er ist also, wie Halbreich betont, trotz seiner späteren Rolle als Erneuerer der musikalischen Sprache, einzig und allein ein Produkt dieses berühmten Hauses, das seit der französischen Revolution durch das ganze 19. Jahrhundert hindurch junge Leute ausgebildet hat. Jedes Konservatorium, jede Musikhochschule hat ihren ganz besonderen Stil, der durch Traditionen und die Tätigkeit seiner Lehrer bestimmt wird. In besonderem Maße gilt dies für das Pariser Conservatoire, wo unerbittlich konservative Doktrinen des Lehrkörpers immer wieder auf die Unbotmäßigkeit hochbegabter Schüler stießen. Man denke an Berlioz und Debussy. Für Messiaen war die Situation ganz anders: Er empfand nie das Befürfnis, aus dem Schulzwang auszubrechen, und er erwähnt noch heute (1986) seine ehemaligen Lehrer mit dem größten Respekt.

Das Paris der zwanziger Jahre ist für uns, die Opfer einer recht einseitigen Geschichtsschreibung, vor allem die Zeit des Groupe des Six unter der Führung von Jean Cocteau, der in seiner Aphorismensammlung *Le Coq et l'Arlequin* eine neue Einfachheit und Heiterkeit proklamierte, die nach der Dekadenz des Jahrhundertanfangs mit ihrer Wagner-Verehrung erfrischend und verjüngend wirkten. Ballette wie *Parade* und *Relâche* von Erik Satie brachten für viele eine provokative Modernität, die Schluß machte mit der pseudoaristokratischen Weltflucht der Symbolisten. Für Messiaen sah die Welt anders aus, er „machte nicht mit" und mied die mondänen Abende der Ballets russes und des Ballet suédois, um dabei doch einige bemerkenswerte Ausnahmen zu machen, was seine generöse und weitherzige Einstellung, die er auch später als Lehrer bewies, erstmals ins helle Licht rückt: „. . . ich war eine Randfigur, ich bewunderte tief Honegger und Milhaud (und ich bewundere immer noch Meisterwerke wie die *Antigone* von Honegger, *L'Homme et son Désir* und *La Création du Monde* von Milhaud), aber ich war gar nicht einverstanden mit der von Cocteau gelenkten Bewegung — ich spreche nicht von dem Dichter und Filmregisseur Cocteau, sondern vom Cocteau des *Coq et l'Arlequin,* dem Bannerträger einer gewissen musikalischen Erneuerung; nein, ich war gar nicht einverstanden mit dieser sogenannten Vereinfachung, die von Gounod ausging, um unterzugehen in den [verschiedenen] ‚Zurück zu Bach' und anderen ähnlichen Dingen. Ich war nie damit einverstanden."[1]

Versuchen wir uns vorzustellen, was ihn an den Werken, die er erwähnt, vollkommen undoktrinär, dennoch anzog: Bei Honegger war es sicher der große Ernst, mit dem die von Cocteau modernisierte sophokleische Tragödie zelebriert wird, bei Milhaud die exotischen Mythen, die hymnische Größe, die durch die Schlagzeuger ritualisiert werden. Noch die *Couleurs de la Cité céleste* aus den sechziger Jahren werden, nach Messiaens eigenem Geständnis, die Einflüsse jener Werke von Milhaud zeigen. Die Abneigung gegen den „Retour à Bach" und den ganzen Neoklassizismus sollte er aber später auf seinen Schüler Boulez übertragen, der, ausgehend von Messiaen und Anton Webern, nach einer neuen Syntax der musikalischen Sprache forschte und sich noch heute jedem nostalgischen „style rétro" versagt.[2]

Musik von Strawinsky hörte er erstmals an einem Abend mit *Le Sacre du printemps, Les Noces* und *Pulcinella.* Das letzte dieser Werke kann ihn nicht sehr berührt haben, da in ihm der „Retour à Pergolesi", das heißt: in die heitere Welt des Rokoko vollzogen wird, dafür prägten ihn die anderen beiden Werke ganz entscheidend, einmal von dem Sujet her, das ritualistisch ist — eine Frühlingsweihe, eine russische Bauernhochzeit —, und dann vor allem durch die vollkommen neue Konzeption des musikalischen Rhythmus, den Messiaen in der Folge in ausdauernder Arbeit zu enträtseln suchte, um dann seine Entdeckungen an seine Schüler, vor allem an Boulez, weiterzugeben und damit in einem entscheidenden Punkt dem Serialismus der fünfziger

Jahre seine Richtung zu weisen. Die Uraufführung des *Sacre* war 1913 in einem beispiellosen Skandal untergegangen, einem „succès de scandale" freilich, wie ihn Paris kultiviert und der lauen Zustimmung vorzieht. Spätere Aufführungen des Werkes verliefen zwar erfolgreich, doch genoß man im Paris der verfeinerten und müde gewordenen Ästheten vor allem die Rückkehr in eine angeblich gesunde Barbarei, ohne zu merken, wie ingeniös und gebändigt „zivilisiert" gerade der Rhythmus dieses Werkes ist.[3]

Weitere wichtige Eindrücke warteten auf den „am Rande" lebenden Messiaen: Die Eltern förderten seine Freude am Theater und gingen mit ihm in Aufführungen, wo die berühmten Schauspieler Charles Dullin, Jacques Copeau und Firmin Gémier auftraten, Künstler, die in Paris noch heute einen legendären Nachruhm genießen. Die elterliche Fürsorge ging aber noch weiter: Eine gute Allgemeinbildung wurde angestrebt, was für Schüler des Conservatoire eher selten ist, denn dort finden sich vor allem zukünftige Spezialisten ihres Faches zusammen, die die übrigen kulturellen Ereignisse und Eindrücke nonchalant verachten: „In der Zeit, als mein Vater zum Professor in Paris ernannt wurde, hatte ich die große Freude, die Monumente, die Museen und die Kirchen zu besuchen; meine ersten Besuche der Notre-Dame, der Sainte-Chapelle, später der Kathedrale von Chartres und der Kathedrale von Bourges haben ohne Zweifel einen Einfluß auf meine Laufbahn ausgeübt. Ich bin noch immer geblendet von den wunderbaren Farben dieser Fenster des Mittelalters (. . .) das ist die Natur selbst in ihrer außerordentlichsten Äußerung: Das ist das Licht, abgefaßt vom Menschen, um die vornehmsten (. . .) Orte, die dem Kult gewidmeten Bauten zu verherrlichen."[4]

Das Kind Olivier, das in Grenoble Dekors aus koloriertem Zellophan herstellte und sie dem Licht aussetzte, konnte nun in den gotischen Kathedralen die Wunder von vielen leuchtenden Farben der spitzbogigen Fenster und der runden Rosetten bestaunen. Damit schwamm er tatsächlich gegen den Strom der desillusionierenden Tendenzen und der kritischen Süffisanz eines Cocteau, um sich dafür dem „renouveau catholique", der katholischen Erneuerung eines Charles Péguy und Paul Claudel anzuschließen, ohne aber je den dogmatischen Hochmut des Letzteren zu teilen. Noch die Oper *Saint François d'Assise* wird Messiaens Teilhabe am katholischen Glauben feiern. Vergessen wir nicht, daß schon Erik Satie in seiner mystischen Zeit, in den achtziger Jahren des vorigen Jahrhunderts, sich in den Anblick gotischer Kirchenfenster vertiefte und Joris-Karl Huysmans nach Jahren der Freigeisterei und der Schwarzen Messen bei der katholischen Kirche Zuflucht suchte und sein Buch *Les Cathédrales* schrieb.[5] Diese religiösen Unterströmungen in Jahren des Agnostizismus oder des weltlichen Leichtsinns werden bei Messiaen mit aller Gewalt nach oben drängen; er steht eigentlich nicht „am Rande", sondern verkörpert nur ein anderes Frankreich als das der „années folles", der verrückten Jahre nach dem ersten Weltkrieg.

Trotz begreiflicher germanophober Tendenzen wurden *Die Walküre* am 5. Januar 1921 und *Siegfried* am 18. März desselben Jahres in Paris wieder aufgenommen, und Messiaen konnte dadurch seine früheren Eindrücke konkretisieren.

Die zwanziger Jahre waren aber für ihn vor allem eine Zeit harter Arbeit. Zwischen seinem elften und zweiundzwanzigsten Lebensjahr, zwischen 1919 und 1930, besuchte er die verschiedensten Klassen am Conservatoire. Die Franzosen bereiten ihre Kinder in harter Zucht viel früher als die Deutschen auf den Beruf eines Musikers vor. Sein Klavierlehrer war Georges Falkenberg, sein Harmonielehrer aber Jean Gallon, der noch heute in Paris einen gewissen Nachruhm genießt: Er war außerordentlich streng, die Stimmführungsregeln hielten sich an die klarsten Prinzipien, die nur wenige Ausnahmen duldeten. Dafür wurde die Chromatik ausgiebig gepflegt; verminderte und übermäßige Akkorde mit ihren vagierenden und modulierenden Tendenzen konnten angewandt werden, im Gegensatz zu vielen deutschen Schulen, die die Strenge eines diatonischen Choralsatzes pflegen. Gallon lehrte auch die sogenannte „harmonie fleurie", das heißt: die Akkorde konnten mit einem Rankenwerk von fremden Noten umspielt werden. Beides, die Chromatik und die Fiorituren, sollte Messiaen später in seinen eigenen Werken reich zur Geltung bringen, doch als einer der größten Harmoniker unseres Jahrhunderts erhielt er 1924 zum Abschluß seiner Studien nur einen zweiten Preis. Im Fugenstudium bei Georges Caussade war er erfolgreicher: 1926 wurde ihm ein erster Preis zuerkannt, und im nächsten Jahr erlangte er in der Klasse von César Abel Estyle wieder einen ersten Preis. Estyle unterrichtete Klavierbegleitung, was überhaupt nicht auf die leichte Schulter zu nehmen war, hat Messiaen dadurch doch einen Grad von Geschmeidigkeit und Reaktionsfähigkeit erlangt, der ihm während seines eigenen Unterrichtes zur großen Hilfe wurde: „... das ist eine Klasse, wo man nicht nur gegebene Melodien harmonisiert, sondern auch vom Blatt liest und aus Orchesterpartituren spielt."[6]

Nicht weil er gläubiger Katholik war, sondern wegen der bei Estyle entwickelten Gabe des Improvisierens wurde Messiaen schließlich in die Orgelklasse von Marcel Dupré geschickt, der ihn im Orgelspiel und in der Improvisation unterrichtete. Das Improvisieren ist bis heute eine Spezialität der französischen Organisten geblieben, wobei im allgemeinen nicht eine eigene stilistische Haltung erwartet wird, sondern vielmehr schon etablierte Stile nachgeahmt werden, was Messiaen später mit der größten Unbefangenheit tun sollte. Daneben extemporierte er aber auch im eigenen Stil. Die Bewunderung für Dupré drückte er in den folgenden Worten aus: „Mein Meister Marcel Dupré war zu seiner Zeit der größte Orgelvirtuose, vielleicht sogar der größte von allen Orgelvirtuosen, die jemals existierten; er war der Liszt der Orgel. Seine Musik spiegelt seine außerordentliche Virtuosität wider; er hat Seiten von äußerster Schwierigkeit und großer Brillianz im Toccata-Stil geschrieben, und er ist der Erfinder des Stils ‚ultra-staccato', der natürlich von den Klassikern nicht gebraucht wurde."[7]

Tatsächlich pflegte Dupré, wenn er Bach spielte, ausschließlich das Legato, was nicht der ursprünglichen Aufführungspraxis entspricht, doch wird dessen ungeachtet seine Bach-Ausgabe heute noch regelmäßig gekauft. Er spielte einmal das gesamte Orgelwerk des Thomas-Kantors auswendig im Konzert, und seine Improvisationen, in denen er sich täglich übte, fanden großen Widerhall sogar bei der mondänen Pariser Gesellschaft. Messiaen hat Duprés Virtuosität, der nichts Profanes anhaftet, geerbt und schon als Jüngling bis zur letzten Vollkommenheit entwickelt; 1929 wurde er mit dem doppelten ersten Preis im Orgelspiel und in der Orgelimprovisation belohnt.

Maurice Emmanuel, Messiaens Lehrer in Musikgeschichte, ließ 1926 eine Studie zu Debussys *Pelléas et Mélisande* erscheinen, die noch heute großes Ansehen genießt. Der Schüler konnte damit seine von Jehan de Gibon initiierten Eindrücke vertiefen. Das Werk selbst erschien schon am 9. Mai 1919 wieder auf dem Spielplan der Opéra comique und wurde während Messiaens Studienzeit am 11. Februar 1922 und am 11. April 1925 wieder aufgenommen, bewies also seine starke Präsenz in Paris. Damals erschien es noch in den längst veralteten Dekors der Uraufführung, die aber Messiaen einen authentischen Zugang zu diesem „drame lyrique" öffneten. Er konnte gleichsam aus erster Hand das Stück sehen und auch hören, da 1919 André Messager, der Dirigent der Uraufführung, am Pult stand. 1925 war es dagegen

Denis-Emile Inghelbrecht, der auch sonst viel Debussy dirigierte, vor allem *Le Martyre de Saint Sébastien*, und das bis weit in die fünfziger Jahre hinein.

Emmanuel wurde aber vor allem durch seine Beschäftigung mit altgriechischer Musik für seinen Schüler von Bedeutung: Er hatte 1895 an der Sorbonne mit der Doktorarbeit *L'Orchestique grecque* promoviert, 1912 folgte ein *Traité de la musique grecque*. Als Komponist verfaßte er die Tragédie lyrique *Promethée enchaîné* nach Äschylus und schrieb Musik zu Plautus' Komödie *Amphitryon*. Messiaen sollte später, zum Beispiel in den *Oiseaux exotiques*, auf griechische Versmaße zurückgreifen und sie mannigfach variieren. Emmanuel ist außerdem der Autor eines *Traité de l'accompagnement modal des psaumes* (1913), womit er die Praxis der Harmonisation von gregorianischen Melodien kodifizierte, eine Praxis, die Messiaen später als Organist an der Trinité ausüben sollte. Diese frühchristlichen Gesänge hat er später in vielen Werken, zum Teil chromatisch abgewandelt, so in der *Nativité du Seigneur*, in *Ex exspecto resurrectionem mortuorum* und in den *Méditations sur le mystère de la Sainte Trinité*. Nicht ausgeschlossen ist, daß Emmanuel auch auf die Ästhetik Messiaens einen großen Einfluß ausübte, schließt er doch seine Arbeit *Corps de l'harmonie d'après Aristote* mit den Worten: „Möge sich ein Musiker finden, der das Schmeicheln der simultanen Harmonie und die Verfeinerungen unserer Polyphonie mit den geschmeidigen Köstlichkeiten der sukzessiven Harmonie verbinden könnte, wie sie die Alten verstanden."[8]

In seiner *Technique de mon langage musical* wird Messiaen sich ganz in demselben Sinne äußern: „Wir suchen eine schmeichelnde Musik, die dem Gehörsinn wollüstig raffinierte Vergnügen gibt."[9]

Hat Emmanuel Messiaen vorausgeahnt, so wie Catulle Mendès in seinem Aufsatz *Le jeune prix de Rome et le vieux Wagnériste* Debussy vorausahnte?[10] Auf alle Fälle sind es zwei analoge Beispiele, wie ein mehr theoretisch begabter Kopf die Ästhetik eines bedeutenden Musikers antizipierte.

Nach Dupré und Emmanuel der dritte bedeutende Lehrer Messiaens: Paul Dukas. Als Komponist war er längst beinahe verstummt, konnte aber als Lehrer unschätzbare Hinweise geben. Schon vor 1900 war er mit Debussy befreundet gewesen, dessen Werdegang er verständnisvoll und engagiert begleitete. Seine Musikrezensionen aus dem Fin de siècle sind eine Fundgrube für jeden Forscher, weil er die Zeichen der Zeit richtig verstand und deutete.[11] Sein musikalisches Hauptwerk, die Oper *Ariane et Barbe-Bleue*, ist das

Schwesterwerk zu *Pelléas et Mélisande.* Die Texte beider Stücke stammen von Maurice Maeterlinck. Am 10. Mai 1907 an der Opéra comique uraufgeführt, wurde *Ariane* während Messiaens Studienzeit am 3. Mai 1921 und am 5. November 1927 wieder aufgenommen und machte auf den Jüngling einen unauslöschlichen Eindruck. Die Rolle der Ariane, einer scheiternden Erlöserin — sie versucht vergeblich die anderen Frauen Blaubarts zu befreien —, sollte er später bis ins Religiöse überhöhen, indem er aus dem Johannes-Evangelium zitierte: „Das Licht schien in der Finsternis, doch die Finsternis hat es nicht verstanden." Wieder ein Beispiel von Lichtmagie wie bei den gotischen Kirchenfenstern! Sie wird noch überhöht in der Szene aus dem ersten Akt, wo Ariane die farbigen Rubine, Smaragde, Amethyste oder Saphire und auch die undurchsichtigen Perlen als falschherzige Versuchungen Blaubarts zurückweist und das reine Licht der Diamanten wählt, in denen, gebündelt, alle Farben des Spektrums enthalten sind. Diese Szene sollte auf den Schluß von *Saint François d'Assise* einwirken, wo der Heilige in direkt quälendem Licht stirbt.

Bei Dukas holte sich Messiaen 1930 seinen letzten ersten Preis. Nachzutragen bleiben noch einige weitere Lehrer: zuerst Noël Gallon, der Bruder von Jean, der Klavier, Harmonielehre, Kontrapunkt, Fuge und Orchestration unterrichtete, und vor allem Joseph Baggers, bei dem sich Messiaen als Schlagzeuger ausbildete, was erstaunen mag und wieder zeigt, daß der Schüler nicht „am Rande" der musikalischen Aktualität jener Jahre lebte. Strawinsky und auch Milhaud mögen ihn auf diesen Weg gebracht haben, und noch in den sechziger Jahren rühmte er die Schlagzeuge, obwohl er einsieht, daß ihr Gebrauch modisch geworden ist: „Diese Instrumente schenken uns die Gewalt, die Poesie und das Irreale, die Vibraphone mit ihrem vibrierenden Nachhall ebenso wie die Gongs, die Tam-Tams und die Glocken mit ihrer harmonischen Aura, ihren Resultanten von falschen Grundtönen und anderen, sehr komplexen Klangphänomenen, die uns übrigens gewissen enormen und merkwürdigen Geräuschen der Natur nähern wie den Kaskaden und Sturzbächen der Berge. (. . .) das sind erstaunliche Instrumente, sie waren es zu allen Zeiten, diejenigen übrigens, die sie in Asien und Schwarzafrika verwendeten, hielten sie für magisch, und ich denke, sie hatten recht."[12] Lichtmagie und Klangmagie, der Zauber der Farben und der Musik, das ist Messiaens Domäne seit der Zeit, wo er als Kind Shakespeare rezitierte und Musik innerlich hörte im Stadtpark von Grenoble.

Halbreich erklärt mit Recht, daß es so ausgedehnte und reiche Studien verdient hätten, mit dem Rompreis, dem höchsten Preis des französischen Staates für Künstler, ausgezeichnet zu werden, doch nach zwei Mißerfolgen gab Messiaen ohne Bitterkeit auf, denn er wußte sich „in guter Gesellschaft", war es doch Ravel nicht besser ergangen. Er begnügte sich mit einem zusätzlichen Diplom höherer musikalischen Studien und verließ das Haus an der rue de Madrid, das ihm immerhin viele Anregungen gegeben hatte, die weiterwirken sollten. Studien im Ausland, zum Beispiel in den Vereinigten Staaten, waren damals noch nicht üblich, und Paris war immer noch die Weltstadt, wo Einflüsse aus allen Kontinenten zusammentrafen, um einen jungen Künstler wie Messiaen umfassend und kosmopolitisch zu bilden.

Anmerkungen

1 C. Samuel, *Entretiens avec Olivier Messiaen*, Paris 1967, S. 128.
2 Th. Hirsbrunner, *Pierre Boulez und sein Werk*, Laaber 1985, passim.
3 W. Dömling/Th. Hirsbrunner, *Über Strawinsky. Studien zur Ästhetik und Kompositionstechnik*, Laaber 1985, S. 145ff.
4 Samuel, S. 4.
5 Hirsbrunner, *Debussy*, S. 52ff.
6 Samuel, S. 14.
7 Ebd., S. 143.
8 Zitiert nach Guy Ferchault, *Olivier Messiaen*, in: *MGG*, Bd. 3, Sp. 1326.
9 O. Messiaen, *Technique de mon langage musical*, Bd. 1, Paris 1944, S. 5.
10 C. Mendès, *Le jeune prix de Rome et le vieux Wagnériste*, in: *Revue Wagnérienne*, Bd. 1, Genf 1968, S. 131ff.
11 *Les écrits de Paul Dukas sur la musique*, Paris 1948.
12 Samuel, S. 59f.

Organist an der Trinité

1931 wurde Messiaen zum „organiste titulaire“ an der Kirche de la Sainte Trinité ernannt. Mit zweiundzwanzig Jahren war er der jüngste Organist Frankreichs, der ein solches Amt versah. Der Weg vom Conservatoire war nicht weit: vorbei am Verlagshaus Max Eschig am Ende der rue de Madrid, über die place de l'Europe hatte er nur die rue de Londres hinunterzugehen, um zu seiner Kirche zu gelangen. Sie ist nicht besonders schön; das neogotische Gebäude steht hinter einem Square, links steigt die rue de Clichy, rechts die rue Blanche an zum Pariser Vergnügungsviertel Montmartre. Der Bahnhof Saint-Lazare und die großen Kaufhäuser Printemps und Lafayette sind auch nicht weit. In dieser zum Teil allzu weltlichen Umgebung wirkte nun Messiaen; nur während des Krieges verließ er von 1940 bis 1941 seine Orgel und noch einmal von 1964 bis 1966, als das große Instrument von Aristide Cavaillé-Coll einer vollkommenen Erneuerung unterzogen wurde. Noch heute (1986) ist Messiaen dort tätig, wenn er nicht gerade auf einer seiner vielen Reisen in die ganze Welt ist. Für Organisten gibt es keine Altersgrenze. Die Bitte nach einer Begegnung am frühen Sonntagnachmittag kann er deshalb mit der schlichten Bemerkung ablehnen: „Je joue le dimanche.“

Gegen Ende des 19. Jahrhunderts war das Interesse an Orgelmusik wieder erwacht. Camille Saint-Saëns, César Franck und Gabriel Fauré waren bedeutende Spieler des „Papstes der Instrumente“, wie Berlioz die Orgel genannt hatte. In der Zeit zwischen den beiden Weltkriegen versahen große Organisten ihr Amt an den verschiedenen Kirchen von Paris: Charles-Marie Widor spielte noch auf dem fünfmanualigen Instrument von Saint-Sulpice und zog zur sonntäglichen Messe um 11 Uhr ein zahlreiches Publikum an, das nicht nur aus Gläubigen bestand. 1937 folgte ihm Dupré im Amt, der, wie schon erwähnt, in großen Improvisationen brillierte. An Notre-Dame spielte Louis Vierne, ein Schüler von Franck und Widor; er sollte am 3. Juni 1937 an seinem Instrument jäh sterben. Joseph Bonnet führte an Saint-Eustache die Tradition von Franck fort, und Charles Tournemire, den Messiaen sehr verehrte, überraschte an Sainte-Clotilde seine Hörer mit ungewohnten Klangfarben, die auf den Organisten von der Trinité eingewirkt haben. Eine junge Generation führte die berühmte französische Orgeltradition weiter: Neben Messiaen waren es vor allem Maurice Duruflé an Saint-Etienne-du-Mont, André Fleury an Saint-Augustin und André Marchal an Saint-Germain-des-Prés.[1]

Diese neue Hinwendung zur Orgel war aber grundverschieden von der deutschen Orgelbewegung. Die Franzosen waren nicht asketisch bemüht, den Orgelklang des Barocks wiederherzustellen, sie schlossen sich vielmehr an die Tendenzen eines Franz Liszt an: Virtuosität und Koloristik waren ihr Ziel, das unweigerlich zu einer gewissen Profanierung ihres Instruments führte. Die Orgel feierte ihren Einzug in die Konzertsäle: Das Théâtre des Champs-Elysées, die salle Pleyel und der neue Saal des Palais de Chaillot, der den alten Trocadéro ersetzte, wurden mit Orgeln versehen, die nicht mehr die mechanische, sondern die elektrische Traktur erhielten, welche das Spielen mit einem Orchester unter der Stabführung eines Dirigenten erleichterte. Das führte nicht nur, aber vor allem bei Dupré, dem Lehrer Messiaens, zu neuen Instrumentalkombinationen: Am 9. Mai 1929 wurde seine *Symphonie für Orchester und Orgel* in g-Moll in einem Konzert von Straram in Paris aufgeführt. Für Klavier und Orgel schrieb er eine *Phantasie in h-Moll*, und er war einer der ersten, der kirchliche Programmusik schrieb mit seiner *Symphonie-Passion* und *Le Chemin de la Croix*, die beide für die Orgel allein bestimmt sind. Titel wie *Cortège et Litanie*, *Trois Elévations* oder *Angelus* hätten auch von Messiaen gewählt werden können, der in einem gewissen Sinne ebenfalls Programmusik für die Orgel schrieb, Musik freilich von hohem theologischem Ernst, die sich aber der Illustration und Verdeutlichung außermusikalischer Dinge nicht ganz versagt, was durchaus plausibel erscheint, wenn man bedenkt, daß die Orgel in der Kirche immer ein funktionales Instrument ist, eine Dienerin des Gottesdienstes. Doch Übertragungen von religiösen Themen in den Konzertsaal und auf die Opernbühne sind ihm nicht fremd, was viele seiner Werke beweisen. Die romantische Orgel von Cavaillé-Coll in der Trinité ist nichts anderes als ein volles, reiches Orchester mit sanften Flöten, nasalen Oboenklängen, hellen Trompeten und der auratisch schimmernden Vox celesta.

Messiaen beschreibt selbst seine Pflichten in den Unterhaltungen mit Claude Samuel, die zwar aus den sechziger Jahren stammen, doch sicherlich während der Jahre vor dem Zweiten Weltkrieg nicht viel anders haben sein können. Erst das Zweite Vatikanum mit seiner Reform der Liturgie sollte hier wesentliche Veränderungen herbeiführen: „. . . ich habe jeden Sonntag drei Messen gemacht und die Vesper, und oft Abdankungen und Hochzeiten während der Woche (. . .) Meine Dienste verteilten sich (. . .) folgendermaßen: Beim sonntäglichen Hochamt machte ich nur den gregorianischen Choral, je nach dem harmonisiert oder nicht; bei der Messe um 11 Uhr am Sonntag: klassische und romantische Musik, bei der Mittagsmesse, immer am Sonntag, hatte ich das Recht, meine eigenen Werke zu spielen, und schließlich zur Vesper um 5 Uhr war ich genötigt zu improvisieren, weil die Kürze der Verse das Spielen von [ganzen] Stücken zwischen den Psalmen und während des Magnificats nicht erlaubt."[2]

Wie hier im vorigen Kapitel schon erwähnt, hat Maurice Emmanuel, Messiaens Lehrer für Musikgeschichte am Conservatoire, eine Arbeit über das Harmonisieren von gregorianischen Melodien verfaßt, und bei César Abel Estyle lernte der Schüler die Kunst, zu einer gegebenen Melodie die richtigen Akkorde zu finden. Diese Kenntnisse kamen dem jungen Organisten nun zustatten, der auch in etablierten Stilen alter Meister zu improvisieren wußte, wie Marcel Dupré zum Beispiel: „. . . es konnte geschehen, daß ich mit voller Absicht Fälschungen herstellte, falsche Mozart, falsche Bach, falsche Schumann, falsche Debussy, um in demselben Ton und in demselben Stil fortzufahren wie das [unmittelbar] vorher gesungene Stück, aber — so fährt er fort — ich habe immerhin auch in meinem eigenen Stil improvisiert, indem ich von meinem alten harmonischen und rhythmischen ‚Vorrat' lebte; manchmal hatte ich Glück, ich hatte plötzliche Inspirationen (des ‚coups' d'inspiration)."[3]

Die Improvisationen im eigenen Stil begannen ihn aber mit der Zeit zu ermüden, weil er den Eindruck erhielt, in ihnen seine ganze Substanz auszuleeren. So schrieb er schließlich seine *Messe de la Pentecôte,* in der er alle seine früheren Improvisationen zusammenfaßte. Diese Messe ist sein einziges Werk geblieben, das zum eigentlichen liturgischen Gebrauch bestimmt ist. Man könnte sie zu einer Stillen Messe spielen, wie sie aber seit dem Zweiten Vatikanum nicht mehr praktiziert wird. Doch beim Lesen dieser Partitur kommen einem Zweifel daran, daß so komplexe rhythmische Strukturen ursprünglich frei improvisiert wurden, wenn man nicht daran denkt, daß Dupré seinen Schüler auf komplizierte altgriechische Versmaße hat improvisieren lassen. Die äußerste Geschmeidigkeit und Geschicklichkeit, die Messiaen im Conservatoire durch fast unmenschliche Disziplin erlangte, läßt es jedoch als möglich erscheinen, daß er schwindelerregende Permutationen des Rhythmus aus dem Stegreif spielen konnte.

Etwas anderes ist es mit der Modernität der von Messiaen selbst verfaßten Stücke. Schon die *Messe de la Pentecôte* geht weit über das hinaus, was man üblicherweise bei einem gewöhnlichen Gottesdienst in der Kirche hört, ganz zu schweigen vom *Livre d'Orgue*, das eines seiner kühnsten und unzugänglichsten Werke werden sollte. Haben sich die Priester nicht darüber entsetzt? „Sie waren nicht entsetzt, da die von mir ausgedrückten Wahrheiten, die Wahrheiten des Glaubens, schrecklich sind; es handelt sich hier um Märchen, die bald geheimnisvoll, bald herzzerreißend, bald ruhmvoll und manchmal furchteinflößend sind, [doch] sie beruhen immer auf einer lichtvollen und unerschütterlichen Realität. Ich bin gezwungenermaßen sogar hunderttausend Stufen unter jeder Wahrheit; nein, die Priester waren nicht entsetzt, aber die Kirchgänger waren es, da sie nicht immer die Texte kennen, die sie doch jeden Sonntag vernehmen, sei es, daß sie das Latein nicht verstehen, oder sei es, daß sie überhaupt nichts verstehen, sogar wenn man sie auf Französisch anspricht. Aber ich wiederhole, daß mich die verschiedenen Priester der Trinité weise unterstützt haben (. . .)."[4]

Sehen wir von den süffisanten Bemerkungen über die Kirchgänger ab — Bemerkungen, die freilich schon den ganzen Hochmut der Avantgarde der fünfziger Jahre zeigen, als das Publikum für dumm gehalten wurde, wenn es die neu entstandenen Werke, von Boulez zum Beispiel, nicht begriff —, so finden sich in den zitierten Worten alle Komponenten von Messiaens Wesen vereinigt: die Märchen, die ihm seine Mutter in Grenoble erzählte, die Gespenster und Fabelwesen in den Werken Shakespeares, die für ihn, wie hier schon gesagt, nichts anderes als Supermärchen (super-contes des fées) waren, und das demütige Bewußtsein, immer doch nicht ganz die göttliche „Wahrheit, die „veritas tremendae majestatis", zu erreichen; dieses Gefühl des Ungenügens vor Gott sollte er noch am Schluß seiner Oper *Saint François d'Assise* ausdrücken, wo der Heilige gesteht, daß er „durch Bild und Symbol" sich der Wahrheit habe nähern wollen. In den sechziger Jahren schien es Messiaen noch unmöglich, diesen Gedanken auf der Opernbühne auszusprechen, obschon er schon damals die Musik am ersten dazu für befähigt hielt: „. . . die meisten Künste sind außer Stande die religiösen Wahrheiten auszudrücken; nur die Musik, die immateriellste von allen, ist vergleichsweise am nächsten; aber auf einer Theaterszene befindet man sich so sehr unter [dem Niveau] des gewählten Sujets, daß man Gefahr läuft, lächerlich zu werden entweder durch Ungeschicklichkeit oder Absurdität."[5]

Gerade aber wenn sich Messiaens Musik dem furchtbaren Gott nähern will, indem sie den Schrei des Abgrundes wiedergeben will, den die Propheten des Alten Testamentes vernahmen — man denke an das *Livre d'Orgue* oder an *Exspecto resurrectionem mortuorum* —, gerade dann hat sie etwas vom Theater des Barocks, wo trotz aller apokalyptischen Ängste doch auch die göttliche Gnade Tröstung verleihen konnte.

Bis zum Zweiten Weltkrieg war Messiaen in Paris vor allem als komponierender Organist bekannt; er schien sich nur unbedeutend zu unterscheiden von Widor und Tournemire, dessen Zyklus *L'Orgue mystique* er auch noch später sehr bewundern sollte: „Was Charles Tournemire betrifft, so war er ein genialer Mann, der unglücklicherweise zu wenig bekannt ist; er war lange Organist an der Kirche Sainte-Clotilde wie César Franck, und er hat ein Monument hinterlassen, das *L'Orgue mystique* heißt, ein Monument, das ein vollständiges Officium enthält für alle Sonntage und alle Feste des Jahres mit Introitus, Offertorium, Elevation, Kommunion und Schlußspiel."[6]

In ihrem ganzen Gestus — der Brillianz, der Koloristik und einer gewissen Maßlosigkeit — blieb Messiaen immer Tournemire verpflichtet. Auch weniger bekannte Organisten wie Maurice Duruflé oder Michel Boulnois oder der unvergessene Jehan Alain, der 1940 allzu früh starb — er fiel im damals erst beginnenden Krieg —, sie alle schrieben Werke, die vieles mit denen von Messiaen gemeinsam haben, der sich aber durch eine klarere und kühnere theoretische Position auszeichnete, die er in seiner *Technique de mon langage musical* niederlegen sollte. Nicht ganz ohne Grund erregte Messiaen mit seinen Orgelimprovisationen den Unwillen der Kirchgänger, denn sie gingen nun wirklich über das hinaus, was man ansonsten in der Kirche zu hören gewohnt war. Noch am Anfang der fünfziger Jahre verbreitete sich im Conservatoire die spöttisch boshafte, aber falsche Nachricht, daß Messiaen seiner Funktionen an der Trinité enthoben worden sei, weil er während der Wandlung, dem feierlichsten Augenblick der Messe, im tiefsten Pedal eine große Sekunde gespielt und unerschütterlich ausgehalten habe. Solche Spöttereien zeigen mit aller Deutlichkeit, daß Messiaen als Organist und Komponist noch weit davon entfernt war, vom „Fußvolk" im Conservatoire und in der Kirche akzeptiert zu werden.

Messiaen war aber im Grunde keineswegs nur ein komponierender Organist, obwohl *La Nativité du Seigneur* (1935) sein erstes, noch heute oft gespieltes Meisterwerk ist, in dem sich zum erstenmal sein neues harmonisches und rhythmisches System in kohärenter Form manifestiert, eine Form, die nicht ohne ein genaues Studium von Strawinskys *Le Sacre du printemps* möglich geworden wäre, den Messiaen, wie hier schon erwähnt, bereits während seiner Studienzeit gehört hatte, um ihn dann ohne Unterlaß zu studieren und gerade seine rhythmischen und harmonischen Geheimnisse zu enträtseln. Nein, er war nicht nur ein komponierender Organist, weil er schon 1929, am Ende seiner Jahre am Conservatoire, einen Band *Préludes* für Klavier geschrieben hatte, die zwar noch nicht vollkommen eigenständig sind, aber heute noch mit einer gewissen Regelmäßigkeit aufgeführt werden, zum Beispiel von Michel Béroff. Sie verraten noch den Einfluß von Debussy und Ravel.

Doch vor allem Uraufführungen von Orchesterwerken brachten Messiaens Namen vor das große Publikum: zuerst *Les Offrandes oubliées* am 19. Februar 1931 im Théâtre des Champs-Elysées unter der Leitung von Walther Straram, dem Entdecker junger Talente, 1932 folgte *Le Tombeau resplendissant* unter Pierre Monteux, 1933 *L'Hymne au Saint-Sacrement* unter Marius Constant, 1935 *L'Ascension* unter Robert Siohan, die der Komponist auch für Orgel umschrieb. Die Namen der Dirigenten verraten, daß sich bedeutende, noch heute bekannte Musiker Messiaens Werken annahmen, die Titel aber zeigen, daß es doch religiöse Stücke sind, die im Konzertsaal vor einem durchschnittlichen Publikum bestehen mußten, wie später die Oper über den heiligen Franz vor dem mondänsten Auditorium der Weltstadt Paris.

Die dreißiger Jahre brachten aber auch die Gründung der Gruppe La Jeune France, der Messiaen angehörte neben André Jolivet, Daniel Lesur und Yves Baudrier. Vor allem Jolivet war bedeutend und damals vielleicht kühner und moderner als Messiaen, der wohl durch ihn die Musik von Edgard Varèse kennenlernte. Noch in den sechziger Jahren sollte ihm Messiaen freundliche Worte widmen: „Es gehört sich doch, neben Varèse, den Namen von André Jolivet beizufügen, der sein [Varèses] Fortsetzer ist und auch seinen Stein zum Gebäude beisteuerte, vor allem durch die Rückkehr zur Magie in der Musik. Diese beschwörende Seite ist sicher nicht zu verachten . . .“[7]

Nach den Jahren des Neoklassizismus mit seiner provokativen Kühle und Eleganz zögerte La Jeune France nicht, wieder eine gewisse, vordem verachtete Romantik zu kultivieren und „Ehrlichkeit, Großmütigkeit und Gewissen“ auf ihr Banner zu schreiben, Grundsätze, denen Messiaen immer treu bleiben sollte. Jolivet schrieb aber rituelle und beschwörende Musik von heidnisch-exotischem Schlage, während Messiaen sich, trotz der Einflüsse von fernöstlichen Elementen, immer als theologischer, katholischer Musiker verstand. Bei beiden wirkt neben Varèse Strawinsky mit seiner repetitiven Musik des *Sacre* nach. Das erste Konzert von La Jeune France am 3. Juni 1936 in der salle Gaveau zeigt gerade anhand derer, die sich dafür einsetzten, wie stark doch schon damals Messiaen im Rampenlicht stand: Das Patronat hatten Georges Duhamel, François Mauriac und Paul Valéry übernommen; dirigiert wurde das Konzert von Roger Désormière, der schon in den zwanziger Jahren Erik Satie und Werke des Groupe des Six uraufgeführt hatte, um dann später mit Boulez zusammenzuarbeiten und einige Werke dieses bedeutendsten Messiaen-Schülers aus der Taufe zu heben. Unter den Instrumentalisten gilt es vor allem den Pianisten Ricardo Viñes zu erwähnen, der schon im ersten Jahrzehnt dieses Jahrhunderts mit Debussy und Ravel bekannt war und deren Werke neben denen von Isaac Albéniz und Manuel de Falla gespielt hatte. Das Konzert von La Jeune France konnte also auf einen großen Widerhall zählen, da sich hier Persönlichkeiten zusammenfanden, die eine große kulturelle Tradition mittragen halfen und jetzt, bei den ganz Jungen, helfend zur Seite standen. Messiaen war im Programm dieses Konzerts mit *Les Offrandes oubliées* und *L'Hymne au Saint Sacrement* vertreten, einem Werk, dessen Manuskript während des Krieges verlorengehen sollte.

Im selben Jahr, 1936, begann Messiaen seine Lehrtätigkeit einerseits an der Ecole normale de Musique mit Blattspiel am Klavier, andererseits an der Schola Cantorum mit Orgelimprovisation. Vor allem die Schola konnte damals schon auf eine ruhmvolle Vergangenheit zurückblicken, haben doch Vincent d'Indy und Albert Roussel dort unterrichtet und auch eher problematische Schüler wie Satie im strengen Satz und der Fuge bis über das Schlußexamen hinausgebracht.

Halbreich betont, daß Messiaens Privatleben in jener Zeit immer unbedeutender wurde: 1932 heiratete er Claire Delbos, eine Geigerin und auch Komponistin, für die er *Thème et Variations* für Geige und Klavier und im folgenden Jahr eine *Phantasie* für dieselben Instrumente schrieb. Das zweite Werk ist unveröffentlicht geblieben, während das erste gelegentlich noch gespielt wird. Wie aufmerksam das Paar die wichtigen Strömungen der Neuen

Musik verfolgte, zeigt sich daran, daß es die *Zweite Violinsonate* Béla Bartóks aufführte, eines der avanciertesten Werke des Ungarn. Die Mi der *Poèmes pour Mi* ist aber niemand anderes als Claire Delbos; in diesem Liederzyklus feiert Messiaen sein Eheleben, um im folgenden Zyklus, *Chants de Terre et de Ciel,* auch das Glück mit dem am 14. Juli 1937 geborenen Sohn Pascal zu besingen. Pascal wurde später Russischprofessor am Lycée Maurice Ravel in Paris. Das Glück zu dritt war nur von kurzer Dauer, denn Claire wurde am Anfang der Kriegsjahre das Opfer einer unheilbaren Krankheit, die bald eine endgültige Internierung in einer Klinik erforderte. Messiaen spricht auch vor Freunden nie über diese Krankheit, und wir haben sein Stillschweigen zu respektieren.

Zu den Banalitäten eines Lebens in der Großstadt — und in welcher Großstadt, einer der hektischsten der Welt! — gehört auch das Bedürfnis, ja die Notwendigkeit, auf dem Lande Erholung zu suchen. Bis 1931 fuhr deshalb Messiaen während der Sommermonate in das Dorf Fuligny in der Aube, an der Grenze zwischen der Champagne und dem Burgund: „Die Landschaften der Aube sind sehr schön und sehr einfach: die Ebene, große von Bäumen umgrenzte Wiesen, wundervolle Sonnenauf- und -untergänge und viele Vögel. Hier habe ich zum erstenmal Vogelgesänge notiert; ich war natürlich ein Anfänger und ich notierte Dinge, die ich nicht verstand, ich konnte nicht einmal den Vorgel, der sang, identifizieren."[8]

Messiaen bekennt, daß er die Stadt, die Kapitale Paris, hasse: „Ich habe einen vollständigen Horror vor den Städten, einen Horror vor der, die ich bewohne trotz all ihrer Schönheiten — ich spreche von unserer Hauptstadt — und einen Horror vor all diesem schlechten Geschmack, den der Mensch um sich herum angehäuft hat . . ."[9] Die Natur aber zeigt ihm die vollkommene Schönheit in unverstellter Form: „. . . in der Natur gibt es keine Geschmacklosigkeiten, man findet dort keinen Fehler in der Beleuchtung oder einen Fehler in der Farbgebung und in den Vogelgesängen auch nicht einen rhythmischen, melodischen oder kontrapunktischen Fehler."[10]

Heute, wo Paris stundenweit wie ein Geschwür in die Landschaft auswuchert und das Menschengedränge und der Lärm in den inneren Bezirken immer unerträglicher werden, fliehen viele Pariser, trotz der unbestreitbaren Schönheiten der Monumente und Avenuen, die sich rund um die Seine hinziehen, aufs Land oder in die Berge, um zu lesen, zu meditieren und zu schreiben. Messiaen, der seine prägendsten Erlebnisse in dem von hohen Bergen umstandenen Grenoble empfangen hatte, komponierte und komponiert fast nur außerhalb der Stadt: 1932 und 1933 in Neussargues in der Haute-Auvergne, 1935 im Dauphiné und von 1936 an immer wieder hoch oben in den Bergen, seine Meije — „sa majesté Dame Meije", wie Yvonne Loriod diesen Berg nennt — ständig vor Augen. Dort vollendete er am 25. August 1939 *Les Corps glorieux* für Orgel. Eine Woche später brach der Zweite Weltkrieg aus.

Anmerkungen

1 R. Dumesnil, *La Musique en France entre les deux guerres, 1919–1939,* Paris 1946, S. 73f.
2 C. Samuel, *Entretiens avec Olivier Messiaen,* Paris 1967, S. 16.
3 Ebd., S. 16f.
4 Ebd., S. 17f.
5 Ebd., S. 20.
6 Ebd., S. 144.
7 Ebd., S. 205.
8 Ebd., S. 25.
9 Ebd., S. 25.
10 Ebd., S. 25.

Krieg und Gefangenschaft

Messiaen wurde zu Beginn des Krieges unverzüglich eingezogen, aber da er sehr kurzsichtig war, teilte man ihn nicht der kämpfenden Truppe zu. So wurde er zuerst Pionier, dann Aufräumer und schließlich Krankenpfleger. In der weißen Bluse überraschte ihn im Mai 1940 das Debakel von Verdun. Die „drôle de guerre", der lustige Krieg war zu Ende, auch die Zeit, wo der reichsdeutsche Rundfunk gewöhnlich meldete: „Im Westen nichts Neues." Frankreich wurde gedemütigt und besetzt; nicht einmal den Pariser Champs-Elysées wurde die Schmach erspart, von deutschen Militärkolonnen in paradierendem Schritt betreten zu werden.

In dem allgemeinen Durcheinander in der französischen Armee, die schlecht gerüstet war und nie eigentlich an einen ernsthaften Krieg geglaubt hatte, versuchte Messiaen mit drei anderen Musikern zu Fuß nach Nancy zu gelangen, gerade als ob das noch etwas genützt hätte. Auch ein altes Fahrrad ohne Pneus, das er irgendwo fand, machte Messiaens Flucht nicht erfolgreicher. Antoine Goléa sollte er die näheren Umstände seiner Gefangennahme erzählen, die so unheroisch wie nur möglich waren und dafür ein gutes Stück soldatischen Galgenhumors verraten: „Die Deutschen stellten sich an den vier Ecken des Horizonts auf; sie waren schwach an Zahl, skandierten aber rhythmisch gewisse Worte. Die verschiedenen Orte dieser Lärmquellen vervielfachten sie, so daß der Anschein einer zahlreichen Truppe entstand. Der Chor zog sich in einem engen Kreis um die Franzosen zusammen, die sich von der Übermacht erdrückt glaubten."[1]

Die Gefangenen wurden in einem Lager bei Nancy zusammengetrieben, wo Messiaen die folgenreiche Bekanntschaft des Musikers und Ägyptologen Guy-Bernard Delapierre machte, der ihm später in Paris seine Wohnung zur Verfügung stellen sollte, um außerhalb des offiziellen Unterrichts am Conservatoire seine ungewöhnlich reichen Kenntnisse an eine Gruppe von jungen Musikstudenten weiterzugeben. Delapierre wird Messiaen auch seine *Technique de mon langage musical* widmen, in der er seine Entdeckungen auf dem Gebiet des Rhythmus' und der Klangfarbe einem größeren Leserkreis mitteilt.

Mit vielen anderen Soldaten wurde Messiaen von Nancy ins Stalag VIII A bei Görlitz in Schlesien überführt, das heute zum polnischen Territorium gehört. Dort erlebte er während ungefähr eines Jahres eine harte Gefangenschaft; er litt unter Kälte und Hunger, der gewisse farbenprächtige Halluzinationen auslöste, die er später in seinen Kompositionen notieren sollte. Dank der Musik und dank seinem starken Glauben blieb er aber innerlich ein freier Mann. Schon während seines Militärdienstes war ihm zuweilen erlaubt worden, Orgel zu spielen, und als man ihn bei seiner Ankunft im Stalag durchsuchte wie alle seine Kameraden auch, zogen die erstaunten Deutschen Partituren aus seiner Tasche: die *Brandenburgischen Konzerte,* Beethoven, Ravel, Strawinsky und die *Lyrische Suite* von Alban Berg. Die Wärter ließen ihm seinen „Schatz" und hielten ihn für ungefährlich, obwohl sie zum mindesten bei Berg und Strawinsky hätten Verdacht schöpfen sollen, handelte es sich doch um „entartete" Musik, wie es schon vor dem Krieg im national-sozialistischen Jargon hieß.

Messiaen gelang es sogar, Bleistifte, Radiergummis und Notenpapier zu erhalten, und er begann zu komponieren. Im Lager fand er einen Geiger, einen Klarinettisten und den Violoncellisten Etienne Pasquier, ein Mitglied des berühmten Trios Pasquier. Zuerst schrieb er für diese Besetzung ein kurzes Stück, um es später in einen großen Zyklus zu integrieren: Das *Quatuor pour la fin du temps* entstand, eines seiner bedeutendsten Werke, in dem zum erstenmal eine große Anzahl von Vogelrufen vorkommt, wenn sie auch noch nicht mit derselben Akribie aufgezeichnet sind wie in seinen späteren Stücken. Aus der *Fête des Belles-Eaux,* die er während der dreißiger Jahre für sechs Ondes Martenot geschrieben hatte, übernahm er den langsamen Teil und machte daraus die *Louange à l'éternité de Jesus* für Cello und Klavier, eines der ergreifendsten Stücke des ganzen Zyklus. Die beiden Sätze, der eine für die Ondes, der andere für die Duo-Besetzung, sind aber nicht ganz identisch, den Messiaen mußte ja einzig und allein seinem Gedächtnis vertrauen; an eigenen Werken in Partitur fehlte es ihm während jener Zeit ganz. Bei sibirischer Kälte fand am 15. Januar 1941 vor 5000 Gefangenen die Uraufführung des *Quatuors* statt: „Nie hat man mir mit so viel Aufmerksamkeit und Verständnis zugehört", bekannte Messiaen später. Tatsächlich macht er in diesem Werk einen Schritt von größter Wichtigkeit, der ihn wegführte von manchmal allzu viel Süße des Klangs im Stile der Orgelvirtuosen, deren Erbe er zu Beginn der dreißiger Jahre angetreten hatte. Seine Musik bekommt unvermittelt einen noch größeren Ernst, der sich in den Monaten des Leidens einstellte und apokalyptische Visionen hervorbrachte. Das „Ende der Zeit" konnte Messiaen in der Eintönigkeit der schlesischen Wintermonate geradezu körperlich, hautnah erfahren.

Nachdem Frankreich einen unrühmlichen Waffenstillstand mit dem Deutschen Reich hatte schließen müssen, wurde Messiaen im Frühjahr 1941 in die sogenannte Freie Zone entlassen, wo Marschall Pétain vom Badeort Vichy aus unter strenger Bewachung der Sieger regierte. Zuerst war wieder Neussargues im Cantal sein Aufenthalt, bevor er nach Paris zog.

Der Krieg hat tiefe Spuren in Messiaens Schaffen hinterlassen; ein neuer Ton zeigte sich in seiner Musik, obwohl er dem eigentlichen politischen Geschehen eher indifferent gegenüberstand. Falsch wäre es, hinter seinen Erzählungen über die Gefangenschaft einen tiefen und unauslöschlichen Haß auf die Deutschen zu suchen, denn er engagierte sich überhaupt nicht in dieser völkermordenden Orgie, die schließlich ein vollkommen geschwächtes, seine Vorrangstellung verlierendes Europa zurückließ. Er blieb „am Rande" wie während der zwanziger Jahre in Paris mit ihrem mondänen und ikonoklastischen Treiben. Gerade deshalb sollte er mit seinem Unterricht am Conservatoire schon während der Zeit, als die Hauptstadt noch von den Deutschen besetzt war, eine folgenschwere Wirkung ausüben. Die musikalische Revolution wurde in aller Stille vorbereitet — schon Debussy, den Messiaen über alles verehrt, war diesen unscheinbaren Weg gegangen —; Erdauern und Erdulden waren seine Haltung in einer unmenschlichen Zeit, die eigentlich hätte einschreiten sollen, um, wie sie es in vielen anderen Fällen mit traurigem Erfolg tat, die Freiheit künstlerischen Schaffens abzuwürgen.

Anmerkung

1 A. Goléa, *Rencontres avec Olivier Messiaen*, Paris 1960, S. 59.

Der Lehrer und seine Schüler

1941 wurde Messiaen ans Conservatoire berufen, das er erst 1978 mit dem Erreichen seines Pensionsalters wieder verlassen sollte. Rechnet man noch die Jahre seiner Studienzeit von 1919 bis 1930 dazu, so hat er volle 48 Jahre an diesem Institut zugebracht, das ihn geformt hat und an dem er seinerseits wieder junge Musiker zu formen wußte. Bis 1947 hatte er Harmonielehre zu unterrichten, und zwar vor allem auf einem sehr hohen Niveau; die Kenntnisse, die eine gewöhnliche Harmonielehre zu vermitteln weiß, indem sie Schritt für Schritt in die verschiedenen Akkordtypen und deren Verbindung einführt, wurden schon vorausgesetzt.

Messiaen hat sich später kaum je über diese Zeit seiner pädagogischen Tätigkeit geäußert, doch die *Vingt Leçons d'harmonie* (1939) können uns einen Begriff geben von seiner Art des Unterrichts. Auf guten fünfzig Seiten dieses Heftes, das bei Leduc erschien, gibt Messiaen Beispiele von Stilübungen. Als Organist hat er ja schon „Fälschungen" in seinen Improvisationen an der Trinité hergestellt: falsche Bach, falsche Mozart, falsche Schumann, falsche Debussy usw. Diese Praxis setzte er nun in seinen Lektionen fort, und solche Stilübungen sind außerordentlich gut, besser als eine distanzhaltende Analyse, dazu geeignet, in die Kompositionstechnik eines großen Musikers der Vergangenheit einzuführen. Der Schüler erlebt am eigenen Leib, was es bedeutet, zum Beispiel einen Kanon im Stile von César Franck zu schreiben oder eine *Caprice* im Stile von Schumann. Das Heft von Messiaen beginnt aber schon mit Monteverdi, um über Rameau, Bach und Mozart ins französische 19. Jahrhundert vorzustoßen, zu Franck, Edouard Lalo, Gabriel Fauré und Jules Massenet, die vielleicht in Deutschland kaum besonderer Stilübungen für würdig erachtet würden, in Frankreich und vor allem am Conservatoire damals aber als große Meister ihres Faches galten. Manchmal nimmt Messiaen die Reinheit eines bestimmten Stils auch nicht allzu ernst und schreibt spielerisch, wie er selbst gesteht, in einem „sehr hybriden Stile: ein wenig Schumann, ein wenig Fauré, ein wenig Albeniz". Diese bestimmten Komponisten nachempfundenen Übungen nahm er aber sehr ernst, was die Vortragsbezeichnungen beweisen, die nicht nur sorgfältig das Tempo und die

Dynamik festlegen, sondern auch den Charakter eines Stückes liebevoll und sorgfältig angeben. Über dem 18. Stück heißt es zum Beispiel: „im Stile von ‚Pelléas et Mélisande' von Claude Debussy, mäßig und mit tiefer Empfindung" (profondément expressif), und es entsteht ein Stück von vier Seiten, das nicht nur in der Harmonik, sondern auch im schwebenden Rhythmus durchaus von Debussy stammen könnte. Man kann sich lebhaft vorstellen, daß diese Übungen zum Vergnügen des Lehrers und zur bewundernden Nachahmung des Schülers geschrieben worden sind. Das letzte, 20. Stück versucht sogar noch in den Stil von indischen Kantilenen einzuführen; es trägt die Überschrift „mäßig, mit Charme" und bringt nun auch den indischen Râgas angenäherte Skalen ins Spiel, wie sie Messiaen in seinen „modes à transpositions limitées" auch für eigene Kompositionen verwenden sollte. Das Unterrichtswerk führt also bis an die Schwelle des Stils, der Messiaen selbst schon damals eigen war.

Trotz dieser großen Freiheiten, die künstlerisch schon sehr reife Schüler voraussetzen, haben die *Vingt Leçons d'harmonie* eine pädagogische Seite, die uns nicht vergessen läßt, daß wir noch innerhalb eines oft sehr merkwürdigen Schulzwanges sind: Meistens ist die Oberstimme gegeben, und der Schüler sollte nun das richtige Gespür für die passenden Akkorde aufbringen, was sicher eine Reminiszenz an den Unterricht bei César Abel Estyle darstellt, der hier schon beschrieben wurde. Zweifel kommen einem da an der Fähigkeit und auch Möglichkeit, das herauszufinden, was sich der Lehrer wirklich vorgestellt hat. Außerdem sollten die Übungen, die meist vierstimmig gedacht sind, auf vier Systemen mit alten Schlüsseln ausgeschrieben werden. Die Vierstimmigkeit und die alten Schlüssel gehören noch heute zum gewöhnlichen, aber nicht unangefochtenen Prinzip des Conservatoire sowohl in der Harmonielehre als auch im Solfège. Dazu kommt noch, daß die Bässe allesamt beziffert sind, gerade als ob es sich um Musik des Barocks handeln würde. Zweifel kommen da auf an der Adäquatheit eines solchen Vorgehens bei Stücken im Stile von Debussy und Ravel. Aber Messiaen notiert und rechtfertigt sogar jede Freiheit der Dissonanzbehandlung, bei Massenet zum Beispiel, und hält sich strikt an die Lehrmeinungen, wie sie seit jeher in Harmonielehren verbreitet werden.

Diese Haltung mag erstaunen: einerseits nachschöpferische Freiheit von Stilen, die betont unakademisch sind wie diejenigen von Debussy und Ravel, andererseits diese orthodoxe Schreibweise in Stimmen, gestützt von einem bezifferten Baß. Anzunehmen ist, daß beides für Messiaen und seine Schüler eine spielerische Disziplin war, wie die spanische Reitschule, und daß die spätere, vollkommene Freiheit dann mit um so größerer Kompetenz und Geschmeidigkeit genossen werden konnte. Der Vergleich drängt sich auf mit Schönbergs Lehrtätigkeit in Los Angeles und Hindemiths Wirken an der Yale University: Beide sahen sich in den Vereinigten Staaten mit der Schwierigkeit konfrontiert, amerikanischen Studenten Wissen auf der Elementarstufe zu vermitteln und zugleich an das eigene Komponieren heranzuführen. Hindemiths *Traditional Harmony* (1943) zeigt diesen Konflikt in deutlicher Form: Der vierstimmige Satz, die Bezifferung und die Dissonanzbehandlung werden sorgfältig beibehalten, auch da, wo sich zum Beispiel die Dreistimmigkeit oder ein freier Satz aufdrängen würde und die Akkorde schon längst nicht mehr dem traditionellen Terzenaufbau entsprechen, um dann doch in den letzten Kapiteln des Buches Hindemiths eigenen Stil ahnen zu lassen. Schönbergs postum veröffentlichte Unterrichtswerke wie *Preliminary Excercises in Counterpoint,* 1963 erschienen, oder *Fundamentals of Musical Composition* (1967) zeigen dieselbe respektgebietende Mühe, der musikalischen Tradition Regeln abzugewinnen, die für die Gegenwart tauglich wären, wie das auch bei Messiaen nachzuweisen ist, nur fühlt dieser sich ganz in die französische Tradition eingebettet und bringt keine Übungen im Stile von Beethoven, Brahms oder Wagner, um dafür Massenet oder auch Emmanuel Chabrier zur Diskussion zu stellen.

Schönberg hat mit seinen Schülern, wie das zweite erwähnte Buch zeigt, vor allem analysiert; die Meister der Vergangenheit wurden um Ratschläge für die Jetztzeit befragt. Analysen von schöpferischen Musikern zeigen aber die Gefahr, vollkommen subjektiv zu werden, geben dafür dem jungen Komponisten, dem Schüler mehr Anregungen zum eigenen Schaffen als eine sich selbst vergessende Analyse eines Musikwissenschaftlers. Gerade auf dem Gebiete der Analyse sollte Messiaen Bedeutendes leisten, denn 1943 traf er zufällig wieder auf Guy-Bernard Delapierre, der ihm schon, wie erwähnt, während seiner Gefangenschaft begegnet war. Delapierre stellte Messiaen seine Wohnung an der rue Visconti für private Analysekurse zur Verfügung, Analysekurse, die sich bald schon einen legendären Ruf erwarben und Claude Delvincourt, den Direktor des Conservatoires, dazu bewogen, Messiaen eine Analyseklasse an diesem Institut zu übertragen. Er hatte eigentlich eine Kompositionsklasse schaffen wollen, doch hier stieß er auf die einhellige Ablehnung der leitenden Behörde, denn Messiaen wurde eines skandalträchtigen Modernismus verdächtigt, gegen den sich das Conservatoire seit jeher, aber zu seinem Nachteil, zu verteidigen gewußt hatte. Die offizielle Kompositionsklasse war übrigens in durchaus würdigen Händen bei Darius Milhaud, der mit freundlicher Toleranz den Schülern begegnete, die sich dem gefährlich Neuen verschrieben hatten. Noch am Anfang der sechziger Jahre fand Jean-Claude Eloy, ein heute in Paris sehr angesehener Komponist, bei Milhaud weitherzige Duldung für seine Werke im Stile von Boulez; fanatische Generationskonflikte fanden am Conservatoire auf der Ebene der Lehrer selbst nicht statt. Delvincourt tarnte aber 1947 Messiaens Kurse unter dem Namen einer Analyseklasse, die später noch zwei weitere Phantasiebezeichnungen wie musikalische Ästhetik oder musikalische Philosophie erhielt, um sogleich eine immense Wirkung auszuüben. Bis 1966, als Messiaen endlich die Kompositionsklasse übernehmen durfte, dauerte diese Zeit, die er selbst in seinen Unterhaltungen mit Claude Samuel in ausführlicher Form beschrieben hat. Mit seinen eigenen Worten sei im folgenden wiedergegeben, wie sehr ihm diese Klasse am Herzen lag und wie stark er als berufener Pädagoge auf seine Schüler einging. In diesem Punkt ist er nur mit Nadia Boulanger zu vergleichen, die selbst nicht schöpferisch im strengen Sinne des Wortes war; sie hatte zwar in ihrer Jugend auch komponiert, sich aber später ganz zur Sachwalterin der Neoklassik von Strawinsky gemacht, um dann jedoch von dessen Hinwendung zur Reihentechnik, die sie verachtete, nicht gerade angenehm berührt zu werden. Wie Milhaud sollte Messiaen von erbitterten Kämpfen zwischen verschiedenen Fraktionen unberührt bleiben, da er, wie seine hier wiedergegebenen Worte beweisen, die Jüngeren ernstnahm: „Ich habe die Analyse immer geliebt, die musikalische Analyse unter all ihren Formen, das entspricht einem meiner wichtigsten Ziele in der musikalischen Arbeit. Umgeben von Jugendlichen zu sein, von Jugendlichen, die mir vertrauen, aber sehr verschieden von mir sind (. . .), das ist eine ausgezeichnete Sache, denn ich werde alt wie alle anderen auch, und diese Umgebung verlangsamt immerhin das Älterwerden. Diese Jungen sind natürlich viel weiter als ich, aber ihre Fragen und ihre Haltung zwingen mich zu Untersuchungen, an die ich vielleicht nicht ohne sie gedacht hätte.“[1]

Für Messiaen war diese Klasse so etwas wie eine Klasse über Superkomposition (super-composition), wie er sich später äußert. Zu ihm kamen Leute, die schon viele Preise am Conservatoire errungen hatten, vielleicht sogar einen Großen Rompreis: „Ich richte mich also an sehr beachtenswerte Musiker, und ich muß ihnen all das bringen, was sie in den vorhergehenden Klassen nicht gehabt haben. (. . .) in der Orgelklasse bewirken die Improvisation und die Interpretation, daß das Studium der Neumen und des Rhythmus' des gregorianischen Chorals in den Hintergrund gedrängt werden, das aber doch so wichtig ist für die katholischen Organisten; ich mache also in meiner Klasse den gregorianischen Choral."[2]

In den Kompositionsklassen kommt nach Messiaens Meinung das Studium der exotischen, antiken und ultramodernen Musik zu kurz: „. . . diese Analysen bilden die Hauptarbeit in meiner Klasse."[3] Dasselbe gilt für die Orchestration und die Rhythmuslehre vor allem: „. . . alle Musikschulen in Europa und im Westen setzen den Akzent auf die Harmonik und auf den Kontrapunkt — vom Rhythmus ist nie die Rede: Deshalb behandle ich den Rhythmus in meiner Klasse."[4] Die Kurse über die verschiedenen hier erwähnten Gebiete erlangten schon bald einen so guten Ruf, daß Messiaen überall hin eingeladen wurde, um sein Wissen zu vermitteln. Gegenüber Claude Samuel erwähnt er schon in den sechziger Jahren einige dieser Orte: In Tanglewood (Massachusetts) gab er Kurse über Komposition und Orchestration, in Budapest, Saarbrücken und vor allem Darmstadt, auf Schloß Kranichstein (1949, 1950 und 1951) sprach er über den Rhythmus, in Buenos-Aires (1963) über die griechische Metrik und die indischen deçî-tâlas, in Winterthur (Schweiz), in Boulder (Colorado), in Japan, in Kanada und in Finnland über Musik und Ornithologie.

Alle diese Gebiete — altgriechische Metren, der Rhythmus der Inder und des gregorianischen Chorals, die Klangfarbe und die Vogelgesänge — müssen schon in den Kursen bei Guy-Bernard Delapierre zur Sprache gebracht worden sein; dort gab Messiaen schon während der deutschen Besetzung sein die musikalische Sprache revolutionierendes Wissen an die junge Generation weiter. Die Einflüsse seiner Lehrer aus den zwanziger Jahren — Marcel Dupré, Maurice Emmanuel und Paul Dukas — werden dabei greifbar. Daß Delvincourts Absicht, ihm eine Kompositionsklasse zu geben, auf Ablehnung stieß, erwähnt Messiaen gegenüber Claude Samuel nicht. Diese Diskretion gehört zu seiner Noblesse, nie etwas Schlechtes über seine Mitmenschen zu sagen. Wo andere, wie zum Beispiel Boulez, mit ihrer Aggressivität immer auf Widerstände stießen, setzte sich Messiaen mit ruhiger Unbeirrbarkeit durch. Den Alltag des Lehrers aber beschreibt er mit lebhaften und anschaulichen Worten: „Stellen Sie sich vor, ich mache jede Woche drei Kurse, von denen jeder vier Stunden dauert. Während dieser vier Stunden rede ich und gebe oft sehr schwierig zu spielende Beispiele am Klavier. Man braucht deshalb für diese Klasse eine gute Stimme, man muß in gutem Französisch sprechen und das die ganze Zeit, gutes Klavierspiel und leichtes Blattlesen gehört ebenso dazu wie eine breite Allgemeinbildung, doch das ist nicht alles, denn folgendes ist das Anspruchsvollste: Das Thema des Kurses wechselt jedes Jahr. Ich könnte natürlich immer dasselbe sagen und eine Kruste ansetzen (m'encroûter), aber die Schüler kommen zu mir, weil sie wissen, daß sie, wenn sie zwei oder drei Jahre in der Klasse bleiben oder sogar wenn sie nach Erlangen des Preises als Freunde zurückkehren, immer etwas Neues hören werden."[5]

Messiaen gibt dann ein Beispiel für ein Jahresthema; es handelte von der Klaviermusik. Ausgehend von François Couperin, Domenico Scarlatti und Jean-Philippe Rameau wurden die 22 Konzerte von Mozart und die 32 Sonaten von Beethoven behandelt, dazu noch fast das ganze Oeuvre von Frédéric Chopin und Robert Schumann, *Iberia* von Isaac Albeniz, die *Préludes, Estampes, Images* und *Etudes* von Claude Debussy, *Gaspard de la nuit* von Maurice Ravel und sogar die *Zweite Klaviersonate* von Boulez, aus der er einige Stellen spielte. Wegen seiner Vorliebe für die Avantgarde, die er wie hier konsequent in die Gattungstradition der Klaviermusik einfügte, gab es hier und da Proteste, doch Delvincourt stand entschlossen hinter seinem Lehrer, der bekennt: „Alles, was ich mache, ist revolutionär. Die 22 Konzerte von Mozart zu analysieren, war eine Revolution, weil man von ihnen an der rue de Madrid noch nie gesprochen hatte . . ."[6]

Messiaen gibt dann ein weiteres Beispiel eines Jahresthemas, das sich der Oper widmete: Von Claudio Monteverdis *Orfeo* über das Opéra-ballet von Rameau mit *Castor et Pollux, Hippolyte et Arcie, Dardanus* und *Platée* gelangte er zu *Don Giovanni* von Mozart, der für ihn das Meisterwerk seiner Gattung ist, um dann den *Ring des Nibelungen* von Richard Wagner zu behandeln, dessen Psychologie, Philosophie, Kosmologie und Thaumaturgie er genau studierte; auch die Edda und die germanischen Sagen überhaupt las er zu diesem Zweck. Darauf folgten noch *Boris Godounow* von Modest Moussorgsky, *Pelléas et Mélisande* von Debussy und *Wozzeck* von Alban Berg. Diese Auswahl aus der Operngeschichte gibt ein genaues Bild vom musikalischen Geschmack Messiaens und reflektiert zugleich auch ein Stück Opernrezeption in Paris: Um 1900 herrschte dort der Wagnerismus, und die Opern Rameaus wurden neu entdeckt. Moussorgsky aber wurde dem internationalen Publikum erst durch Aufführungen in Paris bekannt, die um dieselbe Zeit stattfanden. *Pelléas* wiederum gehörte seit seiner Kindheit zu Messiaens Lieblingswerken, während *Wozzeck* gerade 1963 unter der Leitung von Boulez an der Grand Opéra seine vielbeachtete Première hatte. Messiaen hielt also Schritt mit seiner Zeit; von der *Lyrischen Suite*, die er in seine Kriegsgefangenschaft mitnahm, führte der Weg zu dieser Oper, die Boulez vielleicht auch nicht einstudiert hätte, wenn er nicht der Schüler Messiaens gewesen wäre.

In der Liste dieser damals behandelten Opern fehlen die Werke von Giuseppe Verdi und Giacomo Puccini vollständig; sie sind Messiaen, wie übrigens auch Boulez, fremd geblieben. Er habe nur Meisterwerke behandeln wollen, erklärt er gegenüber Claude Samuel, was einem diskreten Verdikt über die beiden Komponisten gleichkommt. *Carmen* von Bizet nahm er dagegen, wiewohl eher widerstrebend, auf in seinen Kurs; dem Erfolg dieses Werkes in Paris, das an der Opéra comique bis heute (1986) fast 3000 mal gespielt wurde, konnte er sich nicht verschließen.

Der Kurs über die Oper beschäftigte sich aber nicht nur mit ihrer Musik, sondern das Theatralische insgesamt wurde behandelt: die Form der Szenen, ihre Abfolge und die Aufteilung des Textes, so daß man versteht, wenn für Messiaen auch eine breite Allgemeinbildung für dieses Fach wichtig schien. Die Sonate, die Symphonie und selbstverständlich immer wieder rhythmische Probleme wurden während der Kurse behandelt, doch die Themen wurden — echt demokratisch — zum Teil auch von den Schülern selbst bestimmt, was von Messiaens Seite ein großes, stets präsentes Reservoir an Kenntnissen voraussetzte: „Wenn ich am 1. Oktober in meine Klasse trete, habe ich schon einige Ideen, ohne über meine Wahl ganz sicher zu sein; die Gesichter der Schüler entscheiden darüber. Das kommt Ihnen vielleicht sehr merkwürdig vor, aber ich bin ein wenig wie ein Arzt oder Beichtvater: Wenn ich die Schüler eintreten sehe, schaue ich sie mit prüfendem Blick an und sage mir: 'Dieser da hat diese Sache nötig, jener eine andere; sie brauchen dieses oder jenes Heilmittel, dieses oder jenes Stimulans', und das Jahresthema wird aufgrund der Personen entschieden, die ich vor mir habe. (. . .) Einige mögen protestieren: ‚Ich bin Cellist, die Klaviermusik interessiert mich nicht, ich verstehe nicht die Fingersätze'. Dann richte ich mich nach der

Mehrzahl (. . .), aber meine Worte werden oft durch Fragen der Schüler unterbrochen, und es kann eine Diskussion zwischen den Schülern und mir entstehen oder sogar ein Disput der Schüler unter sich (. . .) aus diesen Diskussionen geht das Licht hervor . . . und die Brüderlichkeit!"[7]

Vor 1966, als er dann schließlich auch die Kompositionsklasse übernehmen durfte, hielt sich Messiaen streng an das Prinzip, keine Kompositionen seiner Schüler zu begutachten, denn das war die Aufgabe und die Domäne von Milhaud. Aus den Schülern wurden aber meist Freunde, wenn sie lange dem Analyseunterricht gefolgt waren. So konnte es passieren, daß sie nach ihrem Studium auch mit ihren Kompositionen zu ihrem ehemaligen Lehrer kamen und dessen Rat erbaten. Dabei ließ aber Messiaen die Persönlichkeit seiner jungen Leute unangetastet: „. . . sie [die Schüler] sind alle verschieden. Der Ruhm meiner Klasse besteht gerade darin, daß ich die Persönlichkeit respektiere."[8] Und er gibt darauf das Beispiel von Iannis Xenakis: „. . . als Iannis Xenakis mich aufsuchte, habe ich ihn gut angeschaut, und ich vernahm, daß er Architekt sei, Mitarbeiter von Le Corbusier, ich vernahm auch, daß er Mathematiker sei. Er fragte mich, ob er seine musikalischen Studien tapfer von Null an wieder anfangen, in eine Harmonieklasse und dann in eine Fugenklasse usw. eintreten solle . . . Ich dachte einige Tage darüber nach und riet ihm ab; entgegen meinen eigenen musikalischen Vorlieben ermutigte ich ihn, sich der Mathematik und der Architektur in seiner Musik zu bedienen, ohne sich mit melodisch-harmonisch-kontrapunktisch-rhythmischen Problemen zu beschäftigen . . . Er folgte meinem Rat und reüssierte . . ."[9]

Messiaen bestätigte Xenakis in seinen Tendenzen, die gar nicht in das Konzept des Lehrers paßten, und der Grieche wird immer voll Bewunderung und Respekt von Messiaen sprechen. Noch 1978 sollte er die folgenden Sätze schreiben: „Ich möchte von der Weitherzigkeit Olivier Messiaens erzählen und wie er allein zu jener Zeit einen Außenseiter aufzunehmen wußte. Als ich 1947 in Paris ankam — ein erbärmlicher politischer Flüchtling, bar jeder Mittel außer dem tiefen Verlangen, die Musik zu erlernen, wenn nicht sogar, sie zu machen —, da hatte ich das Glück, Olivier Messiaen zu begegnen (. . .). Ich hatte endlich den Mann gefunden, den ich im Schein meiner kläglichen Laterne suchte. Es war mehr als ein Mann, es war eine Art Sonne, die die Musik erhellte, diejenige der Vergangenheit wie die der Zukunft (. . .). Die strahlendste Wahrheit, die er entschleierte durch seinen Unterricht und durch seine Musik, war, daß alles möglich sei in der Musik (. . .), unter der

Bedingung, daß alles mit einer inneren reichen und weitherzigen Notwendigkeit gemacht wird, außerhalb der ästhetischen und ideologischen Dogmen, mit dem Talent als einzigem Führer, wo Intuition und Rationalität ineinander verschmelzen."[10]

Doch die Schüler der ersten Stunde, diejenigen, die schon in der Wohnung von Delapierre zugegen waren, blieben die anhänglichsten, allen voran Boulez: „Er war so intelligent und so musikalisch, daß er keinen Lehrer benötigte; ich bin überzeugt, daß er ohne Hilfe etwas Außergewöhnliches gemacht hätte. Er hat nur kurz mit mir gearbeitet, gerade ein Jahr Harmonielehre (. . .) er nahm nachher an meinen privaten Kursen bei Guy-Bernard Delapierre teil."[11]

Boulez war damals in Aufruhr gegen jedermann, und Messiaen versuchte ihn zu besänftigen: „Ich habe immerhin versucht, ihm ein wenig Glauben und Liebe mitzuteilen, mindestens ein wenig Hoffnung . . . Wir kamen aus einer friedlichen und konservativen Generation. Es war natürlich, daß man, als Reaktion, auf Revoltierende und Extravagante stieß. Und ich dachte, daß solche Zornausbrüche fruchtbar seien und schließlich eine Erneuerung der Technik, die Askese und das Licht bringen würden."[12]

Divergenzen zwischen ihm und Boulez betrachtet Messiaen gerade als positiv, und er erklärt Claude Samuel: „Aber ich befinde mich im Gegensatz zu allen meinen Schülern, gerade dadurch bleibt meine Klasse lebendig!"[13]

Messiaen läßt dann eine ganze Reihe von ehemaligen Schülern an seinem geistigen Auge vorbeiziehen: Yvonne Loriod, die nicht nur eine große Pianistin war, sondern auch Sinn für Harmonik und Rhythmus mitbrachte, Maurice Le Roux, auch er sehr begabt, Serge Nigg, der eine von Messiaens großen Hoffnungen war, obwohl seine Entwicklung nachher nicht eindeutig verlief, Jean-Louis Martinet mit einer sehr guten Technik, Michel Fano, der sich später dem Film zuwandte, und schließlich Jean Barraqué, auch er, wie Boulez, in ständigem Aufruhr.

Darauf erinnert sich Messiaen an seine nicht-französischen Schüler, allen anderen voran an Karlheinz Stockhausen, der bei ihm einen Kurs über die rhythmischen Akzente bei Mozart besuchte. Stockhausen wurde auf Messiaen aufmerksam durch eine Plattenaufnahme von dessen *Mode de valeurs et d'intensités,* die Antoine Goléa aus Paris nach Darmstadt mitgebracht hatte, und Goléa beschreibt diese erste Begegnung Stockhausens mit dem Stück, das den Serialismus inaugurieren sollte: „Ich sehe ihn noch vor mir in Darmstadt um 1951: furchtbar jung, groß, blond, mit sehr blauen Augen, gebeugt und angespannt über einer drehenden Schallplatte, der Musik mit einer nie erlahmenden Aufmerksamkeit lauschend; er setzte im Laufe eines Tages zehnmal, zwanzigmal das Pick-up auf das Wachs."[14]

In diesem Stück sahen — so fährt Goléa fort — die hellsten Geister jener Zeit den Ursprung der ganz neuen Musik. Für Stockhausen war der *Mode* eine Offenbarung, er zog ihn unwiderstehlich nach Paris. Nach Überwindung aller möglichen Schwierigkeiten gelang es Stockhausen, das Schuljahr 1951 bis 1952 in Paris zu verbringen und, wie erwähnt, Messiaens Kurse zu besuchen, die einen umwälzenden Einfluß auf sein Schaffen ausübten; er publizierte später auch einen Aufsatz über die Kadenzrhythmik bei Mozart, der sicher Messiaens Anregungen zu verdanken ist und uns den fast totalen Mangel an theoretischen Arbeiten aus Messiaens Hand beklagen läßt. Die *Technique de mon langage musical* aus der ersten Zeit seiner Tätigkeit am Conservatoire (1942—1944) bezieht sich, wie der Titel besagt, nur auf seine eigenen Kompositionen und kann diese auch nur bis zu einem gewissen Grade erhellen. Interessant wäre es aber, seine Ausführungen über Klaviermusik, die Oper, die Sonate, die Symphonie und vor allem über den Rhythmus vor Augen zu haben. Der *Traité du rythme* harrt noch seiner Vollendung, und Boulez' Aufsatz *Strawinsky demeure* (1951) kann uns vielleicht einen Einblick in Messiaens Entdeckungen am Rhythmus von *Le Sacre du printemps* geben, wiewohl sie dort doch unverkennbar eine Wandlung unter der Hand des Schülers durchgemacht haben.

Nach Stockhausen, dem wichtigsten Schüler unter den fremden, kommt Messiaen gegenüber Claude Samuel auf die japanischen unter ihnen zu sprechen: auf Sadao Bekku, der dann Komponist, Kritiker und Professor in Tokio wurde, auf Mitsuaki Hayama, ebenfalls einen bekannten Komponisten in Japan, und auf Makoto Shinohara, der noch am Ende der fünfziger Jahre bei den Darmstädter Ferienkursen für Neue Musik an der Spitze der Avantgarde stand. Unter den Chinesen hebt er den kultivierten Musiker Chang Hao hervor. Für Messiaen blieb der Ferne Osten, vor allem Japan mit seinen kulturellen und landschaftlichen Schönheiten, immer ein ganz besonderer Anziehungspunkt, und die Japaner selbst antworteten mit großer Liebe und viel Verständnis auf seine Musik. Doch das sind nicht die einzigen Schüler aus exotischen Ländern, die bei Messiaen studiert haben, denn er erwähnt noch den Armenier Raffi Ourgandjian, einen beachtlichen Improvisator an der Orgel wie Messiaen selbst und einen großen Kenner der indischen Rhythmen, den eigentlichen Fortsetzer von Messiaens Kenntnissen auf diesem Gebiet.

Zurückkommend auf seine französischen Schüler sichert Messiaen Gilbert Amy einen wichtigen Platz in seinen Erinnerungen. Amy wurde später stark von Boulez beeinflußt und übernahm in der Mitte der sechziger Jahre die Leitung der Konzertreihe Domaine Musical, die Boulez gegründet hatte. Zum Schluß kommt Messiaen noch auf zwei Musiker zu sprechen, die wieder einmal — wer hätte das anders erwartet? — sehr verschieden sind und doch beide seine Zuneigung genossen: Jean-Pierre Guézec, ein sanfter Grübler, und Paul Méfano, ein schäumender Revolutionär.

Dann fragt Claude Samuel noch, ob er, Messiaen, seine revolutionären Schüler liebe, worauf dieser antwortet: „Ich liebe sie alle, mögen sie zart, sanft, wütend, revolutionär oder friedlich sein!“[15]

Nachzutragen wären noch einige andere Schüler, die entweder von Messiaen vergessen wurden oder erst nach den Unterhaltungen mit Claude Samuel (1967) in seine Klasse kamen. Die Blickrichtung kehrt sich nun um; sie geht vom Schüler auf den Lehrer:

Für Marius Constant war Messiaen „eine unersetzliche Persönlichkeit, ein Mann wie ein Leuchtturm (homme-phare) für drei Generationen von Schülern“.[16] Constant spielt damit auf Baudelaire an, für den seine Vorbilder Leuchttürme waren.

Der Vietnamese Nguyen Thien Dao rühmt 1979 an Messiaen seine Unbeugsamkeit, seine Noblesse und seinen Geist, der alle Kulturen umfasse: „Durch seinen Glauben (sein mächtiges Ideal) ist er orientalischer als ein Orientale.“[17]

Michael Levinas sieht ihn noch heute in die Klasse treten, „auf das Klavier im Durcheinander seiner Noten über die griechische Metrik und die indischen Rhythmen eine große Wagner-Partitur und den ‚letzten Stockhausen‘ werfend. Eine ganze Musikgeschichte, eine ganze Ästhetik fiel aus seiner Mappe. (. . .) In der zeitgenössischen Musik schien alles erlaubt. Doch es bedurfte des Glaubens und der Ehrlichkeit. Er verhalf den von ihm geliebten Werken zu einer Gegenwart, aber drängte keine Entscheidung auf. Maieutik in der Musik!“[18] Wie Sokrates verhalf Messiaen der Erkenntnis zu ihrer Geburt.

Tristan Murail trat nur Messiaens wegen ins Conservatoire ein und lernte sich selbst dadurch erst kennen. Für ihn war der Lehrer ein „Meister, beinahe im orientalischen Sinne des Wortes".[19]

Méfano, den Messiaen selbst erwähnt hat, ging nach Kursen bei Boulez in Basel vom Anfang der sechziger Jahre wieder zu seinem alten Lehrer zurück, dessen Kultur er rühmt: „. . . er zitierte viele Schriftsteller und Dichter, vor allem Shakespeare, Verlaine, Baudelaire oder Mallarmé. An gewissen Tagen war ihre Gegenwart in unseren Klassenstunden sehr stark, was denen, die sich nur mit Mozart oder Beethoven befaßten, absurd schien."[20]

François-Bernard Mache wurde 1958 Schüler von Messiaen und lobt, wie viele andere auch, die Weite der Interessen seines Lehrers; er versucht sich in griechischen Metren und ist fasziniert von den Vogelstimmen, die Messiaen in seine Werke aufnahm, um sie dann später, 1968, im Rohzustand aber, in eigenen Werken zu verwenden. Dieser Rohzustand von Geräuschen des Feuers, des Wassers, der Maschinen, der Straßen habe ihn fasziniert: „Messiaen annektiert sie [die Geräusche] für sein Universum, indem er sie in seinem alchimistischen Ofen umschmilzt, während ich, bewaffnet mit einem Bandgerät, meine Musik gehorsam nach den Anregungen herstelle, deren ausgewählte Modelle präsent bleiben und die Träger [der Stücke] sind."[21]

Weltweit und ideologiefrei hat Messiaen unterrichtet; die Anregungen kamen aus allen Zeiten und Kontinenten. Gerade deshalb ist er der undoktrinärste Musiklehrer des 20. Jahrhunderts geblieben. Er war nicht nur auf die französische Tradition fixiert, wie es in den *Vingt Leçons d'harmonie* (1939) der Fall schien, er blieb aber französisch in dem Sinne, daß er kosmopolitisch wurde wie die Hauptstadt Frankreichs, denn in Paris fanden sich von jeher die verschiedenartigsten Strömungen zusammen. Der Exotismus des 19. Jahrhunderts mit seinen berühmten Weltausstellungen war ein Vorbote der Entwicklung hin zum Orient, die ernsthaft mit Debussy begann und von Messiaen fortgesetzt wurde. Was zuerst nur wie eine Spielerei mit dem Andersartigen anmutete, ist dank Messiaen und vielen andern zum integrierenden Bestandteil einer Musik geworden, die nicht mehr exklusiv europäisch ist, sondern bei Gérard Grisey und Jean-Claude Eloy eine meditative Komponente aufweist, die orientalisch wirkt. Sie wäre ohne Messiaens Wirken als Lehrer und Komponist nicht möglich geworden.

Anmerkungen

1 C. Samuel, *Entretiens avec Olivier Messiaen*, Paris 1967, S. 183.
2 Ebd., S. 184.
3 Ebd., S. 184.
4 Ebd., S. 185.
5 Ebd., S. 186.
6 Ebd., S. 187.
7 Ebd., S. 190f.
8 Ebd., S. 192.
9 Ebd., S. 192f.
10 H. Halbreich, *Olivier Messiaen*, Paris 1980, S. 520.
11 Samuel, S. 193f.
12 Ebd., S. 194f.
13 Ebd., S. 195.
14 A. Goléa, *Karlheinz Stockhausen*, in: *Cahiers de la Compagnie Madelaine Renaud — Jean-Louis Barrault*, 2. Jahr, 3. Heft, Paris 1954, S. 112.
15 Samuel, S. 198.
16 Halbreich, S. 511.
17 Ebd., S. 513.
18 Ebd., S. 513.
19 Ebd., S. 514.
20 Ebd., S. 515.
21 Ebd., S. 518.

Irdische und himmlische Liebe

Halbreich betont immer wieder, daß Messiaens Privatleben außerordentlich arm an wichtigen Ereignissen gewesen sei. Rekapitulieren wir: 1932 heiratete er Claire Delbos, eine blonde junge Frau von schlichtem und doch kräftigem Aussehen. Der Ehe entsprang am 14. Juli 1937 ein Sohn, Pascal, doch das Glück zu dritt war nur von kurzer Dauer, denn Claire wurde zu Beginn des Zweiten Weltkrieges das Opfer einer schweren, unheilbaren Krankheit, von der Messiaen auch gegenüber Freunden nie spricht. Während der berühmten Analyse-Kurse in der Wohnung von Guy-Bernard Delapierre traf Messiaen nun 1943 auf Yvonne Loriod: Sie war schön und außerordentlich begabt, doch für Messiaen, der sich vor Gott mit Claire vermählt hatte, war kein Kompromiß möglich. Er lebte allein mit Pascal, litt unter dem Verzicht und begab sich in eine seelische Wüste und Einsamkeit während der fünfziger Jahre, deren Zeuge gerade wieder Halbreich war. Claire wurde 1959 von ihrem langen Martyrium erlöst, sie starb, doch Messiaen wartete noch bis 1962, um dann in aller Stille Yvonne Loriod zu heiraten und zu ihr in ihre Wohnung zu ziehen. Dort blieb die Telefonnummer immer unter dem Namen Loriod stehen; man sucht vergeblich nach Messiaens Namen im Pariser Telefonbuch. Er verschwand gleichsam aus der offiziellen Liste der Bewohner von Paris.

Das ist alles, was wir heute über sein Privatleben wissen, doch gleichzeitig mit diesen spärlichen und doch so erschütternden Erlebnissen entstanden Werke, deren von Messiaen selbst verfaßte Texte uns ein wenig Aufschluß darüber geben können, wie sein Leben wirklich war. Sie sind zwar nicht das empirische Leben selbst, sondern Kunst, die das Empfinden überhöht: zuerst die *Poèmes pour Mi* für Gesang und Klavier — Mi war Messiaens Kosename für Claire —, dann die *Chants de terre et de ciel*, wieder für Claire und auch für Pascal. Diese beiden Gesangszyklen aus den dreißiger Jahren sind aber nicht anspruchslose Stücke für den häuslichen Gebrauch, sondern sehr schwierig zu verstehende Musik für den Konzertsaal, der die Intimität des deutschen Liedschaffens fehlt; auch mit Faurés, Debussys oder Ravels Liedern haben diese Werke wenig gemein. Während der vierziger Jahre nun, als

Messiaen Yvonne Loriod kennenlernte, entstanden die drei Opera mit dem Tristan-Thema: *Harawi, Turangalîla-Symphonie* und *Cinq Rechants,* ohne aber Wagners Konzeption dieses Stoffes zu folgen. Die Vorstellungen von Verrat, Untreue und Bestrafung fehlen bei Messiaen vollständig. Zur selben Zeit und bis heute (1986) schrieb Messiaen kaum ein Werk, in dem nicht das Klavier als Solo-Instrument eine wichtige Rolle gespielt hätte. Neben reinen Klavierstücken, unter anderem den großen Zyklen *Vingt Regards sur l'enfant Jésus* und dem *Catalogue d'oiseaux,* stehen die orchestralen Werke, wo das Klavier als Hauptfigur auftritt, unter anderem *Oiseaux exotiques, Couleurs de la cité céleste* und *Des Canyons aux étoiles...,* alles Werke, die für die Pianistin Yvonne Loriod bestimmt waren. *Le Loriot* (Der Pirol) im *Catalogue d'oiseaux* ist ebenso wie *L'Oriole* (ein amerikanischer Pirol) in *Des Canyons aux étoiles...* eine Anspielung an den Namen Loriod. In den Werken für Claire und auch für Yvonne handelt es sich aber, wie erwähnt, um hohe Kunst und nicht nur um Gelegenheitswerke. Wir haben also nicht das Recht, von ihnen direkt auf das Privatleben zu schließen, doch geben sie uns die Möglichkeit, zu begreifen, wie Messiaen idealiter seine Begegnung mit den beiden Frauen auffaßte. Das sei anhand der Betrachtung von einigen dieser Texte, die Messiaen selbst schrieb und nachher vertonte, im folgenden gezeigt und — was unumgänglich ist — mit den religiösen Werken verglichen.

Das erste Gedicht aus den *Poèmes pour Mi* trägt den Titel *Action de grâces* (Gnadenakt):

„Le ciel,
Et l'eau qui suit les variations des nuages,
Et la terre, et les montagnes qui attendent toujours,
Et la lumière qui transforme.
Et un oeil près de mon oeil, une pensée près de ma pensée,
Et un visage qui sourit et pleure avec le mien,
Et deux pieds derrière mes pieds
Comme la vague à la vague est unie.
Et une âme
Invisible, pleine d'amour et d'immortalité,
Et un vêtement de chair et d'os qui germera pour la résurrection,
Et la Vérité, et l'Esprit, et la Grâce, avec son héritage de lumière.
Tout cela vous me l'avez donné.
Et vous vous êtes encore donné vous-même,
Dans l'obéissance et dans le sang de votre Croix,
Et dans un Pain plus doux que la fraîcheur des étoiles,

Mon Dieu.
Alléluia, alléluia, alléluia."

(Den Himmel/ Und das Wasser, das den Veränderungen der Wolken folgt,/ Und die Erde und die Berge, die immer warten,/ Und das Licht, das verwandelt./ Und ein Auge nah bei meinem Auge, ein Gedanke nah meinem Gedanken,/ Und ein Gesicht, das lächelt und weint mit dem meinen,/ Und zwei Füße hinter meinen Füßen,/ Wie die Welle mit der Welle vereint ist,/ Und eine Seele,/ Unsichtbar, voll von Liebe und Unsterblichkeit,/ Und ein Kleid aus Fleisch und Knochen, das für die Auferstehung sprießen wird,/ Und die Wahrheit und den Geist und die Gnade mit ihrer lichtvollen Erbschaft./ Alles das hast Du mir gegeben,/ Und Du selbst hast Dich mir gegeben/ Im Gehorsam und Blut Deines Kreuzes/ Und im Brot, das weicher als die Frische der Sterne ist,/ Mein Gott./ Halleluja, halleluja, halleluja.)

Die ersten zwei Drittel des Gedichtes könnten daran denken lassen, daß es an Claire gerichtet ist und nichts anderes als ein Liebesgedicht mit aus der Naturlyrik entlehnten Metaphern darstellt: Die Geliebte läßt dem Dichter scheinbar die Geschenke des Himmels und der Erde zukommen und gibt sich noch selbst hin. Doch mit dem Vers: „Und Du selbst hast Dich mir gegeben" ändert sich das Bild, denn es heißt „donné": Gott hat sich „gegeben" — das Partizip ist männlich — und nicht Claire, die aber ihrerseits von Gott „gegeben" worden ist zusammen mit der ganzen Natur. Messiaens Körper wartet auf die Auferstehung, von der in *Subtilité des corps glorieux*, dem ersten Stück aus dem Orgelzyklus *Les Corps glorieux* (1939), die Rede ist, wo aus der Bibel zitiert wird: „Ihre Körper, die als tierische Körper gesät wurden, werden als geistige Körper auferstehen." Gott gibt aber auch seine Wahrheit, seinen Geist und die Gnade zusammen mit der Gestalt der geliebten Frau, ja, mehr noch: Er gibt sich selbst im Abendmahl, das ein Liebesmahl ist und hier ganz still und diskret mit der fleischlichen Vereinigung in der ehelichen Liebe in Verbindung gebracht wird.

Das wird aber erst vollkommen klar im fünften Gedicht, *L'Epouse* (Die Gattin), wo es heißt, daß die Gattin die „Verlängerung" (prolongement) des Gatten sei wie die Kirche die Verlängerung Christi. Uralte theologische Vorstellungen tauchen hier wieder auf: Was Christus als Bräutigam der Gemeinde, der „ecclesia", darstellt, findet sich als blaßer Widerschein auf Erden wieder. Im sechsten Gedicht wird Claire als „Magd des Sohnes" angesprochen, wie wenn sie die im Magnificat jubelnde Jungfrau Maria wäre, doch die Heimstatt hienieden ist nur von kurzer Dauer, denn das dritte Gedicht, *La Maison* (Das Haus), heißt:

„Cette maison nous allons la quitter:
    Je la vois dans ton oeil.
Nous quitterons nos corps aussi:
    Je les vois dans ton oeil.
Toutes ces images de douleur qui s'impriment dans ton oeil,
Ton oeil ne les retrouveras plus:
Quand nous contemplerons la Verité,
Dans des corps purs, jeunes, éternellement lumineux."

(Dieses Haus werden wir bald verlassen:/ Ich sehe es in deinen Augen./ Wir werden auch unsere Körper verlassen:/ Ich sehe sie in deinen Augen./ Alle diese schmerzlichen Bilder, die sich deinem Auge eingraben,/ Dein Auge wird sie nicht mehr wiederfinden:/ Wenn wir in den Anblick der Wahrheit versunken sein werden,/ Angetan mit reinen, jungen und ewig strahlenden Körpern.)

Die Strahlenleiber der schon erwähnten *Corps glorieux*, die Leiber der auferstandenen, im Licht jubelnden Erlösten sind Messiaens Ziel, dem er entgegenlebt. Ob wohl die Last dieser großen Bilder für Claire zu schwer war? Läßt sich überhaupt eine Ehe in diesem hohen, ungebrochenen Tone beginnen und unverrückbar durchleben? Wir wissen es nicht. Das letzte, neunte Gedicht, *Prière exaucée* (Erhörtes Gebet), spricht auch von Krisen, die nun — vielleicht nur vorübergehend — überwunden seien:

„Ebranlez la solitaire, la vieille montagne de douleur,
Que le soleil travaille les eaux amères de mon coeur!
    O Jésus,
Pain vivant et qui donnez la vie,
Ne dites qu'une seule parole, et mon âme sera guérie."

(Erschüttere den einsamen, den alten Berg voller Schmerzen./ Möge die Sonne die bitteren Wasser meines Herzens durchwalten!/ Oh, Jesus,/ Brot des Lebens, Lebensspender,/ Sag nur ein einzig Wort, und meine Seele wird geheilt sein.)

Die *Chants de terre et de ciel* aber sind nicht nur auf diesen religiösen, hohen Ton gestimmt und besingen nicht nur das Glück der Eltern, denen ein Sohn „geschenkt" wurde. Das letzte Gedicht, *Minuit pile et face (pour la mort)*, kennt auch Augenblicke der Verzweiflung, zwischen denen aber das „Gotteslamm" angerufen wird. Der Titel ist schwierig zu übersetzen, vielleicht mit „Mitternacht, gut oder schlimm (für den Tod)". Dort heißt es:

„Ils dansent, mes péchés dansent!
Carnaval décevant des pavés de la mort.

Grand corps tout pourri des rues, sous la dure lanterne.
Carrefour de la peur!
Couverture de démence et d'orgueil!"

(Sie tanzen, meine Sünden tanzen!/ Enttäuschender Karneval der Pflastersteine des Todes./ Großer, ganz verfaulter Leib der Straßen, unter der harten Laterne./ Wegscheide der Angst! Deckmantel aus Wahnsinn und Hochmut!)

Man könnte mit kühlem Kopf hier ganz einfach Einflüsse des Surrealismus diagnostizieren, die Messiaen übrigens auch nicht verleugnet. Doch bei dem Grade von Authentizität und wortwörtlicher Wirklichkeit, die die meisten seiner Werke auszeichnen, genügt eine solche literaturhistorische Zuordnung nicht. Es handelt sich hier vielmehr um gelebtes Leben und nicht um das provokative intellektuelle Abenteuer einer Clique von Künstlern wie der Surrealisten, unter denen es freilich — das muß zugegeben werden — auch Leute gab, die ernstmachten mit ihren kühnen Ausnahmezuständen und sich selbst in diesen zum Opfer brachten. Ob wohl hier wieder Krisen im Privatleben des Künstlers in verschlüsselter Form angesprochen werden? Wir wissen es nicht; Messiaen spricht nie von ihnen, und heute scheinen sie jedenfalls weit hinter ihm zu liegen. Ein dunkler Ton ist aber neben den Lobpreisungen Gottes in vielen Gedichten, die Claire gewidmet sind, deutlich zu hören.

*

In *Harawi* fehlt das Wort „Gott". In diesen „Gesängen der Liebe und des Todes" ahnt man Gott höchstens im Wort „Taube", das einige Male vorkommt. Schon das erst der *Préludes* für Klavier des einundzwanzigjährigen Messiaen hieß *La Colombe;* die Taube ist Symbol des Friedens und des Heiligen Geistes, wie er von vielen Malern der Vergangenheit dargestellt wurde. Oft ist dieser scheue Vogel von einem Strahlenkranz umgeben wie hier im zweiten Gedicht aus *Harawi:*

„Bonjour toi, colombe verte,
Retour du ciel.
Bonjour toi, perle limpide,
Départ de l'eau.
Etoile enchaînée,
Ombre partagée,

Toi, de fleur, de fruit,
de ciel et d'eau,
Chant des oiseaux,
Bonjour, d'eau."

(Gegrüßt seist Du, grüne Taube,/ Zurück vom Himmel./ Gegrüßt seist Du, durchsichtige Perle,/ Dem Wasser entstiegen./ Gefesselter Stern,/ Geteilter Schatten,/ Du, aus Blume, Frucht,/ Himmel und Wasser,/ Gesang der Vögel,/ Gegrüßt, aus Wasser.)

Im letzten Gedicht wird das Bild von der Taube wieder aufgenommen; die ersten sechs Verse heißen, wie folgt:

„Dans le noir, colombe verte.
Dans le noir, perle limpide.
Dans le noir, mon fruit de ciel, de jour,
Lointain d'amour.
Mon amour, mon souffle!
Colombe, colombe verte."

(Im Schwarz, grüne Taube./ Im Schwarz, durchsichtige Perle./ Im Schwarz, meine Frucht aus Himmel, aus Tag,/ Ferne aus Liebe./ Meine Liebe, mein Atem!/ Taube, grüne Taube.)

Die parataktische Struktur täuscht träumerische Additionen von Bildern vor, doch sind sie klar und umsichtig um die „grüne Taube" geordnet, die alle Segnungen dieser Welt — Himmel, Erde, Wasser, Stern, Blume und Frucht — in sich faßt. Diese scheinbar freien Assoziationen zeigen einen surrealistischen Zug, der noch durch „die unvermittelte Absurdität" der „grünen Taube" verstärkt wird. Breton sprach schon im *Surrealistischen Manifest* aus den zwanziger Jahren von diesen einen Schock auslösenden Kombinationen von Dingen, die eigentlich, nach alltäglichem Verstand, nicht zusammengehören.[1] Es gibt für diesen keine grünen Tauben; Messiaen kreierte mit ihnen neben der tatsächlich existierenden eine mögliche Welt der autonomen Phantasie.

Das Gedicht *Montagnes* (Berge) ist auf einen dunkleren Ton gestimmt und weist wiederum auf Religiöses:

„Rouge-violet, noir sur noir.
L'antique inutile rayon noir.
Montagne, écoute le chaos solaire du vertige.
La pierre agenouillée porte ses maîtres noirs
En capuchons serrés les sapins se hâtent vers le noir.

> Gouffre lancé partout dans le vertige.
> Noir sur noir."

(Rot-violett, schwarz auf schwarz./ Der alte, unnütze, schwarze Strahl./ Berg, höre das solare Chaos des Taumels./ Der kniende Stein trägt seine schwarzen Meister/ In dichtgedrängten Kapuzen eilen die Tannen gegen das Schwarz./ Schlund, überall geworfen im Taumel./ Schwarz auf Schwarz.)

Eindrücke der grandiosen Bergwelt rund um Grenoble, die Messiaen immer wieder aufsucht, mögen in diesem Gedicht aufscheinen, doch zugleich ist es mehr: Das Wort „Schlund" (gouffre) kann zum Wort „Abgrund" (abîme) werden, aus dem den Propheten des Alten Testamentes die Stimme Gottes schrecklich tönend zurief, oder aus dessen Tiefe sie Gott angerufen haben, so in *Les Mains de l'abîme* aus dem *Livre d'Orgue* oder in *Et exspecto resurrectionem mortuorum* gleich im ersten Stück, das überschrieben ist: „Aus der Tiefe des Abgrundes schrei ich zu Dir, Herr: Herr, erhöre meine Stimme!"

Wie schon in den *Poèmes pour Mi* handelt es sich nicht nur um Naturlyrik, diese ist vielmehr zu höheren Zwecken da, weil die Natur selbst schon von Gott geschaffen wurde.

In *Turangalîla-Symphonie* fehlen die drohenden Töne, wie mächtig diese Musik auch ist. 1978, zum siebzigsten Geburtstag, sollte sie Messiaen noch einmal kommentieren mit den Worten: „*Turangalîla-Symphonie* ist ein Liebesgesang. *Turangalîla-Symphonie* ist ein Hymnus an die Freude. Die Freude, die den erfassen kann, der sie nur inmitten des Unglücks erblickt hat, das heißt: eine übermenschliche Freude, überschäumend, die Augen blendend und maßlos. Die Liebe wird hier unter demselben Aspekt dargestellt: Es ist eine schicksalshafte, unwiderstehliche Liebe, die alles transzendiert, die alles außer sich selbst unterdrückt, wie sie im Liebestrank von Tristan und Isolde symbolisiert wird."[2]

Die Intrigen rund um das Liebespaar, die in den alten Epen lange geschildert werden, interessieren Messiaen nicht, und Liebe und Freude sind hier wie schon in einigen Stücken von *Harawi* so groß, daß sie das Leben hinter sich lassen und in einen Tod führen, der nicht vernichtet, sondern zu neuem Leben führt. In *Harawi* stammelt zum Teil die Singstimme in einer exotischen, „indianischen" Sprache so sehr, daß sie Ausdruck höchster Lust oder tiefster Erschütterung wird, zum Beispiel in *Répétition planétaire*, deren Text zu Beginn heißt: „Ahi! O Mapa nama mapa nama lila, tchil." Der Ruf „Ahi" wird lange, eintönig und mit rauher Stimme ausgestoßen, worauf endloses Psalmodieren folgt.

Andere Stücke wiederholen wie unter Zwang immer wieder dieselben Silben. Die Trance-Zustände der Surrealisten mögen ein Vorbild dafür gewesen sein; in medialen Räuschen haben im Zirkel um André Breton die Dichter unverständliche Worte gelallt. Doch *Harawi* und *Turangalîla-Symphonie* zeugen von einer Besessenheit, wie sie Heilige beim Anblick dessen, was sie für Gott hielten, befiel. Geheimnis, Beschwörung und Magie sind Domänen, die Messiaen immer wieder betritt und die sich in den *Cinq Rechants,* wo mit vokalen Mitteln auch Geräusche neben einzelnen Silben vorkommen, noch zu einer Begegnung mit anderen Mythen ausweiten werden. Daß diese Musik auf die Vokalkompositionen von Mauricio Kagel und Dieter Schnebel eingewirkt hat, liegt auf der Hand. Neben dem mythischen und religiösen Aspekt dieser um das Tristan-Thema kreisenden Werke darf der kompositionstechnische nicht vergessen werden, der einmal mehr Messiaen als großen Anreger zeigt.

*

Messiaen will nicht für einen Mystiker gehalten werden; als „fonctionnaire liturgique" und „musicus theologicus" möchte er der Kirche dienen, die oft die Erfahrungen von Mystikern als den Dogmen nicht konform zurückwies. Ein Surrealist ist er aber auch nicht, denn ihm fehlt die Gebrochenheit des Bewußtseins, die die Kenntnis der Psychoanalyse den Surrealisten verursachte. Messiaen lebt vollkommen ungebrochen in seiner Welt von Mythen und Märchen, die durch den Glauben aber eine Wahrhaftigkeit des Göttlichen erhielt, die dem modernen Menschen unglaubwürdig geworden ist. Messiaen hätte als Handwerker Gottes eher im Mittelalter seine Heimat. Muß man, darf man es aussprechen? Er war und ist eben doch ein Mystiker.

Anmerkungen

1 Th. Hirsbrunner, *Pierre Boulez und sein Werk,* Laaber 1985, S. 86ff.
2 *Hommage à Olivier Messiaen,* Paris 1978, S. 51.

Die Vögel

Nach *Harawi, Turangalîla-Symphonie* und *Cinq Rechants,* den drei Werken mit dem Tristan-Thema, folgte gegen Ende der vierziger Jahre eine Periode „abstrakter" Musik in Messiaens Leben, die, obwohl sie nur kurz war, den größten Einfluß auf seine jüngeren Zeitgenossen ausgeübt hat. Werke wie *Cantéyodjayâ, Quatre Etudes de rythme* und *Livre d'Orgue* haben durch ihre neuartigen Rhythmen und ihre kombinatorische und permutatorische Phantasie auf Pierre Boulez und Karlheinz Stockhausen eingewirkt und den Beginn der seriellen Musik ermöglicht.

Nach dieser konstruktivistischen Phase entstehen in den fünfziger Jahren Werke, in denen die Vogelrufe dominieren. Vogelgesänge hat Messiaen schon in seiner Jugend notiert, wenn er bei einer seiner Tanten auf dem Lande zur Erholung weilte. Zuerst kannte er die Vögel noch nicht bei ihrem Namen und schrieb ganz einfach ihre Laute auf, die ihn faszinierten. Später ging es ihm darum, die Sänger genau zu identifizieren; er erkannte sie an ihren Rufen, ihrer Gestalt und ihrem Gefieder und studierte ihr Verhalten: Die rätselhaften Migrationen beschäftigten ihn, die Gesänge, die je nach Tages- und Jahreszeit variieren, und die Art, wie die Männchen durch ihr Singen ihr Revier und ihre Weibchen zu behaupten streben. Unter diesen Sängern gebe es aber mehr oder weniger Begabte, ja sogar Geniale. Messiaen gibt also diesen Tieren mehr oder weniger menschliche Eigenschaften. Die Vögel aller Länder und Kontinente traten während häufiger und weiter Reisen in sein Blickfeld.

Er war um Genauigkeit der Notation bemüht, obwohl er oft gezwungen war, die Rufe der Vögel zu verlangsamen und einige Oktaven tiefer zu schreiben, wenn er sie den Erfordernissen eines bestimmten Musikinstruments anpassen mußte. Vögel singen außerdem nicht unbedingt in unserem gleichschwebend temperierten System, was weitere Kompromisse erforderte, und die Klangfarben der einstimmigen Tonfiguren entsprechen in den meisten Fällen auch nicht den Klangfarben unserer Instrumente, so daß durch Zusatztöne — in den meisten Fällen durch Dissonanzen — die Vogelmelodien „gefärbt" werden mußten. Messiaen ist aber trotz dieser schwerwiegenden

Veränderungen fähig, auch in seiner Musik den Vogel wiederzuerkennen, den er gemeint hat. Er bezeichnet sich deshalb auch als Ornithologen und verkehrte auf gleichem Fuße mit Wissenschaftlern der ganzen Welt, die dasselbe Wissengebiet beherrschten.

Es wäre selbstverständlich unangemessen, wollte man Messiaens musikalische Werke unter dem ornithologischen Aspekt beurteilen, doch braucht offenbar seine kompositorische Imagination diesen Fixpunkt außerhalb der eigentlichen Musik, so wie für ihn auch die indischen und altgriechischen Rhythmen Fixpunkte, Ausgangspunkte waren, von denen her durch mannigfache Veränderungen und ingeniöse Manipulationen ein Werk entstehen konnte. Neben den Vogelgesängen und den Rhythmen wären in diesem Zusammenhang auch die „natürlichen" Partialtöne des Klanges zu erwähnen, die Messiaen in das gleichschwebend temperierte Tonsystem hereinholte und durch Umschichtungen und Kontraktionen zu etwas Eigenem machte.

Messiaen hat ständig und bis heute (1986) Vogelrufe komponiert, nicht nur während der fünfziger Jahre, doch damals entstand der *Catalogue d'oiseaux*, ein abendfüllender Zyklus von Klavierstücken, die bestimmten Vögeln und ihrer Umwelt gewidmet worden sind. Vor jedem Stück steht ein Text, der die jeweils auftretenden Vögel beschreibt zusammen mit der Tages- oder Nachtzeit, in der sie singen, und mit einer ausführlichen Schilderung der Landschaft, die die Tiere umgibt. Es handelt sich um stenogrammartige Tagebuchaufzeichnungen, die einen Begriff von dem Geschehen in der Natur geben können, dessen Zeuge Messiaen war. Diese Texte haben also einen gewissen autobiographischen Wert, obwohl es nicht sicher ist, ob der Komponist zu einer bestimmten Zeit an einem bestimmten Ort all die Naturereignisse auch wirklich genau so, in genau dieser Reihenfolge erlebt hat. Zu vermuten ist, daß es sich um Idealisierungen handelt wie bei den Liebesgedichten der *Poèmes pour Mi*, doch geben uns diese Aufzeichnungen immerhin einen Begriff davon, wie Messiaen durch alle Gegenden Frankreichs streifte und sein Vaterland mit seinem ganzen Reiz der Natur erlebte.

Die fünfziger Jahre werden aber von Halbreich als eine Zeit größter Einsamkeit in Messiaens Leben beschrieben: Claire Delbos, seine erste Frau, war seit mehr als einem Jahrzehnt unheilbar krank; ein menschlich warmer Kontakt mit ihr war nicht mehr möglich. Eine gerichtliche Trennung von ihr schien Messiaen undenkbar, der vor Gott mit Claire vermählt worden war. Zugleich muß aber vermutet werden, daß die Tristan-Thematik der Werke aus den vierziger Jahren durch Yvonne Loriod ausgelöst worden ist, die nun wieder zur berufenen Interpretin des *Catalogue d'oiseaux* bestimmt wurde. Die Texte zu diesem Werk zeigen nun aber Merkwürdigkeiten, die rätselhaft sind: Der Name Gottes fehlt vollständig, obwohl doch nach Messiaens Überzeugungen der christliche Gott Schöpfer all dieser Herrlichkeiten der Natur ist. Auch das Pronomen „ich" kommt nur einmal vor; der Mensch und Künstler Messiaen löscht sich hinter seinen Naturbeobachtungen fast vollständig aus, er bleibt Wissenschaftler, auch wenn er ein Kunstwerk gestaltet, und schreibt nicht Naturlyrik im romantischen Geiste, welcher menschliche Probleme — vor allem die Einsamkeit des Individuums — in die Natur projizierte. Die Natur bleibt mit sich allein, und Messiaens Texte sind, wenn man distanziert und etwas süffisant argumentieren will, eine Art Drehbuch für den „Naturfilm", der mit musikalischen Mitteln vor dem distanzhaltenden Betrachter und Hörer abrollt. Der *Catalogue d'oiseaux* bedeutet aber nichts anderes als die Zurücknahme von Beethovens *Pastoral-Symphonie;* seine Musik ist mehr „Malerei" und weniger „Ausdruck von Empfindungen".

Gerade aus biographischen Gründen lohnt es sich, einige dieser „Malereien" in Worten zu zitieren und Messiaen auf seinem Gang durch die verschiedenen französischen Provinzen zu begleiten, einem Gang, der sich zu verschiedenen Zeiten wiederholen konnte und doch bestrebt ist, das Einmalige eines Besuches der Berge oder des Mittelmeeres einzufangen.

Das erste Stück heißt *Le Chocard des Alpes* (Die Alpendohle) und beschreibt Messiaens Eindrücke von den Bergen des Dauphiné bei Grenoble, eine Gegend, die der Komponist seit seiner Jugend immer wieder aufsucht. Der Text gibt zugleich einen Begriff von der formalen Gestaltung des Stückes: „Strophe: die Alpen des Dauphiné, l'Oisans. Aufstieg zur Meidje und ihrer drei Gletscher. 1. Couplet: bei der Schutzhütte Chancel: der See von Puy-Vacher, wundervolle Alpenlandschaft, Abgründe und Abstürze. Eine von ihrer Gruppe getrennte Alpendohle überfliegt schreiend den Abgrund. Stiller und majestätischer Gleitflug des großen Königsadlers, der von den Strömungen des Windes getragen wird. Rauhes und wildes Krächzen des großen Raben, des Herrn der hohen Berge. Verschiedene Schreie der Dohlen und ihr akrobatischer Flug (Gleiten, Staccato, Loopings) über den Abgründen. Antistrophe: vor Saint-Christophe-en-Oisans, der Clapier Saint-Christophe: Chaos heruntergestürzter Blöcke, danteske Felsen, die in Unordnung von den Riesen der Berge übereinandergeschichtet wurden. 2. Couplet: eine

Alpendohle umfliegt die Landschaft über den Felsstürzen. Dieselben Schreie und dieselben Flüge wie im 1. Couplet. Epode: die Ecrins: Zirkus von Bonne-Pierre mit seinen mächtigen Felsen, die wie riesige Fantome aneinandergereiht sind oder wie die Türme einer übernatürlichen Festung!"

Obwohl Gott und der Mensch fehlen, zeigt diese Schilderung doch anthropomorphe Züge, und hintergründig ist Messiaens Ehrfurcht vor den Bergen spürbar, eine Ehrfurcht, die aber nie in Furcht übergeht, obwohl sie durchaus begreiflich wäre. Messiaen sollte in *Des Canyons aux étoiles . . .*, dem fünften Stück mit dem Titel *Cedar Breaks et le don de la crainte,* Ernest Hello zitieren mit den Worten: „Le remplacement de la peur par la crainte ouvre une fenêtre sur l'adoration", was ungefähr zu übersetzen wäre mit: „Die Ersetzung der Furcht durch die Ehrfurcht öffnet ein Fenster auf die Anbetung." Im siebenten Stück aus demselben Werk, *Bryce Canyon et les rochers rouge-orange,* bringt aber Messiaen einen Satz aus dem Epheser-Brief des Apostels Paulus, der heißt: „Vous comprendrez la hauteur et la profondeur . . ." (Ihr werdet die Höhe und die Tiefe verstehen). Beide Aussprüche hat Messiaen sicherlich schon zur Zeit des *Catalogue d'oiseaux* gekannt; sie müssen ihm sehr wichtig gewesen sein, er vermeidet aber hier jede religiöse Anspielung, was seine größte Einsamkeit zu jener Zeit, in den fünfziger Jahren, deutlich hervortreten läßt.

Das zweite Stück aus dem *Catalogue d'oiseaux* mit dem Titel *Le Loriot* (Der Pirol) spielt in der Charente, einer lieblichen, freundlichen Landschaft Frankreichs, und bringt neben dem Pirol eine ganze Reihe von anderen Vögeln mit ins Spiel: „Der Pirol, der schöne goldgelbe Vogel mit den schwarzen Flügeln, pfeift in den Eichen. Sein fließender, goldener Gesang, wie das Lachen eines fremdländischen Prinzen, evoziert Afrika und Asien oder irgendeinen unbekannten Planeten voll von Licht und Regenbögen, voll von Lächeln in der Art des Leonardo da Vinci. In den Gärten, in den Wäldern andere Vögel: die schnelle und bestimmte Strophe des Zaunkönigs, die vertrauliche Liebkosung des Rotkehlchens, den Brio der Amsel, den rhythmisch in sich rückläufigen Ruf des Rotschwänzchens, die beschwörenden Wiederholungen der Singdrossel. Lange, ohne Unterlaß lassen die Gartengrasmücken ihre sanfte Virtuosität wirken. Der Zilpzalp fügt seine springenden Wassertropfen bei. Nonchalanter Zurückruf, Erinnerung aus Gold und Regenbogen: die Sonne scheint die goldene Emanation des Gesangs des Pirols zu sein . . ."

Wieder fehlt jede Anspielung an Menschen, die all diese Naturschönheiten in sich aufnehmen würden, dafür aber werden Vergleiche angestellt zwischen dem Gesang des Pirols und dem Gelächter eines exotischen Prinzen oder dem Lächeln von Leonardos Mona Lisa; fremde Kontinente und ein unbekannter Planet ergänzen das Bild, das in höchstem Maße von Licht erfüllt ist: Viermal kommt „Gold" oder „golden" vor, zweimal das Wort „Regenbogen". Messiaen spricht in seiner *Technique de mon langage musical* auch von Akkorden, die die Farben des Regenbogens haben, und der Engel in seiner Oper *Saint François d'Assise* wird einem Engel von Fra Angelico gleichen mit seinen in allen Spektralfarben schimmernden Flügeln. Ich gehe sicher nicht fehl in der Annahme, daß Messiaens Prosagedicht, wenn auch in verschlüsselter Form, eine Huldigung an Yvonne Loriod ist. Loriot klingt im Französischen gleich wie Loriod, deren Sprechen noch heute, in vorgerücktem Alter, etwas von der hellen Fröhlichkeit ausstrahlt, die Messiaen hier besingt.

Das vierte Stück, *Le Traquet stapazin* (Der Mittelmeersteinschmätzer), spielt am Mittelmeer gegen die spanische Grenze zu: „Ende Juni. Das Roussillon, die Côte vermeille. Oberhalb von Banyuls: das Kap l'Abeille, das Kap Rederis. Felsige Steinklippen, die Berge, das Meer, die Weinberge in Terrassen. Die Reben sind noch in grünen Blättern."

Darauf werden die Rufe verschiedener Vögel bechrieben, um dann schließlich den Lauf der Sonne von frühmorgens bis tief in die Nacht zu schildern; der Mittelmeersteinschmätzer ist nur noch eine unbedeutende Erscheinung in diesem kosmischen Geschehen: „5 Uhr morgens. Der rotgoldene Ball der Sonne steigt aus dem Wasser empor in den Himmel. Auf dem Scheitel des Balls vergrößert sich die Goldkrone bis zu dem Augenblick, wo die Sonne ganz goldgelb ist. Sie steigt höher. Ein Lichtband bildet sich auf dem Meer. 9 Uhr morgens. Im Licht und in der Hitze folgen sich andere Stimmen: Staccato von zwei geflöteten Noten der Orpheusgrasmücke, die sich in den Korkeichen versteckt — kristallenes Knistern der Grasammer, fast merkwürdige Fröhlichkeit der Zippammer, Zwitschern des Orpheusspötters — Gesang im Flug, jubelnd, rauschend, vermischt mit hohen Schreien von Theklas Haubenlerche. Verschiedene Mittelmeersteinschmätzer antworten sich. 9 Uhr abends. Umgeben von Blut und Gold steigt die Sonne hinter die Berge ab. Die Albères-Berge bedecken sich mit Feuersbrunst. Das Meer dunkelt. Der Himmel geht von Rot in Orange über, darauf füllt er sich mit traumhaftem Violett . . . Letzte Strophe der Brillengrasmücke. Drei Noten des Ortolans in den nächtigen Weinbergen. Noch ein Mittelmeersteinschmätzer weit weg auf der Straße. Trockener Ruf einer Silbermöwe, weit weg auf dem schwarzen Meer. Stille . . . 10 Uhr abends. Vollkommen Nacht. Erinnerung an die Brillengrasmücke . . ."

In *La Chouette hulotte* (Der Waldkauz) spricht nun Messiaen zum erstenmal in eigener Person. Daß es gerade dieses düstere Stück, das fünfte des Zyklus', ist, in dem der Autor aus seiner Anonymität hervortritt, akzentuiert wieder einmal die Nachtseite, die schon in den Gedichten an Claire Delbos — *Poèmes pour Mi* und *Chants de terre et de ciel* — immer wieder hervorbrach: „Mit Braun und Rotbraun geflecktes Gefieder, riesige, runde Augen, feierlicher Blick, voll von Geheimnis, von Weisheit und Übernatürlichem. Mehr noch als sein Anblick provoziert die Stimme dieses Nachtvogels das Entsetzen. Ich habe ihn oft vernommen mitten in der Nacht im Wald von Orgeval, von Saint-Germain-en-Laye, auf der Straße von Petichet bei Coulonge (Isère). — Dunkelheit, Angst, Herz, das zu schnell schlägt, Miauen und Kläffen des Steinkauzes, Schrei der Waldohreule: und jetzt der Ruf des Waldkauzes: bald traurig und schmerzlich, bald unbestimmt und beunruhigend (mit einem merkwürdigen Beben), bald in Panik herausgeschleudert wie der Schrei eines ermordeten Kindes! . . . Stille. Von ferne Heulen, wie eine Glocke aus einer anderen Welt . . ."

Die heiteren Stücke überwiegen jedoch im *Catalogue d'oiseaux*, sie sind aber nicht Idyllen in einer unberührten Natur, obwohl jede Anspielung an Menschen mit ihrer Technik und Industrie fehlt. Messiaen ist nicht mit einem Fotografen zu vergleichen, der beim Ablichten einer schönen Landschaft peinlich bestrebt ist, die Telefonstangen oder die Autos in seiner Nähe zu vermeiden. Diese Art von Naturbildern, die eigentlich längst überholt sind und höchstens noch für ferne, menschenleere Gegend zutreffen, ist ihm fremd. Obwohl jedes persönliche Bekenntnis, außer dem Eingeständnis der Angst im hier zuletzt zitierten Prosagedicht, ausgeklammert ist, handelt es sich hier um Texte, die nur von Messiaen haben geschrieben werden können und in anderen Texten, zum Beispiel beim Mystiker Ernest Hello oder in der Bibel, ihre Entsprechung finden.

Etwas anderes ist es mit dem Stil dieser Gedichte: Das additive Prinzip, die parataktische Ordnung mag erstaunen. Die Sätze oder Bruchstücke von Sätzen scheinen in größter Hast hingeworfen zu sein, wie wenn es sich um eine „écriture automatique" der Surrealisten handeln würde. Die unvertrauten Namen der Vögel, die am Anfang eines jeden der sieben Bände in Französisch, Latein, Englisch, Deutsch und Spanisch alphabetisch aufgelistet sind, tragen noch das ihre zu einem befremdenden Eindruck des sich scheinbar so anspruchslos Gebenden bei. Das additive Prinzip wiederholt sich dazu noch in der Musik, die einzelne, von zum Teil langen Pausen umgebene, kostbare, eigenartige Klangobjekte nebeneinander stellt. Es wäre falsch, hier nur ein Ungenügen gegenüber der Großform der Stücke zu sehen. Die Pausen schaffen vielmehr einen magisch beherrschenden Raum, in dem die einzelnen „Objekte" halb verloren und jedenfalls unverbunden nebeneinanderstehen wie in den den Bildern von Salvador Dalí.

Da Gott nirgends in diesen Texten angerufen wird und höchstens geahnt werden kann, darf man sie fast ohne Bedenken dem Surrealismus zuordnen, wobei freilich keine absurden Paradoxe entstehen, sondern alle Bilder im Gange der Natur ihren geordneten Platz finden. Der Titel *Catalogue d'oiseaux* wäre demnach zu bescheiden, die Stücke sind nicht einfach ein mit Sammlereifer zusammengetragener Katalog oder ein Herbarium voll von Merkwürdigkeiten, sondern ein Versuch, diese Merkwürdigkeiten — die Vogelstimmen und andere Laute der Natur — in halluzinatorischem Licht erscheinen zu lassen. Geht man von der sicher nicht falschen Annahme aus, daß Messiaen persönlich alle die im Zyklus vorgestellten Landschaften Frankreichs besucht hat, so muß doch festgehalten werden, daß er nicht Naturerlebnisse im banalen Sinne suchte, sondern alles in neuem, übernatürlichen Glanze sah, an den die naiven Schwarzweißbilder auf dem Umschlag eines Bandes des *Catalogue d'oiseaux* nicht heranreichen. Messiaen versteckt sich hier wieder unter der Maske einer Naturschilderung, wie er sich auch unter der Maske eines „fonctionnaire liturgique" versteckt. Er ist aber im Grunde weder den Surrealisten noch der katholischen Kirche verpflichtet und vielmehr ein Seher eigenen Rechts. Ich weiß, daß ich mich mit dieser Ansicht gegen Messiaen selbst stelle, der immer nur der Kirche dienen und auch kein Mystiker sein will. Hinter dieser frommen List steht aber mehr: Abgründe von Angst und Melancholie lassen sich trotz Messiaens Verankerung im Glauben ahnen, und kunstvoll verschlüsselte Liebesgedichte, wie *Le Loriot,* zeigen eine Klugheit der Diskretion, die nicht als naiv abgetan werden kann. Manchmal gilt es deshalb, in Messiaens eigenem Interesse gegen ihn selbst Partei zu ergreifen.

Irdischer und himmlischer Ruhm

Wie die irdische Liebe auf die himmlische Liebe bezogen werden kann und überhaupt alles Irdische für Messiaen nur ein Abglanz des Himmlischen ist, so wird von ihm der irdische Ruhm in all seinen Aspekten genossen ohne Angst vor dem Neid der anderen und ohne Zweifel über den Wert von mannigfachen weltlichen Ehren, die ihm zuerkannt wurden. Denn die Welt ist gut. Gut ist sie, da sie von Gott erschaffen wurde, obwohl manche Aspekte, wie zum Beispiel die Zerstörung der Umwelt in den großen Städten Europas und Nordamerikas, Messiaens Sorge erregten. Aber diese Verhäßlichungen und Verwüstungen sind gerade das Werk von Menschen, die sich von Gott getrennt haben. Undenkbar wäre für Messiaen die Vorstellung, daß die Welt schlecht sei, da sie seine Werke nicht akzeptieren wolle. Er hatte ganz im Gegenteil immer Erfolg, und es gelang ihm, aus dem Ghetto von Musica-nova-Konzerten auszubrechen und überall aufgeführt zu werden. Diesem Erfolg wiederum stand und steht er vertrauensvoll gegenüber, ganz im Gegensatz zu Schönberg und seinem Kreis, zu Alban Berg etwa, der vom durchschlagenden Erfolg seines *Wozzeck* verunsichert wurde und glaubte, daß mit seiner Oper etwas nicht stimmen könne, da sie von einem großen Teil des Publikums mit Beifall aufgenommen wurde. Seine Musik „dem korrumpierenden Einfluß der Öffentlichkeit“ zu entrücken, wie das gerade Alban Berg als ein Ziel von Schönbergs Verein für musikalische Privataufführungen im Jahre 1918 bezeichnete[1], wäre Messiaen nie eingefallen. Er sucht gerade die Öffentlichkeit und sieht in deren positiven Reaktionen nichts Nachteiliges für seine Musik, die er als eine in der göttlichen Weltordnung aufgehobene, eingebettete betrachtet.

Deshalb kann es auch nicht erstaunen, daß im Ergänzungsband des *Riemann-Musiklexikons* von 1975 auf des Komponisten eigene Veranlassung hin alle Orden und Preise aufgezählt werden, die ihm verliehen worden sind: „Grand Officier de la Légion d'honneur, Commandeur des arts et des lettres, Grand Officier de L'Ordre national du mérite, Mitglied des Institut de France (Académie des Beaux-Arts, seit 1967), der Bayrischen Akademie der Schönen Künste, der Akademie der Künste in (West-)Berlin, der Accademia nazionale di S. Cecilia, der American Academy of Arts and Letters, des National Institute of Arts and Letters, der American Academy of Arts and Sciences (seit 1973) und der Kungl. Musikalska akademien. 1971 wurde er mit dem niederländischen Erasmus-Preis ausgezeichnet."[2] Seither sind Messiaen noch weitere Ehrungen verliehen worden, der sich ohne falsche Bescheidenheit an seinen Erfolgen freut und auch im alltäglichen Privatleben, ohne eitel zu wirken, immer einen Orden im Knopfloch seines Jacketts trägt. Während der Deutsche seinen ihm verliehenen Orden sorgsam in einem Schubfach seines Schrankes hütet und ihn auch nicht bei sehr festlichen Anlässen zur Schau stellt, trägt der Franzose, angefangen vom Bürgermeister irgendeiner Provinzstadt bis zum Gelehrten und Kulturschaffenden, seinen oder seine Orden gerne; die schon von Frankreichs Königen und Napoleon I. gestiftete Pracht wird nicht als beschämend für seinen Träger empfunden, der sich nicht scheut, im Verein mit vielleicht dieser Auszeichnung weniger Würdigen dazustehen. Ein Zug von unprätentiösem, aber offiziellem Ehrgefühl ist Messiaen eigen, der als einer der „Unsterblichen" im Institut de France sitzt, ohne dieser Unsterblichkeit, im Gedenken an so viele seither verblaßte Namen von früheren Unsterblichen, mißtrauisch gegenüberzustehen. Strawinsky zum Beispiel bewarb sich ebenfalls um den Eintritt in dieses Institut, doch ihm wurde 1934 ein weniger bekannter, wenn auch in Kreisen von Kennern der französischen Musik sehr geschätzter Komponist, Florent Schmitt, vorgezogen, der den Sessel von Paul Dukas einnehmen durfte.[3] Daß gerade Dukas diese Ehre widerfahren war, mußte für Messiaen wichtig geworden sein, denn Dukas war in den zwanziger Jahren sein hochverehrter Lehrer am Conservatoire gewesen. So wechselte diese Würde vom geistigen Vater Dukas zum talentiertesten unter seinen Schülern, zu Messiaen. Strawinsky war eben doch ein Fremder, ein Russe und wurde zum Weltbürger; das Institut de France, dessen Mitglieder zum großen Teil überaltert waren und sind, hatte immer wieder Mühe, sich von chauvinistischen Anwandlungen frei zu halten. Wenn es nach dem Zweiten Weltkrieg den Senegalesen Léopold Sédar Senghor, den Staatsmann und Dichter, in seinen Kreis aufnahm, so gerade deshalb, weil dieser Wahlfranzose und geistige Vater der „francophonie" französischer als alle Franzosen ist. Etwas von diesem nationalistischen Narzißmus ist auch Messiaen nicht fremd im Gegensatz zu Pierre Boulez, der 1959 die Légion d'honneur zurückgewiesen hat, um noch heute in Paris, am Institut de rechere et coordination acoustique/musique

(IRCAM), als eine der Hauptstadt in vielem fremde und beargwöhnte Kraft zu wirken. Doch bei Messiaen handelt es sich nicht nur um Narzißmus; er umgibt sich vielmehr mit einem Schutzmantel aus Demut, die ihm die dankbare Entgegennahme von Ehren erleichtert. Da wo junge Komponisten in Präpotenz schwelgen und erst einmal alles schlecht finden, was die älteren gemacht haben, übte sich Messiaen stets in Zurückhaltung und war bemüht, von niemand etwas Schlechtes zu sagen. Sein Ruhm ist aber, wie die hier aufgeführten Orden zeigen, weit über Frankreich hinaus gewachsen; er konnte sich überall in ganz Europa und Übersee verbreiten.

*

Nicht selten enthalten Messiaens Partituren außer Kommentaren und Analysen zum gedruckten Werk auch Angaben über dessen erste Aufführungen. Das mag zum Teil der von den Verlegern Leduc und Durand gewünschten Propaganda von Messiaens Musik dienen, aber auch des Komponisten arglosem Mitteilungsbedürfnis entspringen. Er liebt es, von seinen Erfolgen zu sprechen, ohne damit aufdringlich zu werden und den Gesprächspartner in Verlegenheit oder Unwillen zu versetzen, denn er erwähnt immer mit großer Anerkennung auch die Musiker, die bei diesen Konzerten mitgewirkt haben, allen voran selbstverständlich Yvonne Loriod, die ausgezeichnete Pianistin, die 1962 seine Frau werden sollte.

Zwei dieser freudigen und, wie betont wurde, arglosen, den Neid nicht fürchtenden Mitteilungen Messiaens an den Leser seiner Partituren seien hier wiedergegeben, zuerst einige Zeilen zu den *Trois petites Liturgies de la présence divine:* „Die 'Trois petites Liturgies' wurden vom 15. November 1943 bis zum 15. März 1944 geschrieben. Sie wurden beim Autor von Madame Denise Tual für die 'Concerts de la Pléiade' bestellt. Die Welturaufführung fand am 21. April 1945 im Rahmen der 'Concerts de la Pléiade' in Paris im Saal des Alten Konservatoriums unter der Leitung von Roger Désormière statt — mit Yvonne Loriod, Klavier-Solo, Ginette Martenot an der Onde Martenot, dem Chor Yvonne Gouverné und dem Orchester der Société des Concerts du Conservatoire. Der Erfolg war immens und spontan. Das Publikum dieser Uraufführung war außergewöhnlich brilliant und kultiviert. Man bemerkte im Saal die Musiker Arthur Honegger, Andrée Vaurabourg, Georges Auric, Francis Poulenc, Henri Sauguet, Roland Manuel, André Jolivet, Daniel Lesur, Claude Delvincourt, Lazare Lévy, Marcel Ciampi, Jean Wiéner, Irène Joachim, Maurice Gendron, Guy-Bernard Delapierre, Jean Roy — den Maler Georges Braque — die Dichter Paul Eluard, Pierre Reverdy; es waren auch zahlreiche junge Musiker zugegen, alles Schüler meiner Klasse am Conservatoire: Pierre Boulez, Serge Nigg, Yvette Grimaud, Jean-Louis Martinet, Pierre Henry."

Man hüte sich davor, hinter diesen Aufzählungen nur „name-dropping" zu sehen; denn die erwähnten Künstler gehörten alle zu einer geistigen Familie der Hauptstadt Paris: die Komponisten des Groupe des Six und von La Jeune France, die Freunde und Förderer von Messiaen, wie Delvincourt und Delapierre, die Sängerin Irène Joachim, eine großartige Mélisande in Debussys Drame lyrique, von der mir Messiaen noch im Dezember 1986 mit Begeisterung erzählte. Daneben werden auch die Dichter Eluard und Reverdy erwähnt, die beiden Surrealisten, deren Werke Messiaen zu jener Zeit las. Die Texte zu den *Trois petites Liturgies* erklangen in einem profanen Konzertsaal einzig und allein zu Gottes Ruhm.

Halten wir aber noch fest, daß die Reaktion des Publikums nicht durchwegs begeistert war; man nahm gerade am Text Anstoß, dessen Aussage zu direkt erschien. Vor allem Messiaens eigene Schüler und die Presse äußerten sich in diesem Sinne. Doch Messiaen geht darüber hinweg; er läßt sich auch heute kaum durch negative Kritiken beeindrucken, wie sie gerade 1983 über seine Oper *Saint François d'Assise* in nicht wenigen Presseorganen veröffentlicht wurden.

Nach der Erwähnung seiner Schüler kommt Messiaen auf die Dirigenten der folgenden Aufführungen seines Werkes zu sprechen: Paul Collaer dirigierte die *Trois Liturgies* zweimal in Bruxelles; Collaer ist der Autor eines intelligenten Buches über die französische Musik der Zeit zwischen den beiden Weltkriegen. Jaroslav Krombholc, ein in der Tschechoslowakei noch heute geachteter Komponist, führte das Werk dreimal in Prag auf. Zweimal wurde es in New York von Leopold Stokowski und dreimal in derselben Stadt von Leonard Bernstein gegeben. Die 100. Aufführung fand am 14. September 1956 in Buenos Aires statt, die 168. am 2. April 1963 am Ateneo in Madrid. Immer wieder aber nahm sich Roger Desormière, einer der kompetentesten Förderer neuer französischer Musik, des Werkes an. Neben ihm erwähnt Messiaen Günter Wand mit sechs Aufführungen in Köln, drei in Düsseldorf und Wiesbaden und zwei in Berlin mit Yvonne Loriod. Marcel Couraud setzte das Werk in Berlin, Lugano, Strasbourg, Lyon, viermal in Paris und schließlich in Italien — in Venedig, Perugia, Genua, Turin, Mailand, Cremona, Rom, Florenz und L'Aquileia — auf seine Programme, immer, wie Messiaen betont, mit Yvonne Loriod als Solistin. Die Aufzählung von Namen hat in Messiaens Text etwas Überstürztes; in freudiger Hast erwähnt er all die Erfolge, die er dankbar genossen hat. Auf jeden Fall zeigen sie die weltweite Ausstrahlung von Messiaens Wirken in deutlicher Weise; es war nicht marginal und nicht antibürgerlich avantgardistisch.

Ein bestimmtes Konzert erwähnt er noch ganz besonders; an ihm ist des Komponisten Weltverständnis sehr deutlich abzulesen: „Ich komme zurück auf das Konzert der Biennale von Venedig vom 20. September 1957. Auf dem Programm: ein sehr schönes Werk von Luigi Dallapiccola und die *Trois petites Liturgies.* Es war das Orchester des Theaters La Fenice, aber tranportiert in die Scuola grande di San Rocco. Im Saal: Igor Strawinsky — und der zukünftige Papst Johannes XXIII (damals Kardinal Roncalli), der sich nach dem Konzert auf Französisch lange mit dem Dirigenten, den Solisten und mir selbst unterhielt. An der Wand: die wundervollen Bilder von Tintoretto, dessen Originalität in den perspektivischen Verkürzungen, den Beleuchtungen und den Symbolen — ein zweites Konzert von Farben bildete!"

Wieder scheinen die Sätze, die nicht immer vollständig sind, stenogrammartig dieses große Ereignis festzuhalten: Strawinsky ist zugegen und mit ihm ein Kardinal, der später auf den höchsten Thron der Christenheit steigen wird. Herrschaft und Geist scheinen für eine kurze Zeit versöhnt, denn Roncalli unterhält sich — auf Französisch! — mit den Musikern, und die Bilder von Tintoretto tragen das ihre zu diesem Konzert von Farbklängen bei. Beizufügen wäre noch, daß Strawinskys *Threni id est lamentationes Jeremiae prophetae* in demselben Raum, wo die Farben der Bilder im Halbdunkel glühen, uraufgeführt wurden.

Solche hohen Augenblicke sind in Messiaens Leben nicht selten; sie können sich in der Gegenwart von gekrönten und ungekrönten Fürsten, aber auch in der Einsamkeit seiner Berge ereignen. Noch mehr ins Monumentale gesteigert erscheinen sie wieder in der Vorrede zu *Et exspecto resurrectionem mortuorum:* „Dieses Werk wurde von André Malraux bestellt. Es wurde 1964 geschrieben und orchestriert. Seine instrumentale Besetzung bestimmt es für große Räume: Kirchen, Kathedralen und sogar die freie Natur und die hohen Berge (. . .) Es ist vielleicht nicht unnütz, daran zu erinnern, daß sich der Autor im Augenblick, da er die Partitur geschrieben hat, gerne mit starken und einfachen Bildern umgab: Stufenpyramiden von Mexiko, Tempel und Statuen des Alten Ägypten, romanische und gotische Kirchen — und daß er wieder die Texte des heiligen Thomas von Aquino über die Auferstehung las, daß er in den hohen Alpen arbeitete, vor sich gewaltige und feierliche Landschaften, die seine wahre Heimat sind."

So weit über die Entstehung des Werkes, doch seine zwei ersten Aufführungen waren nicht minder großartig, denn Messiaen hält auch sie in der Partitur fest: „Die erste Aufführung fand in Paris in Gegenwart von André Malraux statt. Es war am 7. Mai 1965 in der Sainte Chapelle. In dieser wundervollen Kirche, die auf Geheiß des heiligen Ludwig, des Königs von Frankreich, gebaut worden war — wo die Dornenkrone aufbewahrt wurde — wo das Blau, das Rot, das Gold, das Violett in jedem Fenster mit der Musik mitklingen. Es war 11 Uhr morgens, und die Sonne spielte auch noch ihre Rolle, indem sie hier und dort mit dem Aufschnellen der Töne neue Farbflecken mit sich führte. (. . .) Die zweite Aufführung fand in Chartres statt, in der Kathedrale Notre Dame de Chartres (im der Maria geweihten Heiligtum, das in der ganzen Welt berühmt ist wegen der Schönheit seiner Architektur, seiner Statuen und seiner Fenster). Es war am Sonntag, dem 20. Juni 1965 nach dem Hochamt — in Gegenwart von Monseigneur Michon, dem Bischof von Chartres — und von General Charles de Gaulle, dem Präsidenten der Republik."

Messiaen vergißt auch hier nicht, die Musiker alle bei ihrem Namen zu nennen und noch eine dritte Aufführung zu erwähnen, die nicht den „mystischen Glanz" der beiden ersten gehabt habe, aber nicht minder „ruhmvoll" gewesen sei: die Aufführung am 12. Januar 1966 unter Boulez am Odéon-Théâtre, wo man im Rahmen der Konzerte des Domaine Musical die weltbesten Aufführungen von zeitgenössischer Musik hören könne.

Die bescheidene Kollegialität mit seinen Musikfreunden mischt sich in diesen schnell hingeworfenen Mitteilungen mit dem Staunen vor so vielem offiziellem Gepränge: nach Venedig mit den Bildern von Tintoretto und dem Kardinal Roncalli — ganz zu schweigen von Strawinsky — nun hier in Frankreich der berühmte Schriftsteller Malraux als Minister von de Gaulles Regierung, ja, der Präsident ist selbst anwesend zusammen mit dem Bischof, und das alles in den beiden herrlichen Sakralbauten, die Messiaens Phantasie seit seinen ersten Jahren in Paris angeregt haben. Kindheitserinnerungen mischen sich hier auf ganz natürliche Weise in die Stunden höchster Ehre, die ihm in seinem Leben gewährt wurden.

Offizielle Persönlichkeiten, Machthaber aller Sorten haben immer wieder den Wunsch, ihre Legitimität mit dem Besuch von Kirchen, Palästen und Denkmälern der Vergangenheit vor aller Welt zu dokumentieren. Es wäre aber falsch, Messiaen mit solchen fragwürdigen, die Öffentlichkeit oft täuschenden Taktiken in Verbindung zu bringen. Faschistisch zu nennende Strategien der Verherrlichung von Macht und Personenkult sind ihm fremd. Er hat vielmehr einen direkten seelisch-geistigen Zugang zu den großen sakralen Architekturen der Vergangenheit — vor allem der Gotik — gefunden, deren Erhabenheit er aber auch in der Einsamkeit seiner Berge gewahr wird. Berge und Kirchen sind da „ad maiorem Dei gloriam“, und weder der Papst noch der Präsident der Republik können seine, Messiaens, Zwiesprache mit diesen Wundern der Welt wesentlich beeinflussen, obwohl er nach Jesu Rat dem Kaiser gibt, was des Kaisers ist. Er war nie ein „zorniger junger Mann“ gewesen, und Friedfertigkeit zeichnete auch seine reifen Jahre aus, in denen er irdischen und himmlischen Ruhm, mit der Welt im Einklang, unbefangen genoß.

Anmerkungen

1 A. Berg, Prospekt des Vereins für musikalische Privataufführungen, in: *Musik-Konzepte* 36, München 1984, S. 5.
2 *Riemann-Musiklexikon*, Ergänzungsband L—Z, Mainz 1975, S. 181.
3 E. W. White, *Strawinsky*, Paris 1983, S. 121.

Von Kontinent zu Kontinent

In Paris finden sich die Künste und Zivilisationen der ganzen Welt mit ihren Kulturgütern. Paris ist nicht nur „die Hauptstadt des 19. Jahrhunderts“ gewesen — und noch eines guten Teils des 20. Jahrhunderts, möchte man beifügen —, Paris ist auch die Hauptstadt verschiedener Kontinente und Kulturen, die dort seit den großen Weltausstellungen zu Gast waren. Das Musée de l'homme im Palais de Chaillot, dem Eiffelturm gegenüber, das Musée du Louvre und viele andere, kleinere Museen bieten einen Überblick über alle Länder und Epochen dieser Welt. Messiaen hätte eigentlich nur zuhause bleiben können und wie Charles Baudelaire die Kunstausstellungen besuchen müssen, die alle exotischen Reichtümer ihrem Besucher zeigen.[1] Wie für Baudelaire war aber auch für Messiaen das Exotische nicht nur etwas, das weit weg von ihm blieb, er nahm es vielmehr ernst und versuchte in seiner Musik eine Synthese aus West und Ost zu verwirklichen, wie sie vor ihm schon Debussy gelungen ist.

Messiaen machte und macht viele Fahrten in weit entlegene Länder, um deren Menschen, Musik und Landschaften zu studieren; dabei bleiben seine Erlebnisse immer künstlerische, religiöse und magische; Technologie und Politik interessieren ihn kaum je. Entscheidend war die erste Reise nach Japan. Wenn er sie Claude Samuel erzählt, beginnt sie nicht gleich in einem hohen Ton, sondern traulich und familiär. Das bescheiden Häusliche und die feierliche Begeisterung liegen bei Messiaen immer nahe beieinander: „Yvonne und ich hatten uns kurz zuvor vermählt, und es war gewissermaßen unsere Hochzeitsreise. Ich muß sagen, daß wir sofort [von Japan] überzeugt waren: Wir träumten nur noch davon, auf einem Tatami zu liegen, Sukiyaki und Tampura zu essen; und Yvonne bereitet mir immer noch von Zeit zu Zeit japanische Mahlzeiten zu, die wir gewissenhaft mit Stäbchen essen.“[2] Darauf kommt Messiaen auf die Musik und das Theater zu sprechen: „Ich halte das No für das ausdrucksvollste heute existierende Theater.“[3]

In *Saint François d'Assise* hat er versucht, die mit Spannung geladene Langsamkeit der Handlungsverläufe des No zu realisieren. Die japanische Musik hat aber auch die modernste europäische Musik in vielem vorweggenommen: „Was das Gagaku betrifft, das aus dem 8. Jahrhundert stammen muß, so bleibt es von einer unglaublichen Modernität. Stellen Sie sich vor, daß das Gagaku, das schon da war zu einer Zeit, als Europa noch nichts von den Regeln der Harmonik wußte, Reihen von präparierten, präfabrizierten — wenn ich so sagen darf — Akkorden enthält, die von der Mundorgel, genannt Sho, gespielt werden, und diese Akkorde, die oft im Widerspruch zu der Melodielinie stehen, erzeugen hier den Charakter von fremdartiger Modernität.“[4]

Die europäische Musik kennt vor allem seit Messiaen diese „präfabrizierten“ Akkorde, und sie kennt auch die Schichtung von verschiedenen Elementen, die sich widersprechen und doch unbeirrt ablaufen. Debussy und Strawinsky begannen diese Technik zu entwickeln[5], die heute in der Computer-Musik weiter ausgebaut wird. Messiaen erzählt in der Folge von den Menschen, Gebäuden und Landschaften Japans. Die Menschen seien alle schön: „Aber nicht nur die Musik hat mich in Japan tief berührt. Es war auch die Schönheit der Männer und Frauen, ihre wundervollen schwarzen Haare, die bis ans Ende ihres Lebens von ebenholzfarbenem Schwarz bleiben, die außergewöhnlichen Landschaften, die Shinto- und Buddha-Tempel.“[6] Die schönste Landschaft fand er in Miyajima: „Es handelt sich um eine kleine Insel nahe bei ihrem Torii, der aus dem Meer ragt. Mit einem Blick kann man die Insellandschaft entdecken, die von dunkelgrünen japanischen Pinien (den Matsus) und von Ahornbäumen mit roten Blättern bedeckt ist, und darauf am Fuße des Hügels ein weißer und roter Shinto-Tempel; dann endlich in einem wundervollen blauen Meer der Torii. Der Torii ist ein einfacher Portikus aus Holz und ganz rot, ein riesiges Viereck gekrönt mit zwei Hörnern in der Art der Pagoden. Die Füße des Torii tauchen ins Wasser, das Rot des Torii hebt sich vom Blau des Meeres ab. Aber das Außerordentlichste ist, daß sich der Torii auf den wahren Tempel öffnet, auf den, den man nicht sieht, den unsichtbaren Tempel.“[7]

Hier fand Messiaen all die Farbenspiele seiner eigenen Musik wieder und dazu noch die religiöse, mystische Schau auf die Welt, von denen beiden er wiederum mit Claude Samuel spricht: „. . . die japanische Musik ist statisch, und ich selbst bin ein statischer Musiker, weil ich an das Unsichtbare und Jenseitige glaube, ich glaube an die Ewigkeit. (. . .) Ich habe vorerst das Gefühl, daß die Japaner die Rolle der Farbe in der Musik begriffen haben, aber auch — obwohl sie nicht Christen sind — den Sinn für das Sakrale haben.“[8]

Schon Debussy und Baudelaire haben sich im Fremden, im Exotischen wiedergefunden, das für sie nicht nur eine aparte Zutat war, um die fade und schal gewordene europäische Musik zu würzen, und Boulez, Messiaens Schüler und Erbe, hat gerade von der „rupture du cercle d'Occident" gesprochen.[9] Dieses Aufbrechen des westlichen Kulturkreises, dieser Austausch von Kulturgütern, der zu einer neuen, globalen Kunst führen könnte, ist gerade heute schon sehr weit fortgeschritten und wäre ohne Messiaen nicht möglich geworden.

Messiaen sieht aber nicht die politischen Aspekte dieses Prozesses, er bleibt in religiösen und mythischen Vorstellungen befangen, die schon in seiner Kindheit von ihm Besitz ergriffen haben, um ihn seither nicht wieder zu verlassen. Das zeigt sich auch, wenn er von Israel spricht: „. . . die Propheten verkündeten, daß die Juden am Ende der Zeiten in ihr Land zurückkehren würden. Nun gut, sie sind zurückgekehrt."[10] Er besucht darauf alle heiligen Stätten Palästinas: „Ich war in Gethsemane, in diesem Garten, wo dreimal tausendjährige Ölbäume die Zeugen von Christi Agonie waren. Ich habe den Saal des Abendmahls gesehen, wo Christus die Eucharistie eingesetzt hat und wo er nach seinem Tode zweimal hintereinander als Auferstandener den Aposteln erschienen ist."[11]

Messiaen war bis jetzt (Januar 1987) nie in Indien, obwohl dieses Land gerade für seine eigene Musik sehr wichtig ist: Indische Rhythmen kommen darin immer wieder vor, und gerade die verwirrende, farbige Vielfalt dieses Landes könnte ihm tief entsprechen. Die Reiseschilderungen, die er Claude Samuel gegeben hat, sind ein merkwürdiges Gemisch aus einer synkretistischen Weltschau — alle Mythen und Religionen werden tief miterlebt — und vielen alltäglichen Ereignissen, die liebevoll erzählt werden: die Angst beim Starten und Landen der Flugzeuge, in denen er sitzt, die Schönheit der Alpen bestaunt und zugleich an die von seiner religiösen Überzeugung genährte Unteilbarkeit der Welt denkt: „Der Fanatismus ist allen religiösen Doktrinen konträr und der christlichen Religion ganz besondern. [Die Toleranz] ist der Respekt vor der Persönlichkeit des andern. Es handelt sich um den Respekt vor einem Fremden oder sogar vor einem Feind, den man zu verstehen sucht."[12]

Messiaen bezeichnete sich einmal als nicht-engagiert. Er mischt sich nicht in die politischen und sozialen Umwälzungen, die unseren Planeten erschüttern. Man betrachte das nicht als eine sträfliche Beschränktheit, denn nur in der Demut, in der unbeirrbaren Konstanz seines Schaffens kann er einen Begriff von dieser Welt, wie sie sein sollte, geben. Glücklich fühlt er sich während seiner Reisen im Kreis der Musiker, die seine Werke aufführen. Er nennt sie fast immer einzeln beim Namen und fügt einige anerkennende Worte über sie bei.

Asien steht für ihn im Vordergrund, dort steht die Wiege der alten Hochkulturen, die Europa während Jahrtausenden befruchtet haben. Doch daneben machte Messiaen auch weite Reisen in die Neue Welt. Das enthusiastisch der modernen Musik aufgeschlossene Publikum der Vereinigten Staaten erwähnt er mit Liebe, vergißt aber auch nicht Serge Koussevitski, der ihm den Auftrag zu *Turangalîla-Symphonie* gegeben hat, und Leonard Bernstein, den er schon als jungen Mann kennenlernte. Die wiederholten Besuche von Nordamerika bedeuteten aber zuerst vor allem lange Flugreisen über den Atlantik und über den Kontinent von Ost nach West, von Nord nach Süd; und die Städte dieses Landes sind riesengroß, häßlich und verderbt, kaum daß ihm, Messiaen, die Fifth Avenue in Manhattan einige anerkennende Worte entlockt.

Wiederum typisch für sein künstlerisch-magisches Weltverständnis ist die Art, wie es zur Komposition von *Des Canyons aux étoiles* . . . kam: Miss Alice Tully, die Sammlerin von Kunstwerken aus der ganzen Welt, war die Auftraggeberin. Messiaen beschreibt mit Begeisterung die alten Manuskripte, gregorianische Choräle enthaltend, die Bilder, unter ihnen ein Holbein der Ältere, und die griechischen und altägyptischen Statuen in ihrem Salon, der der Schauplatz eines luxuriösen Diners war, zu dem der Komponist eingeladen wurde.

So weit entspricht die Beschreibung dem Lebensstil einer von der Gesellschaft verwöhnten künstlerischen Elite. Doch nun geschieht das Entscheidende für den noch zögernd seinem neuen Auftrag gegenüberstehenden Messiaen: Miss Tully erzählt, daß sie die Absicht habe, nach Indien zu fahren, um die Pfote eines Löwen zu drücken, den sie früher gekannt habe. Statt sich über die Extravaganz der Mäzenin zu ärgern, ist Messiaen tief berührt und denkt an die Geschichte von Androkles und dem Löwen; er geht nach Hause und liest den Roman *Le Chevalier au lion* von Chrétien de Troyes, in dem beschrieben wird, wie sich Lancelot bewähren muß, indem er aus der Pfote des Löwen einen Dorn herauszieht. Die Legende vom bösen Wolf von Gubbio, den der heilige Franz zur Gutartigkeit überredet, mag auch noch mitgespielt haben; Messiaen hätte diese Episode gerne in seine Oper aufgenommen, wenn nicht die Darstellung eines Tieres auf der Opernbühne problematisch gewesen wäre. Miss Tully und ihr Löwe, die Liebe zwischen allen Geschöpfen dieser Welt, löste nun den Schaffensprozeß an Messiaens monumentalem Werk aus.

Doch zuerst mußte er noch ein Thema finden, nachdem er schon den zu der Alice Tully Hall im Lincoln Center passenden Klangkörper gefunden hatte. Er entdeckte in seiner Bibliothek einen Bildband über den Bryce Canyon in Utah, und sofort war es für ihn klar, daß er dorthin gelangen mußte: wieder lange Reisen im Flugzeug nach New York und Washington, von dort nach Salt Lake City; schließlich galt es noch, einen Wagen zu mieten, um in die entlegenen Canyons zu gelangen. Dort kam er zur Frühlingszeit an, während der nur wenige Touristen störten: „Es war wunderbar, grandios, wir versanken in einer totalen Stille. Nicht das geringste Geräusch außer den Vogelgesängen. Und man entdeckte diese großartigen Felsen, die mit allen möglichen Nuancen von Rot, Orange und Violett gefärbt waren, diese von der Erosion hervorgerufenen Formen, Formen von Schlössern, Türmen, Brükken, Säulen!“[13]

Messiaen notierte sich die Vogelrufe und roch an einer bestimmten Pflanze, einer Salbei, die dort unten in den Schluchten wächst; Yvonne Loriod nahm die Gesänge zudem noch auf Band auf und machte Hunderte von Fotos. Später fuhr das Paar nach Cedar Breaks: „Der Wind bläst dort sehr stark, und der Boden ist ein wenig mit Schnee bedeckt. Es ist ein großes Amphitheater, sehr tief, wo sich auch Türme und Burgfriede erheben, aber ihre Ausmaße lösen Schwindelgefühle aus. Die Farben sind hier vermischter: Man unterscheidet rot, gelb, violett, braun, grau und weiß.“[14] Das alles wollte Messiaen musikalisch wiedergeben. „Es war eine schwere Arbeit“, gesteht er. Da die Gegend von Mormonen besiedelt worden war, die den Bergen, Flüssen und Landschaften religiöse Namen gaben, fühlt sich Messiaen sofort angesprochen: Zion Park ist ein mehr grüner, blühender Ort; ein Fluß heißt dort Virgin River, der Fluß der heiligen Jungfrau, und der höchste Berg White Throne: „. . . ein Name, der ein Bild der Apokalypse evoziert, und die Mormonen nannten das Ganze Zion Park. Sie wissen, daß Zion der Berg ist, der das himmlische Jerusalem symbolisiert, das heißt: das Paradies.“[15] Messiaen hätte gerne seine Fahrt noch weiter ausgedehnt und Nevada, Idaho und Arizona besucht, doch gesteht er zum Schluß: „Ich habe wirklich außerordentliche Landschaften gesehen, Landschaften, wie wir sie wahrscheinlich nach unserem Tod sehen werden, wenn wir dann das Glück haben, andere Planeten aufzusuchen."[16]

Aus diesen Erlebnissen entstand schließlich *Des Canyons aux étoiles*..., ein Werk, dessen einzelnen Abschnitten Bibelzitate und Aussprüche von Theologen und Mystikern vorangehen. Da, wo ein gewöhnlicher Tourist nur aufregende Abenteuer durchlebt, sieht Messiaen religiöse Bilder, wie sie ihm schon durch die Propheten des Alten Testamentes und die Apostel des Neuen verbürgt wurden. Seit seiner Kindheit in Grenoble mit den von Schnee bedeckten Bergen, allen voran die Meije, hat sich für ihn nichts geändert. Der Glaube durchpulst die Natur und den ganzen Kosmos, der für Nicht-Gläubige immer kälter und lebensfeindlicher geworden ist. Messiaen bleibt von den Einsichten der modernen Wissenschaft unberührt, für die das Universum immer unverständlicher zu werden droht. Er versteht die Welt auf seine den Märchen, Mythen und Religionen abgewonnene Weise.

*

Messiaen liebt aber offenbar auch das Reisen als Selbstzweck. Immer wenn ich mit ihm in den Jahren 1985 oder 1986 telefonierte, kam er gerade von einer Reise zurück oder war im Begriff eine anzutreten. Immer unternimmt er die für ihn strapaziösen Flüge, um den Aufführungen seiner eigenen Werke beizuwohnen. Man sehe darin keine übertriebene Eitelkeit. Mir erklärte er, daß er beim Anhören seiner Werke die Orchestrationsfehler entdecke und daraus lernen könne. Gegenüber Claude Samuel hat er alle Reisen der zwei letzten Jahre (1985 und 1986) aufgezählt[17], sie hier alle wiederzugeben, würde eine Liste ergeben wie die aller Aufführungen seiner Werke, die oft den Partituren voransteht. Messiaens Sprache wirkt in seinen Aufzählungen geradezu atemlos: Freudig genießt er den Ruhm und vergißt, wie immer, nicht, die ausführenden Musiker mit freundlichen Worten zu erwähnen. Selbstverständlich spricht er mit besonderem Stolz von Yvonne Loriod, die als brillante Pianistin bei vielen dieser Konzerte mitwirkt.

Einige dieser Reisen und Konzerte seien dennoch erwähnt; sie fanden alle 1986 statt: Ausschnitte aus *Saint François d'Assise* wurden in Tokyo unter der Leitung von Seiji Osawa gespielt (12. und 13. März), dann in London (26. März), Westberlin (5. und 6. April), Boston (10., 11., 12. und 15. April) und

New York (16. und 17. April). Zwischen den Reisen nach London und Berlin versah Messiaen zu Ostern sein Organistenamt an der Trinité. Er ist unermüdlich, unerschöpflich ist seine Arbeitskraft. Dazu kamen noch die Ehren, mit denen man ihn bedachte: Das New England Conservatory von Boston machte ihn zum „Doctor of Music", und der österreichische Kulturminister, Dr. Herbert Moritz, verlieh ihm den Europäischen Musikpreis. Am 27. Juni fliegt er wieder in die Vereinigten Staaten, um am 1. Juli in Detroit der Uraufführung des *Livre du Saint Sacrement* beizuwohnen. Nach der Uraufführung seiner Oper im Jahre 1983 dachte jedermann — und so sagte er es auch selbst —, er werde nicht mehr komponieren und sich auf seinen Lorbeeren ausruhen. Und nun war wieder ein monumentales Werk entstanden, das lange, intensive Arbeit gekostet hatte.

Nach dem Juli 1986 spricht Messiaen im Futurum: Die Konzerte liegen noch vor ihm, und er ist sicher, sie alle miterleben zu können. Sein unerschütterlicher Zukunftsglaube gab ihm recht. Im Herbst war er in Bonn am Beethoven-Fest, wo seine Werke gleichberechtigt neben denen des Klassikers standen. Darauf kam neben vielen Konzerten in Paris, Rom und Oslo das Messiaen-Fest in Düsseldorf.

Noch viele Konzerte wären aufzuzählen; immer fährt Messiaen hin wie der alte Strawinsky, der auch in hohem Alter, in Begleitung von Vera, seiner Gattin, und Robert Craft, durch die ganze Welt zog.

Messiaen wird von Yvonne Loriod begleitet, sie ist seine Anima, die beseelende Kraft, die bewirkt, daß bei Konzerten und Empfängen alles menschlich warm und nicht kalt und aufs Prestige bedacht zugeht.

1985 sagte einer der skeptischsten Pariser Intellektuellen, den ich kenne, von Messiaen: „Il est respecté par tout le monde." Das könnte auch heißen: Messiaen ist so konventionell, daß er nirgends aneckt. Doch, von allen geachtet zu werden, ist auch nichts anderes als der Dank an einen Künstler, der tolerant und weitherzig die Welt, wie sie nun einmal ist, annimmt und sie dazu noch mit seiner Musik verschönt.

Anmerkungen

1 Th. Hirsbrunner, *Debussy und seine Zeit,* Laaber 1981, S. 103 und passim.
2 O. Messiaen, *Musique et couleur. Nouveaux entretiens avec Claude Samuel,* Paris 1986, S. 102.

3 Ebd., S. 107.
4 Ebd., S. 107f.
5 W. Dömling/Th. Hirsbrunner, *Über Strawinsky. Studien zur Ästhetik und Kompositionstechnik,* Laaber 1985, S. 115ff.
6 Messiaen, *Musique,* S. 108.
7 Ebd., S. 108f.
8 Ebd., S. 112.
9 P. Boulez, *Relevés d'apprenti,* Paris 1966, S. 33ff.
10 Messiaen, *Musique,* S. 114.
11 Ebd., S. 115.
12 Ebd., S. 114.
13 Ebd., S. 176.
14 Ebd., S. 176.
15 Ebd., S. 177.
16 Ebd., S. 177.
17 Ebd., S. 277ff.

Besuche bei Messiaen

15. Dezember 1985: Die Mondsichel steht hell über dem abendlichen Himmel, der in zarten Rosatönen und Taubengrau die Lichter der Stadt reflektiert. Ich bin noch zu früh, um jetzt schon an Messiaens Türe zu läuten, und schaue mich deshalb im Quartier um, das relativ ruhige Straßen, gesäumt von Häusern aus der Jahrhundertwende, aufweist. Die Bars und Geschäfte sind an diesem Sonntagabend geschlossen; nur eine Bäckerei erwartet noch Kunden, die die langen, Orgelpfeifen gleichenden Pariserbrote kaufen wollen. Ein Square mit einem um diese Zeit verlassenen Kinderspielplatz und gestutzten, jetzt laublosen Bäumen liegt gegenüber Messiaens Wohnhaus, das in historistischer Architektur — eine Mischung aus Renaissance und Barock — hoch aufragt.

Ich habe vom Hotel aus mit Madame Loriod telefoniert und finde im Haus mühelos den Weg in die fünfte Etage ganz hinten links. Vor einer schmalen dunkelbraunen Holztüre läute ich und warte, bis Messiaen und seine Gattin freundlich lächelnd öffnen. Nun steht er vor mir, der Mann, von dem alle Welt spricht: schlohweiß das Haar im rosigen Gesicht, über dem offenen, farbigen Hemd das dunkelgraue Jackett, in dessen linkem Knopfloch ein Ordensband. Die Schultern ein wenig nach vorne gebeugt, mit langsamen, liebenswürdigen Bewegungen der großen Hände geleitet er mich durch den engen Korridor in sein Musikzimmer.

Ich werde in den folgenden Tagen in aller Ruhe, ohne geschäftige Neugierde die Gelegenheit haben, das Bild dieser Wohnung ganz in mich aufzunehmen. Sie ist schalldicht isoliert und bildet eine Oase in dieser hektischen Stadt. Am Boden dunkelrote Spannteppiche, die Wände ebenfalls dunkelrot ausgeschlagen, an ihnen Bilder von Charles Blanc-Gatti, der mit der Gabe der Synopsie ausgestattet war; er hörte Farben, und seine Bilder zeigen Orgelpfeifen, aus denen farbige Wellen strömen, Farbklänge, wie sie Messiaen in seinen Werken niederschrieb. An der Wand des Musikzimmers Bücherregale, darin Bücher, die wirklich auch gelesen worden sind, denn sie zeigen nicht ostentativ ihre Rücken aus goldbedrucktem Leder, um den Betrachter zu beeindrucken. Hier sehe ich nur Bücher von bescheidenem Äußeren und desto wichtigerem Inhalt. Auch in den anderen Zimmern, deren Türen offen sind, Bücher und „klingende“ Bilder von Blanc-Gatti.

Madame Loriod sagte mir am Telefon, daß mir Messiaen „seine acht Partituren“ zeigen wolle; gemeint waren die acht Partituren zu den acht Szenen von *Saint François d'Assise*. Hier liegen sie nun ausgebreitet auf dem schwarzen Deckel des Flügels. Messiaen geht sie ohne lange Präliminarien mit mir durch, den gesungenen Text mit Emphase rezitierend und den Notentext kurz, aber präzise erklärend. Zwanglos und unvermittelt geht er über von kompositionstechnischen Problemen zu theologischen Betrachtungen. Denn das ist für ihn alles ein und dieselbe Sache. Darin gleicht er einem Baumeister der Gotik, der beim Bau einer Kathedrale schwierige technische Probleme einzig und allein zum Ruhme Gottes lösen wollte und mußte. Da die Vogelrufe in diesen Partituren eine wichtige, ja die Hauptrolle spielen, holt Messiaen aus dem Regal ornithologische Bücher, in denen die Namen der farbig abgebildeten Vögel in allen westlichen Sprachen aufgeführt sind. Er deutet mir mit Gesten die Bewegungen dieser bunten Tiere an, erzählte auch von der phantastischen Pflanzenwelt Neukaledoniens und improvisiert am Flügel ganz spontan in verschiedenen seiner „modes à transpositions limitées“.

Bewundern muß ich immer wieder seine Ausdauer, mit der er liebenswürdig seinen Besucher stundenlang unterhält, ohne je zu ermüden oder auf seinen Zuhörer ermüdend zu wirken. Sein sehr gutes Französisch vermeidet, ohne snobistisch zu wirken, alle eher saloppen Vokabeln, die heute auch unter gebildeten Parisern grassieren. Er spricht eher langsam mit weicher Betonung der Silben, ohne je den Satzbau zu verwirren. Seine geistige Konzentration bleibt auch während langer Unterredungen unvermindert wach. Schon bald macht er mir ein Kompliment über mein gutes Französisch, was mich ganz besonders freut; er erkundigt sich nach meiner Familie und gewährt mir von Zeit zu Zeit eine Pause, während der ich Erfrischungen genieße, die mir Madame Loriod herbeibringt. Die Wohnung, in der wir uns befinden, ist „le lieu conjugal“ (der Ort der Ehe), hier treffen sich die beiden Ehepartner. Darüber Messiaens eigenes Appartment, darunter dasjenige von Madame Loriod, wo sie getrennt in voller Einsamkeit arbeiten.

Schon nach einigen wenigen Stunden gestehe ich Messiaen, daß ich Protestant bin und vielleicht nicht alle wichtigen Hintergründe seiner Werke ganz verstehen könne. Ohne darüber erschreckt zu sein — hat er doch früher auch

Buddhisten und Mohammedaner unterrichtet —, geht er auf meine Schwierigkeiten ein und erklärt mir vieles in einem lebhaften Ton, der das verstehende, mitfühlende Nachvollziehen möglich macht. Immer wieder kommen religiöse Fragen zur Sprache, sie stehen ihm zuvorderst auf der Zunge, sie sind für ihn das Entscheidende. Dabei erinnere ich mich an Pierre Boulez' Geständnis mir gegenüber, daß er mit Messiaen nie über Religion gesprochen habe — eine erstaunliche Tatsache, die sich nicht nur aus des Schülers Tendenz zur Versachlichung, zur „Entmystifizierung" der kompositionstechnischen Erfindungen des Lehrers erklären läßt. Dahinter steht mehr: eine gewisse Keuschheit der Gefühle, die große Emotionen gerne verleugnet, sie in einige flüchtige Klangfiguren kondensiert, da wo Messiaen selbstvergessen die Uhrzeit außer acht läßt und orientalisch, breit ausladend seine monumentalen Werke hinsetzt.

Ich bin nicht Journalist und habe nie jemand über ein bestimmtes Thema interviewt und versucht, meinen Gesprächspartner in die Enge zu treiben. Ich saß auch nicht in Messiaens Wohnung, mit dem Notizblock auf meinen Knien, eifrig Stichworte notierend. Nach den Besuchen habe ich mir einiges schriftlich fixiert, das zum größten Teil in die anderen Kapitel dieses Buches eingegangen ist. Im Dezember 1986 wollte ich ihn aber ausschließlich über Richard Wagner ausfragen, da mich der Pressechef der Bayreuther Festspiele darum gebeten hatte, damit ich nachher für die Programme der Festspiele von 1987 darüber schreibe. Das Unterfangen schlug insofern fehl, als Messiaen in den Interviews mit Claude Samuel, die hier oft zitiert werden, schon vieles über sein Wagner-Erlebnis gesagt hatte, das er nun mir gegenüber wiederholte, um nur einige wenige neue Dinge beizufügen. Seine Erfahrungen mit Wagner haben einen endgültigen Grad der Ausformung erreicht, wie er für ein hohes Menschenalter typisch ist, ohne aber deshalb in doktrinäre Starre überzugehen. Ich hatte auch bei anderen Themen, die wir im Gespräch berührten, das Gefühl, daß sie ihren endgültigen Zustand erreicht hatten und nun in vollkommen abgerundeter Form für mich, den Zuhörer, bereit standen. Messiaen verlor nie die Kontrolle über das, was er mir sagen wollte. Er blieb immer der Führende und hätte wohl gerne auch Einfluß genommen auf das, was ich über ihn zu schreiben beabsichtigte, was ich ihm aber verwehrte, da ich, bei allem Verständnis und bei aller Einfühlung, frei bleiben wollte. In dieser urbanen Distanz haben wir viele Stunden miteinander verbracht, es bleibt aber noch ein wichtiger Besuch zu erwähnen:

7. Dezember 1986: ein kalter Wintermorgen in diesem am Sonntag fast entvölkerten Paris. Ich nähere mich der Kirche La Sainte Trinité, wo Messiaen, wie mir Madame Loriod mitgeteilt hat, zum Hochamt spielen wird. Er hat während zwei Monaten seine Orgel nicht berührt, da er in Bonn, Oslo und an vielen anderen Orten den Aufführungen seiner Werke beiwohnte. Immer wenn ich ihn getroffen habe, kommt er gerade von einer weiten Reise zurück oder ist im Begriff eine anzutreten. Die Kirche macht einen einsamen Eindruck, vor ihr liegen einige Clochards in ihren grauen Lumpen. Das Innere ist nichts Besonderes, eine Mischung aus allen erdenklichen Stilen von westlichen und östlichen Sakralbauten. Ein Laienchor übt in der Sakristei harmonisierten gregorianischen Choral, wie ihn Messiaen schon bei seinem Lehrer Maurice Emmanuel am Conservatoire hatte lernen können. Doch vielleicht handelt es sich nicht einmal um eine jener ältesten Melodien der Christenheit, sondern um eine kraftlose moderne Melodie ohne Leittöne, wodurch eine gewisse archaisierende Wirkung entsteht.

Die Orgelempore ist schwach beleuchtet, im Halbdunkel ahne ich das weiße Haupt des Meisters. Die Kirche füllt sich mit einfach gekleideten Leuten, unter ihnen sehe ich nur drei junge Männer, die nicht zum Kirchenvolk gehören und offenbar Messiaens wegen gekommen sind. Sie werden sich während der Messe erheben und setzen wie die Übrigen, um nicht aufzufallen, aber die Zeichen des Kreuzes nicht machen. Offenbar sind es Protestanten wie ich. Im Stile von Franz Liszt beginnt die Orgel plötzlich zu tönen, Messiaen benutzt samtweiche Register und oft das Schwellwerk in seiner ganz dem harmonisch Akkordischen und weniger dem Linearen gewidmeten Improvisation. Es ist der zweite Advent, Fastenzeit, während der das Gloria nicht gesungen wird in der Messe mit französischem Text, die jetzt anhebt. Eine Schwarze steht als Vorsängerin an einem Mikrophon und dirigiert die Gemeinde. Der Laienchor, der vorher geübt hat, steht nun auf den Altarstufen und singt, begleitet von einem Unbekannten an der Chororgel. Der Sonntag ist Johannes dem Täufer geweiht, und der Priester erzählt von dem kargen Leben dieses Vorläufers Christi, um alle die, die heute nicht ihren Hunger stillen können, in seine Fürbitte einzuschließen. Das 9. Arrondissement, in dem die Trinité steht, ist nicht eines der armen von Paris, doch die Kirchgänger wirken bescheiden in ihrer Kleidung und ihrem Benehmen.

Zur Wandlung spielt wieder Messiaen, diesmal in einem seiner „modes à transpositions limitées“ fantasierend und ausgesuchtere Registerkombinationen wählend. Als Ausgang spielt er einen Orgelchoral von Bach, dessen Linienspiel in durchlaufendem Legato wieder mehr im Akkordischen aufgehoben ist, wie es dem Unterricht von Dupré entspricht, den Messiaen im Conservatoire besucht hat. Ein Kirchendiener drückt mir ein Bündel gelber Zettel in die Hand, Einladungen zu einem Filmabend während der kommenden Woche. Ich solle sie an der Pforte der Kirche den hinausströmenden Messebesuchern verteilen. Offenbar werde ich von den Leuten für einer der ihren gehalten. Doch ich bleibe sitzen, um Messiaen bis zum Ende anzuhören. Dann trete ich, vorbei an den Clochards, auf die einsame Straße hinaus, deren Weihnachtsflitter an Geschäften und Fassaden heute für niemand gut ist.

Am Abend werde ich wieder bei Messiaen zuhause sein. Er wird mir sagen: „Wenn ich gewußt hätte, daß Sie in der Kirche sind, hätte ich mehr gespielt." Ein rührendes Zeichen von fast kollegialer Freundlichkeit, das mich stolz macht.

Messiaen und . . .

Messiaen und Boulez

Messiaen war unbestreitbar einer der bedeutendsten und einflußreichsten Kompositionslehrer des 20. Jahrhunderts und in diesem Punkt nur mit Arnold Schönberg zu vergleichen. Man darf noch weitergehen und mit Fug und Recht behaupten, daß sich der beiden Theorien und Erfindungen auf das beste ergänzen; so jedenfalls scheint es, wenn man Pierre Boulez' theoretische Schriften liest, die eine gelungene Synthese aus der beiden Lehrer Entdeckungen darstellen, wobei aber der jüngere Komponist noch einige Schritte weiter in Neuland geht.

Boulez ist zwar nicht der einzige berühmt gewordene Schüler Messiaens — neben und nach ihm haben bei ihm viele und kaum weniger bekanntgewordene Musiker die Kurse am Conservatoire National Supérieur in Paris, in Darmstadt, Tanglewood und an vielen anderen Orten besucht —, doch war er, Boulez, ein Schüler der ersten Stunde. Er gehörte zu einer Gruppe von jungen Franzosen, welche schon während der deutschen Besetzung und unmittelbar danach Messiaens Kursen folgten, die der Direktor des Conservatoire, Claude Delvincourt, gegen den Willen von einigen Kollegen eingeführt hatte. Es bestand Grund genug für Neid und Argwohn der konservativen Lehrkräfte dieses Instituts, da sich im Paris der letzten Kreigsjahre eine Revolution der musikalischen Sprache vorbereitete, die weit in die Welt hinaus wirken sollte.

Die Beziehungen zwischen Messiaen und Boulez hatten und haben aber auch eine menschliche Komponente, die unvergleichbar ist. Freilich hat Harry Halbreich ein sehr nützliches und gründliches Buch über seinen Lehrer geschrieben[1], doch bleibt er befangen in jüngerhafter Verehrung und teilt fast nur das mit, was Messiaen selbst an seinen Kompositionen für wichtig hält; er, Halbreich, sieht nicht über seinen geliebten Gegenstand hinaus und tut ihm gerade deshalb Unrecht. Boulez dagegen hat Messiaen immer wieder lebhaft kritisiert; das Verhältnis Lehrer—Schüler kehrte sich zeitweise um, ohne daß sich der Ältere deshalb gekränkt zeigte; er ließ sich jedenfalls in seiner stillen, zurückhaltenden Art nicht anmerken, daß er von einem Vorwurf des Jüngeren in Frage gestellt worden wäre, obwohl Werke wie das

Livre d'Orgue mit seinem strengen Konstruktivismus unzweifelhaft von Boulez' strukturalem Denken angeregt scheinen, und doch durchaus eigene Wege gehen. Boulez hat Messiaens Werke immer wieder aufgeführt und, bei aller Schärfe der Attacken, eine Zuneigung auch zum Menschen Messiaen bewahrt, die sich in privaten Äußerungen auch in liebevollem Spott zeigen kann.

Die Aufsätze von Boulez über Messiaen finden sich heute alle im Sammelband *Points de repère* (Paris 1981): *Messiaen: vision et révolution*, S. 324ff. — *Messiaen: le temps de l'utopie*, S. 331ff. — *Olivier Messiaen: I. Une classe et ses chimères, II. Rétrospective, III. La toute-puissance de l'exemple*, S. 552ff. — Einige weitere Aufsätze, auf die noch hingewiesen werden wird, scheinen dazu noch deutlich von Messiaen inspiriert zu sein, obschon sie untrüglich Boulez' Eigenart verraten.

In der Konzertreihe Domaine Musical, die Boulez gegen die Mitte der fünfziger Jahre in Paris ins Leben rief, fanden auch einige bedeutende Uraufführungen von Werken Messiaens statt:

1. Klavierwerke:
   - *Cantéyodjayâ*, Yvonne Loriod, Paris, 23. Februar 1954.
   - *Catalogue d'oiseaux*, Yvonne Loriod, 15. April 1959, Salle Gaveau.
2. Orgelwerke:
   - *Livre d'Orgue* (Uraufführung in Stuttgart), erste Aufführung in Paris im Rahmen des Domaine Musical: 21. März 1955 mit dem Komponisten an der Orgel der Kirche La Sainte Trinité.
3. Orchesterwerke:
   - *Oiseaux exotiques*, Yvonne Loriod und Instrumentalensemble, 10. März 1956, Théâtre du Marigny (Auftragswerk des Domaine Musical).
   - *Sept Haïkaï*, Yvonne Loriod und Instrumentalensemble unter der Leitung von Boulez, 30. Oktober 1963, Théâtre de l'Odéon.
   - *Couleurs de la Cité céleste* (Uraufführung in Donaueschingen), erste Aufführung in Paris im Rahmen des Domaine Musical: 16. Dezember 1964, Yvonne Loriod und Instrumentalensemble unter der Leitung von Boulez, Théâtre de l'Odéon.
   - *Et exspecto resurrectionem mortuorum* (Uraufführung in der Sainte Chapelle, Paris, unter Ausschluß der Öffentlichkeit), erste öffentliche Aufführung im Rahmen des Domaine Musical: 12. Januar 1966, unter der Leitung von Boulez, Théâtre de l'Odéon.

Werke Messiaens für großes Orchester konnten aus finanziellen und organisatorischen Gründen im Domaine Musical während der fünfziger Jahre nicht aufgeführt werden; auch fehlte und fehlt Boulez die Zuneigung zu monumentalen Werken wie *Turangalîla-Symphonie* mit ihrer oft sehr plakativen

Wirkung. Die anderen Stücke aber, die hier angeführt sind, wurden von ihm in der ganzen Welt dirigiert.

Beizufügen wäre noch, daß *Structures Ia* von Boulez durch den Komponisten und Messiaen am 4. Mai 1952 in Paris uraufgeführt wurde, womit Messiaen seine Teilhabe an diesem Werk, von der noch die Rede sein wird, in aller Öffentlichkeit bekannte.

Übrigens soll dieses denkwürdige Ereignis nicht problemlos abgelaufen sein: Die beiden Interpreten meisterten die rhythmischen Schwierigkeiten des Stückes nicht in befriedigender Weise.

Die Begegnung mit Messiaen muß, wie aus all diesen hier angeführten Fakten hervorgeht, für den noch nicht zwanzigjährigen Boulez so entscheidend gewesen sein wie kurz danach die Freundschaft mit dem Schauspieler Jean-Louis Barrault und dessen Gattin Madeleine Renaud, denen er, wie auch Messiaen, eine unveränderliche Freundschaft bewahrt hat, während andere zwischenmenschliche Kontakte von Boulez in heftigen ideologischen Konflikten nur zu schnell in die Brücke gingen. Bezeichnend in diesem Punkte ist die Rolle, die René Leibowitz in Boulez' Werdegang spielte: Bei Leibowitz lernte der Franzose die Schönbergsche Reihentechnik kennen, die Messiaen nur sehr vage vertraut war, doch verlangte Leibowitz wie Schönberg totale Unterwerfung von seinen Schülern, eine Unterwerfung, die Boulez nicht vollziehen konnte, da sich sein Inneres in jäher Gährung befand[2], und Leibowitz war als Musiker auch nicht so bedeutend, daß er fraglose Gefolgschaft hätte verlangen können, was sich an folgender Tatsache zeigt: Die *Sonatine pour flûte et piano* von Boulez wäre wahrscheinlich nicht ohne Leibowitz' *Sonate für Flöte und Klavier op. 12/b* (1944) möglich geworden; viele Charakteristika der Behandlung der beiden Instrumente weisen darauf hin, daß Boulez das Werk seines Lehrers gekannt hat. Doch Leibowitz liebte offenbar das Spröde, es fehlte ihm an Klangsinnlichkeit, und er notierte im Grunde nur abstrakte Tonhöhen ohne die zarte Expressivität, die solche sparsam hingesetzten Tonhöhen bei Anton Webern haben können. Den langsamen Satz aus Boulez' Werk, der exuberant auswuchernde Trillerketten enthält, hätte Leibowitz vollends nicht zu schreiben gewagt, so wie ihm auch Boulez' Geschmeidigkeit des Variierens fehlte.

Leibowitz wird in Boulez' Schriften nie beim Namen genannt, doch ist er der große Unbekannte in der Ausbildung des französischen Komponisten, der freilich ein kleineres künstlerisches Format aufweist als sein Schüler und dennoch nicht wegzudenken ist.[3] Während der Kompositionskurse in Basel am Anfang der sechziger Jahre bemerkte Boulez nur einmal in maliziösem Ton, daß Leibowitz nichts anderes gekonnt habe als auf Zwölf zählen, womit er seine Abneigung gegen die Anwendung der rigiden Reihentechnik Schönbergs bekundete, der er, ausgehend von Messiaens reicher Imagination des Kombinierens und Permutierens, schon damals neues Leben eingehaucht hatte.

Im Gegensatz zu Leibowitz erschloß Messiaen seinen Schülern ein weites Feld von Anregungen: altgriechische und indische Rhythmen, den gregorianischen Choral, Johann Sebastian Bach, Claude Debussy und Igor Strawinsky, um nur einige der wichtigsten Gebiete zu nennen. Messiaen zeichnete sich durch Weitherzigkeit aus, er ließ seine Schüler gewähren und orientierte seinen Unterricht an ihren Interessen und Neigungen. Gerade weil er selbst in einem beispiellosen Eklektizismus von überall her angeregt wurde, konnten die verschiedenartigsten jungen Musiker bei ihm etwas entdecken, was für sie folgenreich werden sollte. Obwohl bei Boulez Messiaens Einfluß stärker war als der Schönbergs, vermißte der Schüler in diesem Unterricht gerade die Kohärenz, die Schönberg erreicht hatte: „Messiaen hat schon seit dreißig Jahren eine große Zahl von Komponisten beeinflußt, zu allererst sicherlich durch seine Kompositionen, aber auch, und vielleicht noch mehr, durch seinen Unterricht. Er hat diese Tätigkeit des Lehrens parallel zu seiner Tätigkeit als Komponist aufrechterhalten, was beweist, daß ihm daran viel liegt; er fühlt, daß sich seine Erfindungskraft zum Teil in der Pädagogik entfaltet. Und dennoch, wenn man ihn mit einem anderen Lehrer von größter Wichtigkeit, mit Schönberg, vergleicht, merkt man schnell, daß die Standpunkte Messiaens bei weitem nicht die Kohärenz, die Homogenität aufweisen, die man erwarten könnte, obwohl sie auf gewissen Aspekten der musikalischen Reflexion insistieren. Seine theoretische Position — wenn sie überhaupt existiert — ist nicht das Resultat einer entscheidenden Reflexion über die historische Entwicklung der musikalischen Sprache und die Konsequenzen, die man daraus ziehen kann. Sie ist vielmehr die Frucht eines strengen Eklektizismus. Unter Eklektizismus versteht man im allgemeinen eine Reihe von oberflächlichen Optionen, die mehr oder weniger durch die Umstände, durch Opportunismus oder den Bedarf diktiert werden. Messiaens Eklektizismus hat nichts Oberflächliches, er stellt Fragen über die Tauglichkeit des Weiterlebens und die Relevanz der historischen Kontexte."[4]

> (Messiaen a influencé un grand nombre de compositeurs depuis trente ans déjà, par ses compositions certes, mais aussi, et probablement. Plus encore, par son enseignement. Il a maintenu cette activité d'enseignant parallèlement à l'activité du compositeur: preuve qu'il y tient beaucoup lui-même; il a le sentiment que son invention, en partie, se place dans la pédagogie. Pourtant, si on le compare à un autre „enseignant" d'une importance capitale, Schoenberg, on s'aperçoit vite que les points de vue de Messiaen bien qu'insistant sur certains aspects de la réflexion musicale sont loin de présenter la cohérence, l'homogénéité qu'on pourrait attendre. Sa position théorique, si tant est qu'elle existe, n'est pas le résultat d'une réflexion déterminante sur l'évolution historique du langage musical et sur les conséquences qu'on peut en tirer. Elle est plutôt le fruit d'un éclectisme sévère. Par électisme, on entend généralement une série de choix superficiels dictés plus ou moins par la circonstance, l'opportunisme ou le besoin. L'éclectisme de Messiaen n'a rien de superficiel, il pose des questions sur la validité des survivances et la relevance des contextes historiques.[4])

Nirgends sonst als in diesem von der BBC am 13. Mai 1973 ausgestrahlten Vortrag kommt der fundamentale Unterschied zwischen Messiaens und Boulez' Stellung in und zu der musikalischen Entwicklung zum Ausdruck: Boulez glaubt im Namen der „Geschichte" sprechen zu können, er will ihr Vollstrecker sein, während Messiaen eine Reihe von verschiedenen „Geschichten" simultan erlebt; das alte Griechenland, Indien und frühchristliche Musik sind ihm gegenwärtig im Herzen von Paris, der Weltstadt, wo das zeitlich und örtlich Entlegenste noch immer lebendig ist, vielleicht aber nicht an der Oberfläche, sondern verschwiegen weiterlebend, indem es sich vermischt mit dem denkbar Heterogenen, Disparaten. Messiaen sieht synchron die verschiedensten Kulturen gegenwärtig, während Boulez diachron auf eine utopische neue Musik hindenkt; in diesem Punkt scheint er Schönberg näher als Messiaen, nur daß er sich nicht als der Bewahrer einer klassischen — deutschen — Tradition fühlt wie der Wiener Komponist, sondern vielmehr einen großen Grad von Internationalität, wie Messiaen, in seine Musik einbringen will, was in Paris, in Westeuropa, besser möglich war als in Wien oder Berlin, den beiden mitteleuropäischen Metropolen. Paris hat sich schon im 19. Jahrhundert bereitwillig den exotischen Einflüssen geöffnet und einen Grad von Kosmopolitismus erreicht, der dem germanischen Kulturkreis fremd, ja verdächtig bleiben mußte.

Ob nun Messiaen Boulez oder Boulez Messiaen in einem bestimmten Zeitpunkt der Entwicklung beeinflußt hat, läßt sich nicht eindeutig an den theoretischen Schriften ablesen. Messiaens bis jetzt (1986) einziges rein theoretisches Werk, die *Technique de mon langage musical* (1944), ist insofern verwirrend und enttäuschend, als sie sich, wie Paul Griffiths richtig erkannt hat, in der Angabe von einzelnen „Rezepten" erschöpft[5], die naiv wirken und zugleich nur einen unvollständigen Begriff von den technischen Prozedere geben, die sich schon damals in den veröffentlichten Werken aufzeigen lassen, ganz zu schweigen davon, daß diese Prozeduren ins Geheimnis des eigentlichen Komponierens einführen könnten. Messiaen wirkt hier wie ein Theorielehrer, der eine Harmonielehre geschrieben hat, in der er parallele Quinten verbietet, um sie dann im mündlichen Unterricht unter gewissen, durchaus plausiblen Bedingungen zu erlauben. In diesem Punkt gleicht er wieder Schönberg, dessen *Harmonielehre* (1911) neben den viel zitierten, interessanten Exkursen voll von nicht anders als zwangsneurotisch zu nennenden Pedanterien und Idiosynkrasien ist. Ganz abgesehen davon hat Messiaen nach der *Technique* noch eine ganze Reihe von ingeniösen Erfindungen gemacht, die in die Musikgeschichte eingegangen sind in einem weit ernsteren Maße als etwa die „rythme non-rétrogradables" oder die „modes à transpositions limitées". Erwähnt seien hier nur die *Quatre Etudes du rythme* (1949—1950), deren *Mode de valeurs et d'intensités* den Serialismus initiierte und Karlheinz Stockhausen dazu bewog, nach Paris zu fahren und dem Unterricht des Franzosen zu folgen.[6] Messiaen zeigt sich noch heute erstaunt über die Wirkung, die dieses kurze Klavierstück auf die jüngere Generation ausübte: „C'est un exercice!", erklärte er mir am 15. Dezember 1985 in seiner Pariser Wohnung und machte damit klar, daß er laufend weitere Techniken erfinden könnte, die ebenso folgenreich wären. Auch in dieser Haltung gleicht er Schönberg, der seine „Komposition mit zwölf nur aufeinander bezogenen Tönen" immer nur als eine von vielen Möglichkeiten der Tonordnung ansah, die „spielend" durch eine andere ersetzt werden könnte. Deshalb ist es auch verständlich, daß ein nun als umfassend geplantes Werk wie der *Traité du rythme*, an dem Messiaen immer noch arbeitet und von dem er immer spricht, kein Ende finden kann. Die rhythmischen Techniken, die Messiaen wahrscheinlich im mündlichen Unterricht entwickelt hat, finden sich, wie angenommen werden kann, in Boulez' Aufsätzen *Propositions* (1948) und *Strawinsky demeure* (1951) wieder, um damit aber „entmystifiziert“ zu werden; das heißt: Ihre Herkunft aus altgriechischen und indischen Anregungen, auf die Messiaen noch in seinen Unterhaltungen mit Claude Samuel von 1967 hinweist[7], bleibt unberücksichtigt. Damit entfällt der ganze philosophische und mythologische Hintergrund, der Messiaen wichtig war und an dem er immer noch festhält. Boulez arbeitet mit vollkommen „neutralen“ Tondauern und verwandelt sie mit seiner kombinatorischen und permutatorischen Phantasie in unzähligen Variationen; er betrachtet diese Rhythmen als seine eigenen und verwirft jeden Bezug auf exotische Einflüsse: „Seine [Messiaens] Verwendung von Rhythmen, die er aus der griechischen Rhythmik oder auch aus der indischen Rhythmik abgeleitet hat — sie ist sehr häufig, wie Sie wissen —, stellt meiner Meinung nach ein Problem dar. Es ist sehr schwierig, Stücke einer Zivilisation in ein Werk zu übertragen. Das denke ich heute, aber ich dachte es schon damals [1944]: Wir müssen unser eigenes rhythmisches Vokabular erfinden, ausgehend von unseren eigenen Normen . . .“[8]

> (Son utilisation des rythmes extraits de la rythmique grecque ou bien de la rythmique indienne, très fréquente comme vous le savez, pose un problème, à mon sens. Il est très difficile de rapporter des morceaux de civilisation dans une oeuvre. Cela, je le pense maintenant, mais je le pensais déjà à l'époque: nous devons inventer notre propre vocabulaire rythmique suivant des normes qui sont les nôtres . . .[8])

Diese 1975 gegenüber Célestin Deliège gemachte Bemerkung steht aber nicht in Gegensatz zu dem Aufsatz *La Corruption dans les encensoirs* (1956), der Debussy gewidmet ist und wo die Notwendigkeit einer „rupture du cercle d'Occident“ gefordert wird, die eben gerade Debussy schon vollzogen habe, denn Boulez zeigte sich schon damals skeptisch gegenüber der Möglichkeit, Elemente aus einer anderen Kultur ohne schwerwiegende Mißverständnisse auf die unsrige zu übertragen, gerade wenn es um eine sogenannte Freiheit geht, die jene ostasiatische Musik scheinbar aufweist: „Man hat sich zur Genüge über die Überraschung und den Eindruck verbreitet, welche während der Weltausstellung von 1889 auf Debussy das annamitische Theater, die javanischen Tänze, der Klang des Gamelans bewirkten. Es ist, paradoxerweise, der Schock einer anders, aber ebenso mächtig kodifizierten Tradition als die Tradition des Westens, die den Bruch der neuen Musik mit den traditionellen europäischen Elementen beschleunigen wird: Man kann sich fragen, ob es nicht der Mangel an Kenntnissen andersartiger Konventionen ist, die einen solchen Eindruck von Freiheit provozierte."[9]

(On s'est suffisamment étendu sur la surprise et l'impression que causèrent à Debussy, lors de l'exposition de 1889, le théâtre annamite, les danses javanaises, la sonorité du gamelan. Paradoxalement, c'est le choc d'une tradition codifiée autrement, mais aussi puissamment, que la tradition d'Occident, qui va précipiter la rupture de la nouvelle musique avec les éléments traditionnels européens: on peut se demander si ce n'est pas l'ignorance de conventions autres qui provoqua pareille impression de liberté.[9])

Boulez verarbeitete mit größter Sicherheit asiatische Einflüsse — sie sind in den meisten seiner Werke mit Händen zu greifen —, doch diese Verarbeitung geschieht in vollem Bewußtsein der Tatsache, daß uns Europäern die Symbolik bestimmter exotischer Musiktheorien unerreichbar bleibt, während Messiaen den unerschütterlichen Glauben hat, daß sich etwas von der Symbolik eines indischen Rhythmus auf uns übertragen könne.

*

Vom Rhythmus und anderen musikalischen Aspekten soll später noch ausführlich die Rede sein, um Messiaens Umgang mit der Vergangenheit noch deutlicher zu charakterisieren, doch vorerst sei noch gezeigt, wie entscheidend Messiaen Boulez' Urteil über andere Komponisten sowohl der Vergangenheit als auch der Gegenwart beeinflußt hat.

Messiaen blieb die italienische Oper des 19. Jahrhunderts und das Drame lyrique eines Charles Gounod immer fremd; er hat sie nie mit seinen Schülern analysiert. Boulez aber macht nicht nur einen Bogen um diese Musik, sondern spricht noch heute (1985) sogar mit Verachtung von ihr, während er Claudio Monteverdi, Mozarts *Don Giovanni,* Richard Wagner, Debussys *Pelléas et Mélisande* und die beiden Opern Alban Bergs, *Wozzeck* und *Lulu,* nicht nur lobt, sondern zum Teil sogar als für sein eigenes kompositorisches Schaffen als wesentlich bezeichnet, was ungefähr Messiaens Haltung entspricht, da er schon als Kind *Don Giovanni, Die Walküre, Siegfried* und *Pelléas* mit Gewinn studiert hat; diese Werke wurden ihm zu prägenden, die musikalische Persönlichkeit entscheidend formenden Erlebnissen. Alban Berg näherte er sich aber erst kurz vor dem Zweiten Weltkrieg, mit dem sicheren Gespür, daß es sich da um etwas Bedeutendes handle, ohne aber nachher seinen Schülern am Conservatoire genau sagen zu können, wie diese Musik „gemacht" ist; darüber konnte erst Leibowitz Boulez das nötige Wissen vermitteln.

In einem anderen Punkt hat Messiaen auf Boulez' Urteil entscheidend eingewirkt: Er konnte sich nie mit den Neoklassizismus befreunden, der während der Zeit zwischen den beiden Weltkriegen in Paris Aufsehen erregte; der Flirt mit dem Zirkus und der Music-Hall, wie ihn der Groupe des Six und Erik Satie pflegten, war ihm ebenso fremd wie gewisse Werke Strawinskys derselben Periode. Ihn zog es zum Strawinsky des *Sacre du printemps*, den er später mit seinen Schülern analysieren sollte, nachdem er lange über die rätselhafte Rhythmik dieses Werkes nachgedacht hatte. Boulez hat einige dieser Erkenntnisse in, wie betont, „entmystifizierter" Form in seinem Aufsatz *Strawinsky demeure* veröffentlicht und damit Theodor W. Adornos Kritik über dieses Ballett — sie steht in dessen *Philosophie der neuen Musik* —, ohne sie zu nennen, entkräftet.[10] Die Schüler Messiaens, die man in Paris die „messiaeniques" nannte, haben in den ersten Konzerten mit zeitgenössischer Musik, die nach der Befreiung von der deutschen Besetzung stattfanden, dann auch prompt den neoklassizistischen Strawinsky abgelehnt. Unter den während eines Konzertes im Théâtre des Champs-Elysées protestierenden jungen Leuten befand sich auch Boulez.[11] Nicht Leibowitz, der alles von Strawinsky verdammte[12], sondern Messiaen mit seinem differenzierten Urteil hat Boulez beeinflußt, der Schönbergs *Pierrot lunaire* und Strawinskys *Sacre* als wegweisend ansah und nicht die späteren Werke dieser beiden Komponisten. Doch wenn auch Messiaen vom Strawinsky der russischen Periode beeindruckt war und diese Bewunderung an Boulez weitergeben sollte, so verehrte er auch — was zuerst unbegreiflich scheint — die Werke von Charles Tournemire, Charles-Marie Widor und Marcel Dupré, Werke mit hohem religiösem Anspruch also, die sicherlich nie Boulez' Gefallen erregt haben. Es gehört zu Messiaens Generosität, der man Eklektizismus und Mangel an einer klar umrissenen theoretischen Position vorwerfen könnte, daß er das vollkommen Unvereinbare nebeneinander duldet. Er fühlt sich auch als Romantiker und erklärte Claude Samuel: „Je n'ai pas honte d'être romantique"[13], was auch erklärt, warum er von Debussy besonders die *Trois Nocturnes pour orchestre* und *Pelléas* liebt und nicht wie Boulez *En blanc et noir* und die *Douze Etudes pour piano* mit ihrem kühleren „Klangklima" und den klaren Konturen. Doch beiden, Messiaen und Boulez, kommt das Verdienst zu, Debussy international zur Geltung gebracht und aus dem Ghetto eines „musicien français" befreit zu haben, in das ihn die chauvinistischen Gralshüter der angeblich typisch französischen Klarheit und Eleganz haben einsperren wollen.

Die Konzerte des Domaine Musical, deren Programme vor allem Boulez zusammenstellte, zeigten in ihren ersten Jahren deutlich, daß Messiaens Einfluß wirksam war. Werke, deren Wertschätzung der Lehrer an seinen Schüler übertrug, tauchen dort an prominenter Stelle auf: Schon das erste Konzert vom 13. Januar 1954 beginnt mit Bachs *Musikalischem Opfer* und endet mit Strawinskys *Renard*. An Bachs Musik hat Messiaen nie die Klangfarbe interessiert, denn sie sei austauschbar gewesen: „. . . die Klangfarben waren austauschbar, und man schreckte nicht davor zurück, ein Violinsolo einer Oboe anzuvertrauen, einen Orgelchoral auf den Chor zu übertragen, eine Melodie, die ursprünglich der Flöte anvertraut war, durch einen Solosopran singen zu lassen, usw. . . . Es herrschte damals eine gewisse Verachtung der Klangfarbe."[14]

> (. . . les timbres étaient interchangeables et on ne craignait pas de confier un solo de violon à un hautbois, de transporter un choral d'orgue au choeur, de faire chanter une mélodie initialement confiée à la flûte par un soprano solo, etc. . . . Il y avait alors un certain mépris du timbre.[14])

Trotz diesem einschränkenden Urteil hat Messiaen mit seinen Schülern immer wieder Bach studiert, und Boulez nahm diese Gewohnheit während seiner Kompositionskurse in Basel wieder auf. Das andere Werk, *Renard*, stammt aus der russischen Periode Strawinskys und steht in diesem Programm sicherlich für den *Sacre*, der an diesem kammermusikalischen Abend nicht hätte aufgeführt werden können.

Das dritte Konzert derselben Saison (24. März 1954) brachte die *Zweite Sonate für Violine und Klavier* von Béla Bartók, die Messiaen mit seiner ersten Frau, Claire Delbos, schon in den dreißiger Jahren aufgeführt hatte und die eines der avanciertesten Werke des ungarischen Komponisten ist. Das Konzert schloß mit der *Lyrischen Suite* Bergs, deren Partitur sich in Messiaens Tasche befand, als er am Anfang des Zweiten Weltkrieges von den Deutschen gefangen genommen wurde.

Das vierte Konzert (10. April 1954) begann mit *Octandre* von Edgard Varèse, dessen Kompositionen Messiaen sehr früh schätzen gelernt hatte; das letzte Konzert der nächsten Saison (27. April 1955) brachte *Ionisation* desselben Komponisten. Daneben wurden aber ständig Werke von Schönberg und Webern aufgeführt, die Messiaen eher fremd blieben, ganz zu schweigen davon, daß neben seinen eigenen Werken die Werke der Jüngeren — Karlheinz Stockhausen, Luigi Nono, Henri Pousseur usw. — auf den Programmen erschienen, denen Messiaen mit Interesse und Respekt begegnete, die aber weiterführten in der musikalischen Entwicklung, als er selbst gehen wollte und konnte. Zu erwähnen ist noch das Konzert vom 26. März 1955, da damals die *Messe de Nostre Dame* von Guillaume de Machaut gegeben wurde, deren rhythmische Struktur ihn interessieren mußte: „Zur Zeit von Machaut und vor allem bei seinen Nachfolgern gab es sehr gesuchte und außerordentliche rhythmische Kombinationen (. . .) im 20. Jahrhundert haben wir bei den Nachfolgern Machauts wiederangeknüpft . . ."[15]

> (A l'époque de Machaut, et surtout chez ses successeurs, il y eut, en effet, des recherches très extraordinaires de combinaisons de rythme [. . .] au XXe siècle, nous avons rejoint les successeurs de Machaut . . .[15])

Messiaen drückt sich im selben Abschnitt seiner Unterhaltungen mit Claude Samuel sehr kritisch über diese Versuche aus, gerade weil ihnen der ideelle Hintergrund der Rhythmen der Ars Nova fehlt. Für ihn, Messiaen, ist, wie hier schon gezeigt wurde, die Verankerung in der Philosophie und Theologie, diesmal des Hochmittelalters, ganz entscheidend; die isorythmischen Perioden Machauts verlieren sonst ihre Symbolik und sind nur neutrale Strukturen ohne jeden Sinn.

Zusammenfassend kann gesagt werden, daß Messiaen den früheren Komponisten, so weit er sie als wesentlich betrachtet, große Verehrung entgegenbringt — er spricht auch heute noch von seinen Lehrern am Conservatoire mit der größten Hochachtung —, während Boulez als „Vollstrecker der Geschichte", wie er hier schon genannt wurde, in einem Akt, den er in den siebziger Jahren als „dissociation chimique" bezeichnen sollte, das für ihn Taugliche entreißt.[16] Es gehört zu seiner Tendenz des „Entmystifizierens", daß er den dumpfen Respekt nicht kennt, der ein Lehrer-Schüler-Verhältnis prägen könnte. Sowohl bei Messiaen als auch bei Leibowitz hat er sich nur kurz informiert — über Strawinsky, über Schönberg —, ohne in die Verehrung eines Jüngers zu verfallen, hinter der uneingestandene Ressentiments verborgen sein könnten, was für einige Schönberg-Schüler zutrifft, die glaubten, sich bedingungslos unterwerfen zu müssen. Es ist gerade Messiaens Vielfalt der Interessen, seiner Weite des Blicks zu verdanken, daß die Divergenzen zwischen ihm und Boulez nie zu irreparablen Zerwürfnissen führten. Von Messiaens Seite waren es eigentlich auch nie richtige Divergenzen; er ließ vielmehr da gewähren, wo der jüngere Komponist eigene Wege gehen mußte: „Pierre Boulez ist es, der am meisten von meiner rhythmischen Untersuchung gezeichnet wurde; und dennoch ist sein Vorgehen von dem meinen verschieden, und vor allem war er so klug, es mit der Reihentechnik Weberns zu verbinden und mit den irrationalen Werten, die, ausgehend von Chopin, sich bei Debussy fortsetzten und ihr gutes Ziel bei Varèse und Jolivet gefunden hatten. Unbestreitbar hat Boulez dies alles aufgenommen, verwandelt und verarbeitet, um dann sein Eigenstes hinzuzufügen, aber schließlich ist er doch mein Erbe. Man muß übrigens eingestehen, daß er uns alle überholt hat!“[17]

> (C'est Pierre Boulez qui fut le plus marqué par mes recherches rythmiques; néanmoins, sa démarche est différente de la mienne et, surtout, il a eu l'intelligence de l'associer aux procédées sériels de Webern et aux valeurs irrationelles qui, partant de Chopin, s'étaient poursuivies chez Debussy et avaient trouvé un de leurs meilleurs termes chez Varèse et Jolivet. Il est certain que Boulez a recueilli, transformé, digéré tout cela, puis y a ajouté son propre miel, mais enfin il est tout de même mon héritier. Il faut d'ailleurs reconnaître qu'il nous a tous dépassé![17])

*

Am 3. September 1907 schrieb Debussy an seinen Verleger Jacques Durand: „Elle [la musique] est de couleurs et temps rythmés“.[18] Diese Definition der Musik steht als Motto auch über Halbreichs Messiaen-Buch und dürfte durchaus Messiaens Ansichten entsprechen, da ja, wie schon erwähnt, das ganze Buch unter Messiaens Aufsicht entstand und Halbreich mehr oder weniger als „ghost-writer“ fungierte, was aber seine Leistung nicht schmälert. Sein ganzes Leben lang hat der Komponist bestimmte Klangfarben in bestimmte Proportionen gebracht; er spricht auch nie von abstrakten Tonhöhen oder Intervallen, sondern immer von Farben. Daß dazu die „richtigen“ Tonhöhen gewählt werden müssen, gehört ganz einfach zum Metier, über das man nicht zu sprechen braucht, weil es vorausgesetzt wird und selbstverständlich ist.

Was den Rhythmus betrifft, so hat Messiaen Neuerungen in dessen Konzeption formuliert, die von größter Tragweite sein sollten: Schon in seiner *Technique de mon langage musical* spricht er davon, daß die Rhythmen aus der Multiplikation einer kleinsten Einheit entstünden[19]; kein regelmäßiger Zeitraster mit schweren und leichten Zeiten, kein gleichmäßiger Takt mit seinem regelmäßigen Pulsieren erfüllt eine Ordnung, auf die dann die eigentlichen Rhythmen aufgepfroft würden. Ausgehend von Entdeckungen am Rhythmus von Strawinskys *Sacre* und an altgriechischen und indischen Rhythmen führt Messiaen ein kombinatorisches und permutatorisches Spiel, das schwindelerregend ist. Diese äußerste Geschmeidigkeit erreichte Messiaen schon im Unterricht von Marcel Dupré, der seinen Schüler auf griechische Versmaße improvisieren ließ.[20] Boulez sollte dieses delikate Spiel noch weitertreiben und in seinem erwähnten Aufsatz *Propositions* festhalten, ohne auf antike oder exotische Vorbilder zurückzugreifen.[21] Sein Unterricht während der Kompositionskurse in Basel zeigte dieselbe Raschheit und Geschicklichkeit im Kombinieren und Permutieren. In seinen Unterhaltungen mit Claude Samuel gibt Messiaen einen Begriff von dieser Kunst, indem er griechische Metren aufnimmt, sie variiert und ihre Hebungen, die — immer nach Messiaen — als doppelt so lang wie die Senkungen angenommen werden, unterteilt und umstellt. Einige Sätze aus diesem sehr langen Abschnitt der Unterhaltungen seien hier zitiert, um einen Einblick zu gewähren in ein Konzept, das für die serielle Musik von größter Wichtigkeit geworden ist: „Das Versmaß ist ganz einfach eine Gruppierung von zwei Versfüßen; der Versfuß ist ein Rhythmus, der aus einer bestimmten Zahl von kurzen und langen Dauern besteht, die einen bestimmten Namen tragen. In einer Folge von gleichen Füßen konnte man ‚Stellvertreter' verwenden. Stellen wir uns einen jambischen Vers vor: Man erhält immer eine Folge kurz—lang, kurz—lang, kurz—lang, usw., doch hat man das Recht Stellvertreter einzuführen, das heißt: Ein Rhythmus kurz—lang kann durch kleinere Einheiten aufgeteilt werden, den Tribrachys (dreimal kurz), oder man kann diesem Ensemble, das aus Dreiergruppen besteht, noch einen Rhythmus unterstellen, der sich aus Vierergruppen zusammensetzt, zum Beispiel einen Daktylus (lang—zweimal kurz). (. . .) Dieses Spiel mit den Stellvertretern erlaubt, unerwartete Zahlen und vor allem Primzahlen zu erreichen, indem man alle

Dauern des Verses addiert. Sie können deshalb im Aristophanischen Vers die Zahl 11 erhalten (mit dem Spondeus als Stellvertreter im letzten Versfuß) — oder die Zahl 17 im kleinen Saphischen Vers (mit dem Spondeus als Stellvertreter im zweiten Versfuß). Diese Primzahlen sind vollkommen ungebräuchlich in der klassischen westlichen Musik."[22]

> (Le mètre est tout simplement le groupement de deux pieds, le pied étant un rythme composé d'un certain nombre de brèves et de longues portant un nom précis. Dans une succession de pieds semblables, on pouvait user des 'substituts'. Supposons un vers iambique, on obtient toujours la succession brève—longue, brève—longue, brève—longue, etc., mais on a le droit d'opérer des substitutions, c'est-à-dire qu'un rythme brève—longue peut être remplacé par son monnayage, le tribraque [trois brèves], ou encore on peut substituer à cet ensemble formant des groupes de trois un rythme qui donne des groupes à quatre, par exemple un dactyle [longue—deux brèves]. [. . .] Ce jeu de substituts permet d'atteindre, en additionnant toutes les durées du vers, des chiffres inattendus et notamment des nombres premiers. Vous pouvez ainsi obtenir le chiffre onze dans le vers Aristophanien [avec spondé substitut au dernier pied] — ou le chiffre dix-sept dans le vers Saphique mineur [avec spondée substitut au deuxième pied]. Ces nombres premiers sonst complètement inusités dans la musique classique occidentale.[22])

Halten wir ergänzend und zusammenfassend noch fest: Ein Versmaß besteht aus zwei Einheiten; eine Einheit teilt die Ewigkeit in zwei gleiche Hälften, mit zwei Einheiten beginnt die Zeit und mit ihr eine subtile Ordnung von langen und kurzen Dauern. Diese Zeit ist nicht auf ein bestimmtes Ziel gerichtet, die „rythmes non-rétrogradables", welche vorwärts und rückwärts gleich und vor allem in Indien anzutreffen sind, verhindern eine Entwicklung und Dynamik in einer bestimmten Richtung, nach vorne, wie zum Beispiel in der Musik Beethovens. Die Primzahlen schließlich sind so hoch, daß eine klar überschaubare Gliederung fehlt. Daß diese Primzahlen als musikalische Ordnungsfaktoren im Westen bis jetzt unbekannt geblieben sind, macht sie für Messiaen, der die musikalische Zeit erneuern möchte, besonders attraktiv. Auch in der indischen Musik sind sie anzutreffen, und Robert Sherlaw Johnson teilt in seinem Buch über Messiaen den ganzen Katalog von „deçî-tâlas", von indischen Rhythmen, mit, die dem Komponisten bekannt sind, von denen er aber nur eine kleine Auswahl regelmäßig benützte.[23] Altgriechische und indische Rhythmen mit ihrer Symbolik, der sich Messiaen zuerst unbewußt näherte, bilden eine schwierig zu durchschauende Mischung, phantastisch und irritierend zugleich, so daß man Boulez verstehen kann, wenn er sich davon abwandte und ein eigenes „rhythmisches Vokabular" kreierte. Doch den Weg zu einer größeren rhythmischen Komplexität, die sich bei Messiaen in der Verwendung von hohen Primzahlen niederschlug, ging Boulez ebenfalls, und er hat auch den regelmäßig pulsierenden Takt, wie ihn die westliche Musik kennt, abgelehnt und den unvorhersehbaren und unberechenbaren Augenblick geschaffen, wovon später hier noch die Rede sein wird. Dieser Augenblick aber ist grundverschieden von Messiaens theologischem Ernst, mit dem er die Zeit aus der Ewigkeit entstehen läßt.

Boulez hat einige von Messiaens Verfahren in seinen Werken wieder aufgenommen und damit seine Rhythmen bereichert. Schon die noch unter seines Lehrers Einfluß stehenden Stücke zeigen oft an, daß der Rhythmus nun primär ist und nicht im Nachhinein einer Tonhöhenorganisation, wie der Reihe bei Schönberg, auferlegt wird. Sowohl Messiaen als auch Boulez beziehen sich in diesem Punkt auf die Humanisten und ihre Versuche, antike Metren wieder zu beleben. Messiaen erwähnt *Le Printemps* von Claude Le Jeune[24], Boulez aber ebenso in seinem Aufsatz *Strawinsky demeure*, der dem *Sacre* gewidmet ist.[25]

Boulez verwendet schon im vierten Klavierstück aus *Notations* (1945) sogenannte „rhythmische Personen", wie sie Messiaen nannte: Drei „Personen" (rhythmische Einheiten) stehen auf einer Bühne und führen ein Spiel auf, eine gewinnt (ihre Werte werden größer), eine verliert (die Werte nehmen ab) und eine schaut zu (sie bleibt unverändert).[26] Das Stück von Boulez zeigt nun ungefähr dieses Bild: Die fünf Sechzehntel in der linken Hand bleiben unverändert, sie stellen die zuschauende Person dar, während der Ton as' zu- und abnimmt und also zugleich die gewinnende und verlierende Person darstellt; die hier abgebildeten vier „Takte" erscheinen zudem in den nächsten vier in umgekehrter Reihenfolge — jedenfalls, was die linke Hand des Pianisten betrifft —, um in den dritten vier „Takten" wieder in der ursprünglichen Form zu erscheinen.

Beispiel 1: P. Boulez, *Notations IV*

In den *Variations pour la main gauche* (1945), die bis jetzt unveröffentlicht sind und sich im Besitz der Paul Sacher Stiftung (Basel) befinden, tauchen schon in der ersten Variation Augmentationen auf, die nach Messiaen „unklassisch" sind, da sich die Dauern nicht einfach verdoppeln, wie das in den meisten Fällen bei Bach der Fall ist.[27] Unregelmäßige Vergrößerungen der an sich schon komplexen Tondauernverhältnisse der ersten zwei „Takte" verhindern vielmehr in den folgenden zwei, daß die Empfindung eines regelmäßigen Pulsierens aufkommt.

Beispiel 2: P. Boulez, *Variations pour la main gauche*

Solche und ähnliche Augmentationen und Diminutionen finden sich noch in Boulez' *Dritter Klaviersonate* (1956—1957): Die erste Klammer im Abschnitt *Parenthèse* aus *Trope* ist, rhythmisch betrachtet, nichts anderes als eine

„unklassische“ Diminution und teilweise Augmentation des Vorangegangenen.

Beispiel 3: P. Boulez, *Trope, Parenthèse*

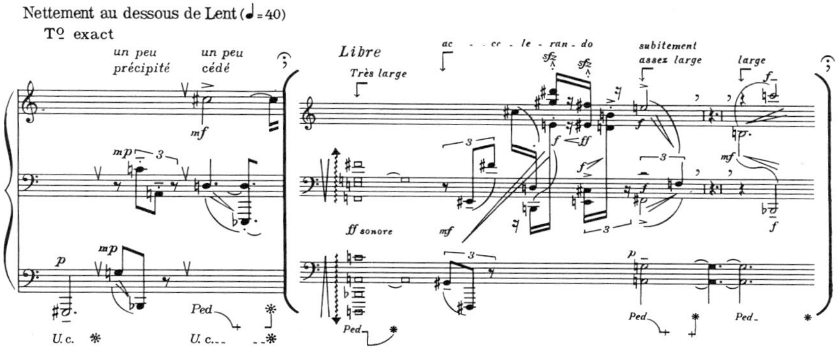

Dabei sind aber die Tonhöhen seriell streng determiniert, was bei Messiaen nie begegnet und hier den Einfluß der Neuen Wiener Schule und deshalb auch denjenigen von Leibowitz verrät. Das vorher erwähnte regelmäßige Unterteilen (monnayage) von langen Werten der griechischen Rhythmik findet sich bei Boulez in den Stücken *Avant* und *Après l'artisanat furieux* aus *Le Marteau sans Maître* (1953—1955) wieder, während im Vokalstück *L'Artisanat furieux* auch irrationale Werte auftauchen, die Messiaen kaum kennt.[28]

Daß die Neue Musik über Webern hinauswachsen konnte, ist vor allem Messiaens Beschäftigung mit dem Rhythmus zu verdanken, die von seinen Schülern weitergeführt wurde. Die Unterhaltungen mit Claude Samuel enden mit dem Hinweis, daß er mit seiner Musik „une nouvelle notion du temps“ habe erfahrbar machen wollen — dieser „neue Begriff von der Zeit“ wurde hier hinlänglich beschrieben —, und Paul Griffiths gibt seinem Buch über den französischen Komponisten den Titel *Olivier Messiaen and the Music of Time.* Alte Vorstellungen vom Rhythmus wurden durch Messiaen umgestürzt:„Schematisch betrachtet, ist eine Musik rhythmisch, wenn sie die Wiederholung, die Viertaktigkeit und die gleichmäßigen Unterteilungen verachtet; sie, die rhythmische Musik dagegen, inspiriert sich im allgemeinen an den Bewegungen der Natur, an Bewegungen, die frei und unregelmäßig sind.“[29]

(Schématiquement, une musique rythmique est une musique qui méprise la répétition, la carrure et les divisions égales, qui s'inspire en somme des mouvements de la nature, mouvements libres et inégales.[29])

Weiter unten spricht Messiaen sein Verdikt über die klassische westliche Musik aus: „In Bachs Musik gibt es Farben in der Harmonik, eine außergewöhnliche kontrapunktische Arbeit — das ist wunderbar und genial —, doch es gibt keinen Rhythmus."[30]

(Dans la musique de Bach, il y a des couleurs harmoniques, un travail contrapuntique extraordinaire, c'est merveilleux et genial, mais il n'y a pas de rythme.[30])

Mozart sei ein „rythmicien extraordinaire"[31], während der Jazz unrhythmisch sei: „Durch das Spiel der Synkopen enthält er auch Rhythmen, aber diese Synkopen existieren nur, weil sie auf regelmäßige Werte [den „beat"] aufgesetzt sind, denen sie [die Synkopen] widersprechen."[32]

(Par le jeu des syncopes, il contient aussi des rythmes, mais ces syncopes n'existent que parce qu'elles sont placées sur des valeurs égales qu'elles contredisent.[32])

Der Marsch mit seinem Gleichschritt (pas cadencé) sei unnatürlich, da der gewöhnliche Schritt eines Menschen unregelmäßig sei.[33] Bei Beethoven schließlich gebe es weniger Rhythmus als bei Mozart, doch weise Beethovens Musik die motivischen Abspaltungen (développements par élimination) auf[34], die man zum Beispiel am Anfang der sogenannten *Sturmsonate* op. 31 Nr. 2 findet, wo aus der ursprünglich viertaktigen Phrase steigernd nur noch eine einzige Note übrigbleibt. Dieses Verfahren habe auf seine „rhythmischen Personen" eingewirkt, auf die „verlierende Person", wie man beifügen muß, da die Werte abnehmen. Messiaens Musik kennt aber Beethovens Dynamik nicht, womit jene Klaviersonate so bezwingend wirkt. Der Vergleich hinkt. Oder handelt es sich wieder wie bei Boulez um eine „dissociation chimique", um eine gewaltsame Trennung eines Aspektes aus einem Zusammenhang, der gerade diesem Aspekt erst recht seinen vollen Sinn gibt? Debussy dagegen sei ein großer Rhythmiker: „Wir haben im Zusammenhang mit der Orchestration und seiner Liebe für die Natur, den Wind und das Wasser von Claude Debussy gesprochen. Diese Liebe hat ihn gerade zur Unregelmäßigkeit der Tondauern geführt, von der ich gesprochen habe; sie ist das Eigentliche des Rhythmus."[35]

(Nous avons parlé de Claude Debussy au sujet de l'orchestration et de son amour pour la nature, le vent et l'eau. Cet amour l'a précisément conduit à l'irrégularité dans les durées à laquelle j'ai fait allusion et qui est le propre du rythme.[35])

Es ist trotz der Anstrengungen Messiaens und des Serialismus fraglich, ob man dieser Ansicht folgen soll, doch hat sie auf alle Fälle ein Stück Musikgeschichte geprägt, aus dem sich zum Beispiel Stockhausen nur mit Mühe und Boulez gar nicht befreien konnte.

Wie schon erwähnt, werden bestimmte „Farben" in gewisse Zeitproportionen gebracht, Farben des Klanges oder Geräusches sind aber bestimmte Teiltöne, und Messiaen empfiehlt in seiner *Technique de mon langage musical*, die ganzzahligen Obertöne auf unser gleichschwebend temperiertes System zu übertragen und daraus Akkorde und deren Umkehrungen zu bilden[36], was ein höchst fragwürdiges Unterfangen darstellt. Doch genau so wie er seine Rhythmen aus altgriechischen und indischen ableitet — was nicht nötig wäre und weder dem Analytiker noch dem Hörer bewußt zu werden braucht —, nimmt er auch seine Akkorde aus dem Bestehenden, der „Natur", um sie sogleich bis zur Unkenntlichkeit zu verändern, doch sollte er in den *Neumes rythmiques* aus den *Quatre Etudes du rythme* auch frei erfundene Teiltöne verwenden, die eine schimmernde Aura um die monodische Linie bilden.

Beispiel 4: O. Messiaen, *Neumes rythmiques*

Das Verfahren, ganzzahlige Teiltöne mit einer Reihe von „störenden" Tönen zu einem vibrierenden Klang zu vereinen, stammt wohl von Richard Wagners sehr langem Es-Dur-Akkord vom Anfang des *Rheingold* und wurde dann von Debussy und Ravel weiterentwickelt, um schließlich von Messiaen theoretisch formuliert zu werden. Am Anfang von Strawinskys *Les Noces* wird eine monodische Linie durch Zusatztöne gefärbt wie hier zum Beispiel aus den *Neumes rythmiques.* Gérard Grisey und Lorenzo Ferrero arbeiten beide mit Spektralklängen, die während eines Werkes auf- oder abgebaut werden.[37]

Bei Boulez tauchen diese Spektralklänge in der ersten der *Trois Psalmodies* (1945) auf in einer freilich sehr konventionellen Form mit Habanera-Rhythmen, die an Debussys Klavierstücke *La Puerta del vino* und *Jardins dans Grenade* erinnern, wo auch Akkorde, die künstliche Teiltöne suggerieren, parallel verschoben werden. Das ebenfalls in der Paul Sacher Stiftung befindliche, unveröffentlichte Manuskript zeigt noch eine sehr schülerhafte Handschrift und läßt vermuten, daß das Stück vor den hier schon angeführten *Notations* entstanden ist, die auch eine weit komplexere Struktur aufweisen.

Beispiel 5: P. Boulez, *Psalmodie*

In Messiaens Orgelwerken können die Register des Instrumentes „Farben", Teiltöne (résonances) suggerieren, die aber während der Zeit, in der das Register gezogen ist, fixiert bleiben, was ungefähr Boulez' *Psalmodie* entspricht. Das Klavier und das Orchester haben aber die Möglichkeit, die „résonances" ständig zu verändern und sie dem Rhythmus und dem Gang der melodischen Linie anzupassen, was einen großen Vorteil darstellt. Werden mehrere Linien mit „résonances" gefärbt, so entstehen Klangschichten (couches sonores), die schon in Debussys Klavierstück *Voiles*, freilich nur zaghaft, auftreten, um dann bei Strawinsky im *Sacre* in großem Stil verwendet zu werden.[38] Sie kommen auch bei Messiaen ständig vor: Die *Liturgie de cristal* aus dem *Quatuor pour la fin du temps* zeigt im Klavier einen „indischen"

Rhythmus von siebzehn Dauern mit neunundzwanzig Akkorden, die beide voneinander unabhängig ablaufen — die Dauern treffen also immer auf andere Akkorde, die Ostinato-Technik ist einerseits rhythmisch, andererseits rein harmonisch —, während das Cello ein traditionelles Ostinato ausführt, das Rhythmus und Melodielinie in einem gleichmäßig ablaufenden „rythme non-rétrogradable“ zusammenfaßt. Die Stimmen der Klarinette und Violine sind freier, aber beide sind deutlich individualisiert und heben sich voneinander ab. Die Zahlen 17 und 29 im Klavier sind hohe Primzahlen, und bis das Klavier an seinen Ausgangspunkt zurückkehren würde und zugleich das Cello seine ursprüngliche Position gegenüber dem Klavier einnähme, würde eine sehr lange Zeit vergehen. Doch bringt Messiaen nur einen Ausschnitt der möglichen Ereignisse, was durchaus auch Boulez' Vorstellungen von einem Kunstwerk entspricht, erklärte er doch 1954 in seinem Aufsatz ... *Auprès et au loin*: „Das Werk begnügt sich also mit einer Art möglichem Fetzen zwischen vielen anderen Fetzen.“[39]

> (L'oeuvre se born donc à une espèce de lambeau probable parmi tant d'autres lambeaux.[39])

Ob aber Messiaen diese Problematik eines fragmentarischen Werkes, das neben anderen Fragmenten steht und austauschbar wäre, bewußt war, ist sehr fraglich. Viele seiner Werke weisen zwar darauf hin, indem sie sukzessiv verschiedene Möglichkeiten der Kombination von Klangereignissen zeigen, ohne daß die eine zwingend aus der anderen entstünde — sie stehen vielmehr wie in einem Katalog nebeneinander (*Catalogue d'oiseaux* heißt einer seiner Klavierzyklen) —, aber daß Messiaen eines seiner Werke als „Fetzen“ hätte bezeichnen können, ist bei seinem Werkbegriff, von dem hier später noch die Rede sein wird, nahezu ausgeschlossen.

Die Stratifikation des Tonmaterials findet sich bei ihm sehr häufig. Daß sie zur Hauptsache auf Strawinskys *Sacre* zurückgeht, den Messiaen intensiv studiert hat, wurde schon gesagt. Manchmal handelt es sich um die Überlagerung von zwei „modes à transpositions limitées“, worunter Messiaen Tonleitern versteht, die eine regelmäßige Abfolge von Intervallen enthalten — zum Beispiel kleine Sekunde — große Sekunde / kleine Sekunde — große Sekunde usw. —, wobei sich nur eine beschränkte Möglichkeit der Transpositionen ergibt, da diese Skalen auch keinen Grundton aufweisen. Gerade der hier erwähnte Modus findet sich schon bei Debussy im Prelude mit dem Titel *Feuilles mortes* und sehr oft auch bei Strawinsky.

Boulez ist Messiaen in der Superposition von Klangschichten hierin gefolgt in der ersten Improvisation aus *Pli selon Pli*, deren erste, kammermusikalische Fassung von 1957 später (1962) durch zusätzliche Schichten bereichert wurde, die die ursprüngliche Struktur unangetastet lassen, aber intervallisch aus dieser abgeleitet sind. Die neue Schicht bildet die „résonances", die aber im Geiste von Leibowitz und Schönberg nicht rein hedonistischen, sondern strukturellen Prinzipien gehorchen.

Rituel in memoriam Maderna (1974—1975) beweist immer noch den Einfluß von Messiaens „résonances": Es zeigt in den einzelnen Instrumentalgruppen parallel geführte Akkorde, Klangbänder (bandes sonores) wie in der *Psalmodie.* Jede Gruppe ist schon durch die Wahl der Instrumente spezifisch gefärbt, erhält aber noch zusätzlich einen charakteristischen Klang durch die jeweils konstant bleibenden Akkorde. Messiaens Orgelregistration erscheint also hier in unmißverständlicher Form wieder, ganz zu schweigen davon, daß der Rhythmus hier auch jene feingliedrigen Unwägbarkeiten mit „valeurs ajoutées" aufweist, wie sie Messiaen, ausgehend von indischen Rhythmen, eingeführt hat.[40] Beizufügen bleibt freilich, daß Messiaen seine eigenen Werke oft sehr frei und eigenwillig interpretiert, indem er die sehr genau notierten Werte nicht korrekt einhält. Vielleicht sind sie aber auch nur mit der Absicht hingeschrieben worden, das gleichmäßige Pulsieren zu vermeiden, das nach Messiaen eben gerade unrhythmisch wäre. Die „valeurs ajoutées" — einfache und doppelte Punktierungen und angebundene Triolen, wie sie hier gerade in Boulez' *Variations pour la main gauche* von Beispiel 2 abgedruckt sind — wären deshalb nicht unbedingt korrekt einzuhalten, wenn nur nicht der Eindruck eines konventionellen Rhythmus' entstehe. Die Lösung in *Rituel* ist insofern ingeniös, als der Dirigent überhaupt nie Taktschläge dirigiert, sondern nur Einsätze gibt; das Übrige ist den einzelnen Gruppen überlassen, die unter der Führung je eines Schlagzeugers stehen. Diese Führung ist aber wiederum sehr unwägbar und hintersinnig: Jeder Schlagzeuger taktiert nur die langen Noten (von einem Viertel an) mit Achteln aus, dazwischen aber spielt jede Gruppe sehr kurze Fiorituren von unterschiedlichen Tonzahlen. Das „Taktieren" des Schlagzeugers muß also für kurze Zeit unterbrochen werden, um dann, unabhängig von den benachbarten Gruppen, wieder aufgenommen zu werden. Der Schlagzeuger muß nach den Fiorituren seine Instrumentalisten wieder „auffangen". Was Messiaen im Zusammenhang mit den unregelmäßigen und „rubato" zu spielenden Rhythmen

Debussys gesagt hat, daß sie nämlich vom Wind und vom Wasser inspiriert seien, wäre demnach in *Rituel* voll realisiert. Außerdem aber kreierte hier Boulez eine neue Soziologie des Orchesters: Der Musiker ist in eine Freiheit entlassen, die auf gegenseitiger Abhängigkeit und zugleich individueller Initiative beruht.

*

Daß Boulez unverkennbar Messiaens wichtigster Schüler, sein „Erbe", ist, ließe sich noch an unzähligen Details wie zum Beispiel den Vortrags- und Artikulationsbezeichnungen zeigen. Wie verhält es sich nun aber mit *Structures Ia* (1951—1952), die nicht ohne des Lehrers *Mode de valeur et d'intensités* denkbar sind? Daß beide Werke, so kurz sie auch sind, Geschichte gemacht haben wie keine anderen Kompositionen unmittelbar nach dem Zweiten Weltkrieg, dürfte allgemein bekannt sein, und daß Messiaen und Boulez *Structures Ia* gemeinsam aus der Taufe hoben, wurde schon gesagt. Der *Mode* wiederum wurde schon im zweiten Konzert des Domaine Musical, am 24. Februar 1954, von Messiaen gespielt, während *Cantéyodjayâ*, eine Vorform des *Mode*, im selben Konzert unter den Händen von Yvonne Loriod erklang.

Structure Ia ist das Paradebeispiel des Serialismus. Wie aber könnte man Boulez' Weg zum Serialismus beschreiben? Halten wir vorerst fest, daß alle seine vorher und nachher geschriebenen Werke auch ohne dieses Stück für zwei Klaviere denkbar wären; der Weg von Boulez führt nicht zwingend auf diese rigorose Komposition zu. Die anderen Werke zeichnen sich gerade durch eine hohe Flexibilität und Emotionalität aus, die *Structure Ia* fehlen. Das sei nur anhand von drei Beispielen dargestellt: Die auswuchernden Trillerketten im langsamen Satz der *Sonatine pour flûte et piano*, die hier schon erwähnt wurden, wären mit ihrer pianistischen Bravour und exuberanten Klangsinnlichkeit im rigiden Serialismus tabu, und der zweite Satz der *Zweiten Klaviersonate* (1947—1948) beginnt in sprödem Ton, mit kristallisch symmetrischen Figuren, die an Webern erinnern, um dann als „Tropus", wie Boulez ihn nennt[41], abzudriften in total neue und pianistisch sehr brillante Passagen. *Structures II* schließlich (1956—1961) sind von einer Eleganz und Grandezza, die man gerade in *Structures I* vermißt. Zwei Schlüsselworte sind gefallen: „auswuchern" und „abdriften". Unter „Auswuchern" (prolifération) versteht Boulez die sogenannte Fortspinnungstechnik, wie man sie in

Bachs Fugen findet, deren Themen selten in sich abgeschlossen sind, sondern während des Einsatzes des Comes als Contrasubject weitergeführt werden.[42] Das Abdriften aber, der allmähliche Übergang von festen zu freien Strukturen, findet sich in *Eclat/Multiples* (1966—. . .), die immer noch nicht vollendet sind, und in *Dérive* (1985) (Dérive heißt Abdriften). Zum Auswuchern und Abdriften gesellt sich bei Boulez noch das Prinzip, eher mit Zellen von Tonhöhen und Rhythmen als mit ganzen Reihen zu arbeiten. Alle drei Prinzipien sind vorerst demjenigen von *Structure Ia* entgegengesetzt, sie sind unvereinbar mit dem quasi automatischen Ablauf dieses Stückes.

Der *Mode de valeurs et d'intensités* besteht aus drei Abschnitten von 3 x 12 Tönen, und innerhalb der drei Zwölfergruppen wird kein Ton wiederholt, doch werden die Töne „modal" gebraucht, das heißt: ihre Reihenfolge steht dem Komponisten frei. Die drei Abschnitte gehen von einem bis zwölf Zweiunddreißigsteln beziehungsweise von einem bis zwölf Sechzehnteln beziehungsweise von einem bis zwölf Achteln.

Beispiel 6: O. Messiaen, *Mode de valeurs et d'intensités*

Die Töne weisen dazu noch zwölf Anschlagarten und sieben Intensitäten vom dreifachen Piano bis zum dreifachen Forte auf. Die hohen Töne sind eher kurz, die tiefen lang, doch kreuzen sich die drei Abschnitte, was das korrekte Spielen mit nur zwei Händen schwierig gestaltet. Das Stück erweckt den Eindruck eines von menschlichen Einflüssen, von momentanen

Gefühlen und Entscheidungen freien Klangspiels, das viel zu der Faszination beigetragen haben mag, die das Werkchen ausübte.

Die erste Zwölfergruppe übernahm nun Boulez für *Structure Ia.* Warum es diese und nicht die zweite oder dritte war, läßt sich nicht schlüssig beweisen, doch enthält sie die atonalsten Tonfolgen, während die anderen diatonische Enklaven aufweisen. Das von Messiaen übernommene Material wird nun als Reihe gebraucht, wobei deren Transpositionen, die zur Anwendung gelangen, durch die Struktur der Reihe selbst bestimmt werden. Es herrscht also, wie schon gesagt, ein strenger Automatismus.

es — d — a — as — g — fis — e — cis — c — b — f — h
1 — 2 — 3 — 4 — 5 — 6 — 7 — 8 — 9 — 10 — 11 — 12

Die erste Transposition geht von d aus, die zweite von a und so weiter. Die Umkehrung lautet:

es — e — a — b — h — c — d — f — fis — as — cis — g
1 — 7 — 3 — 10 — 12 — 9 — 2 — 11 — 6 — 4 — 8 — 5

Wenn man alle Transpositionen des Originals und der Umkehrung in zwei Zahlentabellen zusammenfaßt, ergibt sich das folgende Bild, das Boulez in einem Brief an John Cage mitgeteilt hat[43] (Beispiel 7, S. 118).
Das Ganze gleicht, sicher nicht zufällig, dem lateinischen Spruch, mit dem Webern seine Vorträge *Der Weg zur Neuen Musik* am 2. März 1932 schloß[44]:

S A T O R
A R E P O
T E N E T
O P E R A
R O T A S

Der Traum einer vereinheitlichenden Organisation der Horizontale und Vertikale, von Zeit und Raum ersteht bei Boulez neu. Er mag aber nicht nur von der Neuen Wiener Schule genährt worden sein, sondern auch von Messiaen, der zwischen seinen „rythmes non-rétrogradables“ und den „modes à transpositions limitées“ schon in seiner *Technique de mon langage musical* einen konzeptuellen Zusammenhang herstellen möchte: Beide Konstruktions-

Beispiel 7

1	2	3	4	5	6	7	8	9	10	11	12
2	8	4	5	6	11	1	9	12	3	7	10
3	4	1	2	8	9	10	5	6	7	12	11
4	5	2	8	9	12	3	6	11	1	10	7
5	6	8	9	12	10	4	11	7	2	3	1
6	11	9	12	10	3	5	7	1	8	4	2
7	1	10	3	4	5	11	2	8	12	6	9
8	9	5	6	11	7	2	12	10	4	1	3
9	12	6	11	7	1	8	10	3	5	2	4
10	3	7	1	2	8	12	4	5	11	9	6
11	7	12	10	3	4	6	1	2	9	5	8
12	10	11	7	1	2	9	3	4	6	8	5

1	7	3	10	12	9	2	11	6	4	8	5
7	11	10	12	9	8	1	6	5	3	2	4
3	10	1	7	11	6	4	12	9	2	5	8
10	12	7	11	6	5	3	9	8	1	4	2
12	9	11	6	5	4	10	8	2	7	3	1
9	8	6	5	4	3	12	2	1	11	10	7
2	1	4	3	10	12	8	7	11	5	9	6
11	6	12	9	8	2	7	5	4	10	1	3
6	5	9	8	2	1	11	4	3	12	7	10
4	3	2	1	7	11	5	10	12	8	6	9
8	2	5	4	3	10	9	1	7	6	12	11
5	4	8	2	1	7	6	3	10	9	11	12

prinzipien gleichen sich in ihrem „charme des impossibilités", das heißt: Der Komponist steht unter dem „Zauber", daß er erstens die Rhythmen nicht umkehren kann, ohne daß dasselbe Resultat entstünde, und zweitens die Modi nicht unbeschränkt transponieren könnte, weil nach einer gewissen Zeit wieder dieselbe Skala auftauchen würde.[45] Tonhöhen und Tondauern unterliegen bei ihm, Messiaen, wenn auch vage, denselben Gesetzmäßigkeiten.

Bei Boulez gehen, gemäß dem oben abgedruckten Diagramm, die Tondauern von einem bis zwölf Zweiunddreißigsteln, und es sind zwölf Intensitäten vom vierfachen Piano bis zum vierfachen Forte verfügbar, mag man auch mit Recht an der Ausführbarkeit so vieler Nuancen zweifeln. Problematisch ist vollends die Zwölfzahl der Anschlagsarten, der Willkür anhaftet. Denn es ist nicht einzusehen, warum 5 ausgerechnet ein Legatobogen, 10 ein Akzent im Forte und 12 „normal" sein soll. Es handelt sich hier um eine Setzung, die beliebig mit einer anderen vertauscht werden könnte.[46] Daß diese erste serielle Organisation „homogen" sein soll, wie Boulez gegenüber Cage erklärt, ist nicht ganz einsehbar[47], handelt es sich doch eher um einen Gewaltakt, ausgehend von der Vorherrschaft der Zahl, mit der eine von menschlichen Gefühlen freie Musik entsteht, wie sie Boulez auch für seine *Dritte Klaviersonate* vorschwebte. Die Reihenfolge der Töne, der Transpositionen und der Dauern stehen fest, während die Reihenfolge der Intensitäten und Anschlagsarten zwar auch feststeht, aber jeweils für eine ganze Reihe der Töne und deren Dauern beibehalten wird. Nur die Oktavlagen der Töne oder besser: Tonqualitäten ist frei und erlaubt einen kompositorischen Spielraum, führt aber oft zu einem nahezu stehenden Klang, denn allzu nahe Oktavbeziehungen müssen in der atonalen Musik vermieden werden. Dieser stehende Klang oder „Akkord" zeigt in aller Deutlichkeit, daß Boulez der große Harmoniker der Musik nach 1945 ist; nicht Linien und Motive, nicht prägnante thematische Figuren sind seine Stärke, sondern Klangräume, deren einzelne Töne statisch bleiben, was sich an vielen seiner Werke, namentlich an *Pli selon Pli* zeigen läßt.

Was zeichnet nun *Structure Ia* vor dem *Mode de valeurs et d'intensités* aus? Der *Mode* kennt nur die Freiheit der Abfolge der Töne, die in all ihren übrigen Eigenschaften streng fixiert bleiben; deshalb ist nur ein relativ kurzes Stück in dieser Kompositionstechnik denkbar, wenn man von europäischen Zeitvorstellungen ausgeht. Im Orient wäre wohl ein solches statisches Klangspiel während Stunden und Tagen möglich und ginge vollständig und unbemerkt in der Umwelt auf. *Structure Ia* dagegen wälzt die ganze serielle Ordnung im Sinne der permanenten Variationen ständig um. Außer den Oktavlagen und der Dichte aber ist alles vorprogrammiert, ohne daß Statik entstünde; nichts ist aber beim bloßen Hören voraussehbar, während die gleichbleibenden Oktavlagen im *Mode* eine gewisse Orientierung ermöglichen. Die Reihe ist bei Boulez aber, wie schon erwähnt, kein thematisches Gebilde, das nach entwickelnder Variation verlangen würde; sie ist nichts anderes als eine Zelle, ausnahmsweise von zwölf Tönen, deren Rhythmus, Anschlagsart (Klangfarbe) und Intensität ständig variiert werden, ohne auf ein bestimmtes Ziel hinzuarbeiten. Die „Architektur" der deutschen Sonatenform ist überwunden, der Schönberg in verschiedener Weise immer anhing. Man wäre versucht, hier von einem Kaleidoskop zu sprechen, doch werden Symmetrien, die in den beiden hier aufgeführten Zahlentabellen in die Augen springen, nicht sinnfällig beim bloßen Hören, wenn auch die einzelnen Abschnitte, trotz unterschiedlicher Tempi, Orientierungspunkte bilden, und das vor allem durch die Anschlagsarten, die, wie erwähnt, nicht von Ton zu Ton wechseln, sondern durchaus gliedernde und vereinheitlichende Wirkung ausüben, die bei Messiaen bewußt vermieden wird. Wenn auch Boulez' Werk etwas Mechanisches anhaftet, so zeigt es gerade durch seine Anschlagsarten, daß der Klangfarbe nun primäre Bedeutung zukommt, was zum Teil schon für das *Livre pour quatuor* zutrifft und sich in *Le Marteau sans Maître* noch steigern wird, wo die Strukturen als Funktion der Instrumente, vor allem des Schlagzeugs, begriffen werden können. Die Instrumente werden primär und sind nicht mehr nur ein mehr oder weniger geeignetes Werkzeug, um „musikalische Gedanken" (Schönberg) auszudrücken. Die Musik bringt nicht nur bei Debussy und Messiaen, sondern auch bei Boulez „Farben" in bestimmte Zeitproportionen.

Messiaen erklärte mir gegenüber: „C'est un exercice!" und distanzierte sich von diesem Werkchen. Der *Mode de valeur et d'intensités* schien ihm von marginaler Wichtigkeit. Boulez äußerte sich im gleichen Geiste gegenüber Célestin Deliège über *Structure Ia:* „Ich verfügte also über ein Material [den *Mode*], das ich nicht erfunden hatte und dessen Verantwortung der Erfindung ich bewußt zurückwies, um zu sehen, bis zu welchem Punkt man gehen konnte. Ich habe nur alle Transpositionen wie ein mechanisches Objekt niedergeschrieben (. . .), und meine Rolle beschränkte sich auf die Wahl der verschiedenen Oktavlagen, die aber vollkommen undifferenziert geblieben sind."[48]

(Je disposais donc d'un materiau que je n'avais pas inventé et dont je refusait sciemment toute responsabilité d'invention, pour voir jus'qu'à quel point on pouvait aller. J'en ai écrit toutes les transpositions comme une espèce d'objet mécanique (. . .) et mon rôle s'est simplement borné à choisir des registres différents, mais là encore complètement indifférenciés.[48])

Messiaen spricht von einer „Übung“, Boulez von einem „mechanischen Objekt“. Täuschen sich die beiden? Wollen sie die Spuren eines geschichtemachenden Gewaltaktes verwischen? Mag sein, daß die relativ leichte Analysierbarkeit der beiden Stücke für ihre Autoren etwas Beschämendes hatte, dem sie sich in der Folge entzogen durch komplexere Strukturen und einen freieren Gestus der Musik.

*

Messiaen erklärte gegenüber Claude Samuel, daß die Großform, trotz aller Neuheit des Komponierens im Detail, für ihn kein Problem sei.[49] Die Formen bleiben die alten, es sind hauptsächlich Reihungsformen, wie sie schon Strawinsky im *Sacre* realisiert hat; die Musik bricht nach einer gewissen Zeit „willkürlich“ ab, macht neuen Elementen Platz, die sich im Sinne einer Montage kontrastieren oder ergänzen. Boulez sollte gerade diese Haltung bei Strawinsky kritisieren, wie er sie schon bei Schönberg getadelt hatte.[50] Mikro- und Makrostruktur hätten aus einem einzigen Guß zu sein, wie ihn gerade der Fortspinnungstypus einer Bachschen Fuge aufweist. Daß gerade bei Schönberg aus der Unvereinbarkeit von klassischer Sonatenform und Reihentechnik eine willkommene Spannung entstehen könnte, wird außer acht gelassen. Das große Ideal für Boulez ist Webern, bei dem diese Forderung nach Einheit zwischen dem ganz Kleinen und dem Großen erfüllt worden sei.[51]

Messiaens Überlegungen zu den klassischen Formen, wie er sie in der *Technique de mon langage musical* anstellt, sind höchst akademisch und unoriginell; höchstens der Gedanke, daß die Sonatenform heute nicht mehr der Reprise bedürfe, verdient Erwähnung, denn das hat schon Schönberg im ersten Satz des *Zweiten Streichquartetts* realisiert.[52] Folgenreich für Boulez war Messiaens Form eines „Commentaire“, unter dem er eine Art Epilog zu einem in sich schon gefestigten Teilstück einer Komposition versteht. Boulez bindet ihn aber stringent an die Hauptstruktur, indem er ihn intervallisch und rhythmisch von dieser ableitet. Die Klammer im Abschnitt *Paranthèse* aus dem *Trope* der *Dritten Klaviersonate*, wie sie hier im Beispiel 3 angeführt wird, ist eigentlich nichts anderes als so ein „Commentaire“, wobei der folgende Abschnitt aus *Trope* tatsächlich *Commentaire* heißt und das Verfahren von *Paranthèse* noch potenziert mit zusätzlichen strukturellen Schichten, die zum Teil auch Klammern enthalten. Die *Commentaires de bourreaux de solitude* aus *Le Marteau sans Maître* schöpfen, ebenso wie in der *Klaviersonate*, das Potential des Vokalstückes *Bourreaux de solitude* aus und entwickeln es weiter. Boulez komponiert also mit primären und sekundären Strukturen, leitet die zweiten aber von den ersten ab. Webern komponierte nur mit Primärstrukturen, und Messiaen überließ seine Sekundärstrukturen, die „Commentaires", zu einem großen Teil dem Spiel der freien Phantasie. Boulez vereint beides und vermeidet damit gleichzeitig die Montage und die klassische Zwölftontechnik, die in den fünfziger Jahren längst akademisch geworden war.

Gerade aber wegen der großen Übersichtlichkeit der Reihungsformen mußte Messiaen den Zufall in der Musik ablehnen. Seine Begründung ist zwar religiös motiviert[53], wäre aber auch gerade deshalb gerechtfertigt, weil für ihn, wie erwähnt, die Großform keiner Erneuerung bedarf. Da Boulez aber Mikro- und Makrostruktur aus einem einzigen Prinzip entwickeln will, mußte ihm die Großform zum Problem werden und zur Aleatorik und zugleich zum „work in progress" führen. Tatsächlich hatten schon in den frühesten Werken wie *Notations* und *Variations pour la main gauche* die Tonfiguren eine derartige Flexibilität und Unberechenbarkeit erreicht, daß schließlich mit der *Dritten Klaviersonate* der „fluidité du vocabulaire" eine „fluidité de la forme" entsprechen mußte, wenn der Forderung nach Einheit zwischen dem Kleinen und dem Großen stattgegeben werden sollte.[54] Es ist möglich, daß hier Debussy als Anreger gewirkt hat, rühmt doch Boulez bei ihm die „surprises de l'imagination"[55] und die „invention immédiate".[56] Doch Debussy schrieb noch fertige, endgültig fixierte Werke trotz der gelegentlich verhauchenden Schlüsse, während Boulez aus der beschriebenen Notwendigkeit heraus seine Werke immer umarbeitet. Die „fluidité" sucht immer wieder nach neuen Formen wie eine Flüssigkeit oder ein Gas, die entweichen und sich verflüchtigen. Doch am Anfang der sechziger Jahre erklärte Boulez im Gespräch: „Le hasard est presque toujours bête." Deshalb kam er zum gelenkten Zufall der Aleatorik, ohne diese religiös zu fundieren wie Messiaen, der Claude Samuel bekannte: „Man muß diese Versuche [die Aleatorik] mit großer Vorsicht betrachten, das ist übrigens auch die Haltung von Boulez. Persönlich glaube ich nicht an den Zufall (. . .) Ich glaube nicht an den Zufall, da ich Christ bin; ich glaube an die Vorsehung und ich meine, daß alles, was sich ereignet, beabsichtigt ist."[57]

> (Il faut considérer ces tentatives avec beaucoup de prudence; c'est d'ailleurs l'attitude de Boulez. Personnellement je ne crois pas au hasard [. . .] Je ne crois pas au hasard car je suis chrétien; je crois à la Providence et je considère que tout ce qui arrive est prévu.[57])

Boulez' gelenkter Zufall ist von John Cages „indeterminacy" durch eine Kluft getrennt. Boulez kennt im konkreten Fall alle Lösungen, die er dem Interpreten anbietet; sie sind von ihm alle durchgedacht worden. Nur schafft die bis zuletzt herrschende Ungewißheit über den in einer bestimmten Aufführung zu wählenden Weg das, was er im Gespräch einmal als „l'excitation du dernier moment" bezeichnen sollte. Nicht die frei von menschlichen Einflüssen gleichsam vegetierenden Töne von Cage sind Boulez' Ideal, sondern der Musiker, der mit seiner unvorhersehbaren Gestik Spannung und Überraschung erzeugt. Nicht so sehr in *Rituel* als in *Eclat* ist das Ziel die Befreiung des Musikers, des sehr disziplinierten Musikers freilich, im Dialog mit dem Dirigenten, der nicht mehr hellseherischer Führer, sondern anspruchsvoller Kollege ist. Diese elitäre Kollegialität zwischen dem Dirigenten und dem Instrumentalisten kreiert eine höchst subtile Ton- und Zeitkunst, den „instant musical", wie ihn Boulez bei Debussy entdeckte[58], der sich aber auch in vielen kurzen, schillernd aufschnellenden Vogelrufen Messiaens findet, freilich ohne aleatorisches Beiwerk. Diese Vogelrufe, zum Beispiel im *Catalogue d'oiseaux*, verwirklichen aber auch den „musikalischen Augenblick", weil sie oft durch deutliche Pausen getrennt sind und aus der Stille wie eine spontane Regung ausbrechen.

Für Messiaen ist es möglich, x-mal ungefähr dasselbe Werk zu schreiben, während Boulez' Werke sich nie gleichen, obwohl sie unverkennbar seine Handschrift aufweisen. Boulez steht im Dienste einer „recherche", die jedes Stück, sobald es geschrieben wurde, als Etappe auf dem Weg zu einem utopischen Ziel auffaßt und hinter sich läßt. So konnte es geschehen, daß Werke wie *Polyphonie X* und *Poésie pour pouvoir* „Geschichte" gemacht haben, aber heute in keinem Konzert mehr aufgeführt werden. Doch heißt das nicht die Musikgeschichtsschreibung verabsolutieren? Kann das Scheitern eines Kunstwerks ihm wirklich einen Platz in der Nachwelt sichern, gerade als ob es immer noch gegenwärtig wäre? Für Messiaen jedenfalls ist das ausgeschlossen. Im Französischen hat das Wort „expérience" nicht nur die Bedeutung eines wissenschaftlichen Experiments, sondern auch einer ästhetischen Erfahrung, und Messiaen spielt am Schluß seiner Unterhaltungen mit Samuel diese doppelte Bedeutung aus: „Aber jede ‘recherche esthétique’ ist zwangsläufig eine Erfahrung/ein Experiment. Man hat ganz einfach Unrecht, diesen Begriff in einem abwertenden Sinn zu gebrauchen, und, noch einmal, Arbeit verhindert nicht das Gelingen [eines Werkes]."[59]

> (Mais toute recherche esthétique est une expérience, fatalement. On a simplement tort d'employer ce terme dans un sens péjoratif et, encore une fois, le travail n'empêche pas la réussite.[59])

Daß die technischen Prozedere, unter ihnen gerade der von *Mode de valeurs et d'intensités*, für Messiaen Nebensache und nicht wissenschaftliches Experiment sind, kann man daraus ersehen, daß er sie jederzeit wieder abrufen und verwenden kann, um neue Werke zu schreiben. Das Kompositionsprinzip des *Mode* kommt unter anderem in *La Chouette hulotte* aus dem *Catalogue d'oiseaux* und in der siebenten Szene von *Saint François d'Assise* ebenso vor, um die Nacht und die Empfängnis der Stigmata darzustellen. Doch handelt es sich beim *Mode* noch um ein sehr avanciertes, quasi abstraktes Gebilde, während die Drei- und Vierklänge eindeutig tonaler Provenienz in *Le Loriod*, auch aus dem *Catalogue d'oiseaux*, mitten im Diktat des Serialismus und dazu noch im Domaine Musical, wo das Stück uraufgeführt wurde, für Boulez eine wirkliche Provokation darstellen mußte, eine Provokation nicht durch Neuheit, durch ein wissenschaftliches Experiment, sondern durch Altbekanntes. Daß aber gerade Boulez heute wieder nach etwas Festem und Charakteristischen sucht, geht aus einer Äußerung im Frühling 1984 während eines Kurses am Collège de France hervor. Er erklärte nämlich, daß die Arbeit mit den gesonderten Parametern des Klangs, wie sie der Serialismus praktizierte, nicht genüge, es brauche vielmehr fest umrissene Themen, „damit das Werk lebe". An den Serialismus mag er nicht mehr glauben, wie er mir neulich erklärte; er ist eine „Wegwerf-Theorie" wie so viele andere Erfindungen der Neuen Musik. Nicht zuletzt trifft das auch auf Messiaens Lehrsysteme zu, weil deren Symbolik, sobald sie sich auf exotische Ursprünge bezieht, von der westlichen Welt nicht verstanden werden kann. Doch gerade die tonalen Reste, die Messiaen mit gutem Gelingen in seine Oper *Saint François d'Assise* eingefügt hat, bilden ein Konglomerat mit den modernen Partien. Hier von Stillosigkeit zu sprechen, wäre theaterfremd; die Handlung jeder Oper braucht verschiedene musikalische Stilniveaus, um glaubwürdig zu bleiben. György Ligeti arbeitet in seiner Oper *Le grand Macabre* auch mit Musik verschiedenster Herkunft. Doch gerade Boulez tadelte mir gegenüber Messiaens Stillosigkeit und Exuberanz, mit der er in seiner Oper auf seine eigenen Stücke aus den dreißiger Jahren, auf *Fête des Belles-Eaux* für sechs Ondes Martenot zum Beispiel, zurückgegriffen habe, gerade als ob diese Zeit noch immer verfügbar wäre. Aus diesem Grund, so darf man annehmen, wird Boulez auch nie eine Oper schreiben, er wagt sich ins Abstrakte, Gestaltlose vor und nannte seine Musik zu *Répons* während einer Probe am 16. Dezember 1985 in Paris ein Magma, um gleich nachher beizufügen, daß sie doch Anhaltspunkte enthalte.[60] Das unmerkliche organische Wachstum, das Auswuchern, wie er es bei Werken Bachs und Schönbergs bewunderte, ist hier bis an den extremsten Punkt getrieben, während Messiaen nie tief von deutscher Musik beeinflußt wurde, was wohl einen Mangel an Neugierde anzeigt; Schönberg war für ihn nur ein Zerstörer: „Nach ihm [Debussy] ist Schönberg gekommen, der vielleicht nicht ein großer Musiker ist, der aber auf alle Fälle ein großer Zerstörer war; und in einer gewissen Weise war diese Zerstörung nützlich, weil sie die Schranken der Tonalität niederriß vor der Entdeckung der Reihe."[61]

> (Après lui est venu Schoenberg qui n'est peut-être pas un grand musicien mais qui est en tout cas, un grand destructeur; et, dans un sens, cette destruction fut utile parce qu'elle a permis de rejeter les barrières tonales avant d'amener la découverte de la serie.[61])

Das Urteil über Berg und Webern bleibt auch eher kühl: „Nun gut, ich sage ebenfalls, daß sie 'zwei große Jünger' sind."[62]

> (Eh bien, je dis aussi qu'ils sont 'deux grands disciples'.[62])

Boulez versucht nun, Frankreichs und Deutschlands Musik miteinander zu versöhnen, um doch eigentlich Franzose zu bleiben. Die von Messiaen hervorgehobenen Komponisten der Vergangenheit — allen voran Debussy und Strawinsky — bleiben auch für ihn die entscheidenden. Wenn er, Boulez, versucht, Messiaens Techniken zu „entmystifizieren", wie hier schon gesagt wurde, so schreibt er doch in *Rituel* und *Répons* mit ihren antiphonischen Strukturen beschwörende Musik (musique incantatoire) wie Messiaen. Die beschwörende Musik setzt eine Tradition fort, die mit Debussys *Le Martyre de Saint-Sébastien* begann, zu Strawinskys *Le Sacre du printemps* führte, um dann bei Messiaen in verschiedenen Werken, nicht nur in seiner Oper, eine Fortsetzung zu finden. Bei Boulez findet sich ebenfalls eine Art Religiosität, eine heidnische zwar wie im *Sacre*, die aber, mag sie auch uneingestanden sein, das Beste an seinem Oeuvre ausmacht.

Anmerkungen

1 H. Halbreich, *Olivier Messiaen*, Paris 1980.
2 D. Jameux, *Pierre Boulez*, Paris 1985, S. 29f.
3 Th. Hirsbrunner, *Pierre Boulez und sein Werk*, Laaber 1985, S. 46f.
4 P. Boulez, *Points de repère*, Paris 1981, S. 324f.
5 P. Griffiths, *Olivier Messiaen and the Music of Time*, London 1985, S. 93.
6 A. Goléa, *Karlheinz Stockhausen*, in: *La musique et ses problèmes contemporains*, Cahiers de la compagnie Madeleine Renaud — Jean-Louis Barrault, Paris 1954, S. 113f.
7 C. Samuel, *Entretiens avec Olivier Messiaen*, Paris 1967, S. 65ff. Die beiden erwähnten Aufsätze stehen in der ersten Aufsatzsammlung von Boulez, *Relevés d'apprenti*, Paris 1966, S. 65 ff. und S. 75ff.
8 P. Boulez, *Par volonté et par hasard. Entretiens avec Célestin Deliège*, Paris 1975, S. 11ff.
9 Boulez, *Relevés*, S. 38.
10 Ebd., S. 75ff.
11 A. Goléa, *Rencontres avec Pierre Boulez*, Paris 1958, S. 9f., vgl. auch Jameux, S. 33, und Th. Hirsbrunner, *Igor Strawinsky in Paris*, Laaber 1982, S. 173f.
12 R. Leibowitz, *Brief aus Hollywood*, in: *Igor Strawinsky*, hrsg. von Heinrich Lindlar, Frankfurt/Main 1982, S. 114ff.
13 Samuel, *Entretiens*, S. 41.
14 Ebd., S. 52.
15 Ebd., S. 53f.
16 Boulez, *Par volonté*, S. 32, vgl. auch Hirsbrunner, *Boulez*, S. 42.
17 Samuel, *Entretiens*, S. 89.
18 *Lettres de Claude Debussy à son éditeur*, publiées par Jacques Durand, Paris 1927, S. 55.
19 O. Messiaen, *Technique de mon langage musical*, Paris 1944, Bd. 1, S. 6ff.
20 Samuel, *Entretiens*, S. 75ff.
21 Boulez, *Relevés*, S. 65ff.
22 Samuel, *Entretiens*, S. 77.
23 R. S. Johnson, *Messiaen*, London 1975, S. 194ff.
24 Samuel, *Entretiens*, S. 80.
25 Boulez, *Relevés*, S. 144ff. Boulez erwähnt hier auch die Ars Nova, Machaut und Philippe de Vitry, vgl. auch Hirsbrunner, *Strawinsky*, S. 181.
26 Samuel, *Entretiens*, S. 71.
27 Messiaen, *Technique*, Bd. 1, S. 10f., Bd. 2, S. 3.
28 Samuel, *Entretiens*, S. 89.
29 Ebd., S. 66.
30 Ebd., S. 66.
31 Ebd., S. 67.
32 Ebd., S. 67.

33 Ebd., S. 67.
34 Ebd., S. 70.
35 Ebd., S. 70.
36 Messiaen, *Technique*, Bd. 1, S. 43, Bd. 2, S. 37.
37 Th. Hirsbrunner, *Lorenzo Ferrero, Avlys (1978) per pianoforte*, in: Melos 1985, Heft 2, S. 10ff.
38 W. Dömling/Th. Hirsbrunner, *Über Strawinsky. Studien zur Ästhetik und Kompositionstechnik*, Laaber 1985, S. 145ff.
39 Boulez, *Relevés*, S. 202.
40 Messiaen, *Technique*, Bd. 1, S. 8, Bd. 2, S. 3f.
41 Boulez, *Par volonté*, S. 50, vgl. auch Hirsbrunner, *Boulez*, S. 64.
42 Ebd., S. 14f. Vgl. auch Hirsbrunner, *Boulez*, S. 14.
43 Boulez, *Points de repère*, S. 137.
44 A. Webern, *Der Weg zur Neuen Musik*, Wien 1960, S. 61, vgl. auch Hirsbrunner, *Boulez*, S. 80ff.
45 Messiaen, *Technique*, Bd. 1, S. 5 und passim. Messiaen sieht auch einen konzeptuellen Zusammenhang zwischen den „notes ajoutées" und den „valeurs ajoutées".
46 Hirsbrunner, *Boulez*, S. 83.
47 Boulez, *Points*, S. 139.
48 Boulez, *Par volonté*, S. 70.
49 Samuel, *Entretiens*, S. 71.
50 Boulez, *Relevés*, S. 14ff.
51 Boulez, *Points*, S. 336.
52 Messiaen, *Technique*, Bd. 1, S. 33.
53 Samuel, *Entretiens*, S. 214.
54 Boulez, *Points*, S. 152.
55 Boulez, *Relevés*, S. 35.
56 Boulez, *Par volonté*, S. 125.
57 Samuel, *Entretiens*, S. 214.
58 Boulez, *Relevés*, S. 36.
59 Samuel, *Entretiens*, S. 215
60 Hirsbrunner, *Pierre Boulez, Notations für Klavier*, in: Melos 1986, Heft 2, S. 14f.
61 Samuel, *Entretiens*, S. 203.
62 Ebd., S. 203

Messiaen und Ravel

Im Gegensatz zu Pierre Boulez, seinem Schüler, wurde Messiaen fast ausschließlich von der französischen Tradition der europäischen Musik geprägt. Freilich kannte er schon als Kind Bach, Gluck, Mozart und Wagner, doch die tiefsten Eindrücke empfing er von Debussys *Estampes* und Ravels *Gaspard de la nuit*, zwei Partituren, die ihm Freunde schon während der Jahre des Ersten Weltkrieges schenkten, die er in der Obhut seiner Mutter und Großmutter in Grenoble verbrachte.[1] Es waren entscheidende Jahre für das phantasiebegabte Kind; der Vater wurde eingezogen, war weit weg, und der Einfluß von Cécile Sauvage, der Mutter, die eine vielleicht nicht sehr bedeutende Dichterin, aber doch eine Literatin mit tiefen poetischen Empfindungen war, richtete die große Erlebnisfähigkeit von Olivier auf die Welt der Märchen und Shakepeares, dessen Naturgeister im *Sommernachtstraum* und im *Sturm* den Jungen begeisterten und ihn zu einer Begegnung mit der spukhaften Welt von *Gaspard de la nuit* prädestinierten. Gegenüber Claude Samuel sollte Messiaen am Anfang der sechziger Jahre erklären: „Ich habe Ihnen die *Estampes* von Debussy und *Gaspard de la nuit* von Ravel erwähnt, die ich bei meiner Abreise aus Grenoble [schon] kannte; ich war vollkommen reif für die impressionistische Musik, die mir übrigens nicht 'modern' vorkam."[2]

> (Je vous ai cité les *Estampes* de Debussy que je connaissais en quittant Grenoble, et *Gaspard de la nuit* de Ravel; j'étais tout à fait mûr pour la musique impressioniste qui, d'ailleurs, ne me paraissait pas 'moderne'.[2])

Schon 1918, als Messiaen zehnjährig Grenoble verließ, war er mit dem musikalischen Impressionismus vertraut — ein Zustand, der sich unmittelbar danach, bei dem Aufenthalt in Nantes, verstärken sollte, denn einer seiner dort tätigen Lehrer, Jehan de Gibon, sollte ihm die Partitur von *Pelléas et Mélisande* schenken, die für Olivier zu einer Offenbarung wurde.[3] Stand deshalb Ravel im Schatten Debussys? Weitere Äußerungen Messiaens lassen vermuten, daß er die beiden Impressionisten gleich hoch einschätzte, bei Ravel zwar gewisse Einschränkungen machte, aber ihn immer wieder studiert hat.

In den *Vingt Leçons d'harmonie* (1939) finden sich Übungen im Stile sowohl von Debussy als auch von Ravel; es sind Stücke *A la manière de* . . ., wie man sie 1913 auch bei Ravel findet, doch hätte sie Messiaen, im Gegensatz zu Ravel, nie zur Aufführung im Konzert freigegeben. Es handelte sich eben nur um Übungen, die er zwar mit Vergnügen geschrieben haben muß, aber nur mit seinen Schülern studierte und spielte. Daß er ständig mit Ravels Musik im Kontakt war, zeigt sich nicht nur an der Stilsicherheit dieser Übungen, sondern auch an der Tatsache, daß die Deutschen in Messiaens Tasche bei seiner Gefangennahme (1940) eine Partitur von Ravel fanden. In den Krieg, wo es unter Umständen ums Sterben geht oder zum mindesten Extremsituationen weitab von Kultur und Zivilisation bevorstehen, nimmt man nur gerade das Wesentlichste mit, das fähig ist, zu trösten und zu stärken. Die deutschen Soldaten hatten während des Ersten Weltkrieges *Hyperion* von Friedrich Hölderlin, die französischen *Le Grand Meaulnes* von Alain Fournier mit in den Grabenkampf genommen, für Messiaen gehörten während des Zweiten Weltkrieges Partituren von Ravel, Beethoven, Berg und Strawinsky zu den Kultbüchern, von denen er sich auch im größten Elend und der tiefsten Einsamkeit nicht trennen mochte. Als er später am Conservatoire National Supérieur de Musique in Paris seine weltberühmte Analyseklasse führte, wurde immer wieder *Gaspard de la nuit* diskutiert und stand in einer Reihe mit den berühmtesten Werken der Klavierliteratur, die für Messiaen von Couperin bis Boulez reichte. Gegenüber Claude Samuel machte er aber gewisse Einschränkungen, die den Ravel der zwanziger und dreißiger Jahre betreffen: „Ich habe nie an den Jazz geglaubt, und ich halte dafür, daß eine so poetische und rassige Gestalt wie Maurice Ravel in seinen letzten Jahren durch den Einfluß des Jazz verdorben wurde, der wirklich nichts mit seinen eigensten Tendenzen zu tun hatte."[4]

> (Je n'ai jamais cru au jazz, et j'ai toujours pensé que la figure si poétique et racée de Maurice Ravel a été gâtée dans ses dernières années par cet apport du jazz qui n'avait vraiment rien à voir avec ses tendances personnelles.[4])

Hier zeigt sich Messiaens Abneigung gegen die Stilanleihen, die im Neoklassizismus der Zeit zwischen den beiden Weltkriegen Mode waren; er konnte sich nie befreunden mit dem „retour à . . .", genauso wie er seine Stücke „à la manière de . . ." nur als Stilübungen für den Gebrauch im Conservatoire ansah und daraus nicht eine eigentliche künstlerische Haltung ableitete. Neben *Gaspard de la nuit* wären deshalb Messiaens Vorbilder, wenn es überhaupt erlaubt ist, von Vorbildern zu sprechen, vor allem in den frühen, noch vom literarischen Symbolismus beeinflußten Werken Ravels zu suchen, so wie er auch den frühen Debussy der *Trois Nocturnes pour orchestre* und des *Pelléas* dem späteren, wesentlich klassizistischeren der drei *Sonaten* oder der *Etüden für Klavier* vorzog. Beizufügen wäre auch, daß Ravels spätere Schreibweise in mehr linearem Stil, wie er in den *Chansons madécasses* oder in der *Sonate für Violine und Cello* zu beobachten ist, wenig mit Messiaens vor allem harmonisch orientierter Musik zu tun hat. Nicht nur die Manierismen, sondern die asketische Satztechnik von Ravels späteren Werken stehen quer zu Messiaens Spektralklängen, von denen hier noch die Rede sein wird und die sich gerade auch in Ravels früheren Werken finden lassen.

Während der zwanziger und dreißiger Jahre lassen sich aber indirekte Berührungspunkte zwischen Ravel und Messiaen feststellen.

Roger Désormière dirigierte am 16. Juni 1927 *L'Eventail de Jeanne*, ein Ballett, zu dem Ravel eine *Fanfare* beisteuerte — die anderen Teile des Werkes stammten von Pierre-Octave Ferroud, Jacques Ibert, Roland-Manuel, Marcel Delannoy, Albert Roussel und Darius Milhaud —, und derselbe Dirigent, Désormière, sollte auch beim ersten Konzert von La Jeune France, zu der Messiaen gehörte, mitwirken — es fand am 3. Juni 1936 statt — und 1950 *Turangalîla-Symphonie* von Messiaen aufführen. La Jeune France hatte den Slogan „sincérité, générosité, conscience" gewählt, um gerade gegen die kühle, antiromantische Haltung des Neoklassizismus zu protestieren, zu dem mit einer gewissen Vorsicht auch Ravel zu rechnen ist, der aber Musik von Messiaen dennoch in der Société Musicale Indépendante, deren Präsident er eine Zeitlang war, aufführen ließ.[5]

Ein anderer Dirigent, Walther Straram, hob am 22. November 1928, Ravels populärstes Werk, den *Boléro*, aus der Taufe, dirigierte aber am 19. Februar 1931 auch die Uraufführung von *Les Offrandes oubliées*, dem ersten Werk für Orchester von Messiaen, und am 13. März 1933 die *Hymne au Saint Sacrement*. Ob sich die beiden Komponisten je zu einem längeren Gespräch getroffen haben, ist nicht bekannt, doch Ravels Urbanität und Messiaens Weitherzigkeit würden wohl einen heftigen Generationenkonflikt und kollegialen Neid verhindert haben.

*

Auf dem Gebiet der Ästhetik und Kompositionstechnik zeigen vor allem die *Préludes* für Klavier (1929) eine gewisse Ähnlichkeit mit Ravel und auch Debussy, obwohl sich Messiaen dagegen verwahrt hat. Nachdem Claude Samuel gesagt hat, daß dieser Zyklus „von debussystischem Wesen" (d'essence debussyste) sei, antwortete Messiaen: „Man hat das gesagt, aber es stimmt nicht ganz. Ich gebe zu, daß die Titel vollkommen debussystisch sind: ‚Les sons impalpables du rêve . . .', ‚Un reflet dans le vent . . .'. Aber die Musik unterscheidet sich von derjenigen Debussys durch die Anwendung meiner ‚modes à transpositions limitées', die schon sehr deutlich zu erkennen sind (. . .) Es gibt dort ziemlich ‚gepfefferte' polymodale Teile (. . .) und einige formale Übungen; deshalb findet man in diesen Préludes das, was man bei Debussy nie gefunden hat: eine ‚Sonatenform', eine auf die Mitte zentrierte Form mit dreiteiligen Phrasen und ein Prélude, das die Konstruktion eines Fugenpräludiums von Bach aufweist".[6]

> (On l'a dit, mais ce n'est pas absolument vrai. Je reconnais que les soustitres sont tout à fait debussystes: ‚Les sons impalpables du rêve . . .', ‚Un reflet dans le vent . . .'. Mais la musique se distingue de celle de Debussy par l'emploi de mes ‚modes à transpositions limitées' qui sont déjà très caractérisés [. . .] Il y a des passages polymodaux assez ‚pimentes' [. . .] et quelques exercices de forme; ainsi, on trouve dans ces Préludes ce qu'on n'a jamais trouvé chez Debussy: une ‚forme sonate', une ‚forme à milieu' oû toutes les phrases sont ‚ternaires', et un prélude construit comme ceux des fugues de Bach.[6])

Die formalen Spielereien verraten also durchaus eine klassizistische Haltung, wie sie auch Ravel einnehmen konnte, und die „modes à transpositions limitées" finden sich, jedenfalls in Ansätzen, auch bei Ravel, der übrigens ebenso wie Debussy Klangfarben auskomponierte, Farben, die durch real erklingende Töne eine Aura um eine Melodielinie entstehen lassen. Außer den hier erwähnten Formen findet sich all das gerade in dem Stück *Le Gibet*, dem mittleren aus *Gaspard de la nuit* (Beispiel 1, S. 132).

Der Anfang bringt auf der Oktave b—b' die Nachahmung eines Glockenläutens, das uns vorerst im ungewissen über den Taktschwerpunkt läßt; zusammen mit der im dritten Takt einsetzenden thematischen Linie entsteht Polyrhythmik, ein Konzept, das gerade für Messiaen bis heute (1986) wichtig bleiben wird. Die thematische Linie selbst besteht aus einer Reihe von pa-

Beispiel 1: Ravel, *Gaspard de la nuit, Le Gibet*, S. 17

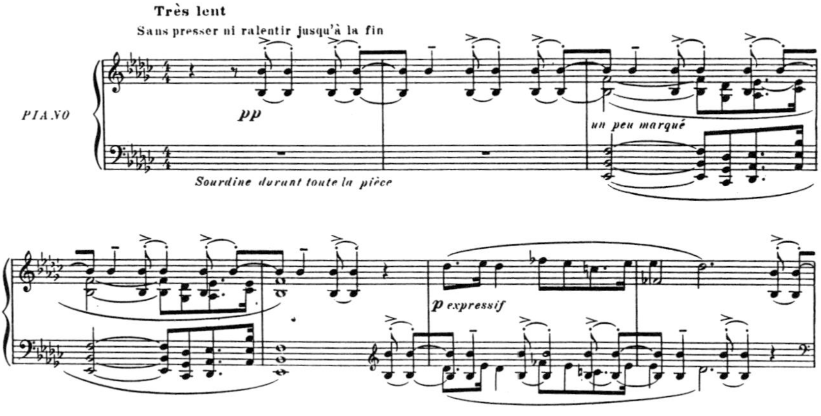

rallel geführten Mixturklängen, wie man sie in der impressionistischen Musik überall antreffen kann. Hier handelt es sich um zwei übereinanderstehende Quinten, die dem Partialtonverhältnis 4:6:9 zum mindesten vage entsprechen. Zugegeben sei, daß sich das gleichschwebend temperierte System den reinen Obertönen nur nähern kann; sie sind nie zu erreichen, entsprechen aber Messiaens Prinzip, das er in seiner *Technique de mon langage musical* (1944) entwickelt und formuliert hat.[7] Ausgangspunkt sind unzweifelhaft die Mixturen der Orgel, aber ebenso sehr die impressionistische Musik, die die Klangfarbe voll emanzipiert hat.

Der sechste und siebente Takt bringt nun einen Ausschnitt aus einem „mode à transpositions limitées", einer Tonleiter, die hier folgendermaßen aussieht: b—c—des—es—fes. Große und kleine Sekunden wechseln regelmäßig ab, und deshalb ist die Skala, deren Fortsetzung ges—g—a—b wäre, nur beschränkt transponierbar, da immer wieder dasselbe Muster entstehen würde und der Modus prinzipiell keinen Grundton besitzt. Ein späterer Abschnitt bringt, um eine kleine Sekunde versetzt, die ganze Tonleiter:

Beispiel 2: Ravel, *Gaspard de la nuit, Le Gibet*, S. 19

Die Skala heißt nun folgendermaßen, wobei ihr unterster Ton je nach Belieben gewählt werden kann: b—h—cis—d—e—f—g—as. Im folgenden verläßt Ravel diesen Modus, der ihm sicher nur halb bewußt war, der aber sowohl bei Debussy als auch beim jungen Strawinsky immer wieder, wenn auch oft nur in Ausschnitten, anzutreffen ist. Intuitiv haben sich diese Komponisten einem Gesetz genähert, das erst Messiaen klar formulieren sollte. Dieser hier vorkommende Modus sollte bei ihm sehr häufig auftreten, andere wären aber auch denkbar, wie zum Beispiel: c—d—es—e—fis—g—gis—b—h—c. Hier folgen der großen Sekunde zwei kleine, um sogleich dasselbe Schema noch zweimal zu bringen. Da diese Modi in der Oktave „aufgehen" müssen, wird der Tritonus, der die Oktave teilt, immer eine wichtige Rolle spielen, und tatsächlich bildet dieses Intervall in Messiaens Musik bis zur Oper *Saint François d'Assise* (1983) einen wichtigen Orientierungspunkt für den Hörer. Im *Prélude . . . Chant d'extase dans un paysage triste*, dem zweiten Stück aus dem Zyklus, taucht der Modus aus *Le Gibet* transponiert wieder auf:

Beispiel 3: Messiaen, *Préludes, Chant d'extase dans un paysage triste*, S. 4

Der Modus heißt nun: e—fis—g—a—ais—his—cis—dis. Der Titel und deshalb auch der Charakter dieses Stückes erinnern, jedenfalls zu Beginn, an Debussys *Prélude . . . Des pas sur la neige:* Dieselbe Monotonie mit ostinat durchgehaltener Begleitung, über der sich eine in sich kreisende Melodie entfaltet, herrscht auch hier vor.

Le Gibet fasziniert aber vor allem durch die durchgehaltenen Glockentöne, die schon erwähnte Oktave b—b', die kontinuierlich, wenn auch müde stockend immer von neuem erklingt. In Messiaens *Préludes* heißt das sechste Stück *Cloches d'angoisse et larmes d'adieu*, in dem, wie der Titel suggeriert, auch Glockenklänge vorkommen, sie sind aber gegenüber Ravel in ihrer Komplexität und Differenzierung sehr gesteigert:

Beispiel 4: Messiaen, *Préludes, Cloches d'angoisse et larmes d'adieu*, S. 29

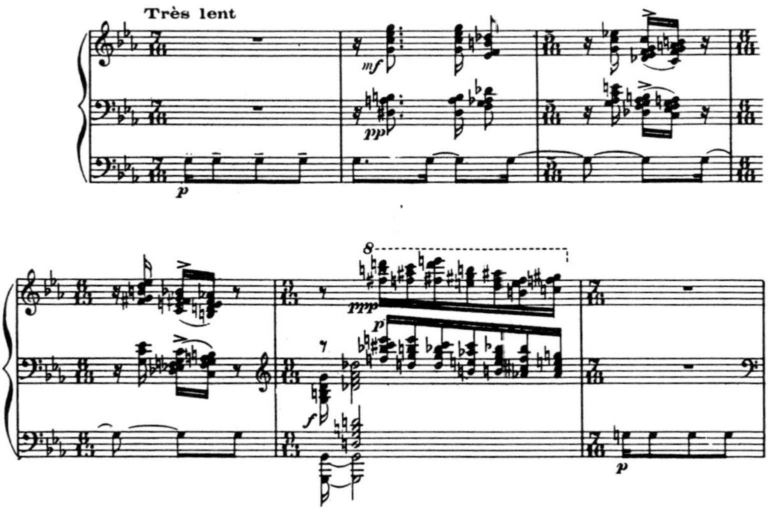

Im untersten System wird wie bei Ravel in stockendem Rhythmus ein Ton, diesmal g, durchgehalten. Dieser Rhythmus geht aber, im Gegensatz zu dem von *Le Gibet*, im Takt nicht auf; jedes metrische Pulsieren ist deshalb ausgeschlossen, was für Messiaen typisch und gerade sehr rhythmisch ist. Das mittlere und oberste System bringen nun, in der Dynamik differenziert, weitere, den Partialtönen nachempfundene Töne. Glocken weisen ja komplexe Klänge auf, die sich dem Geräusch nähern können, und gerade das versucht Messiaen wiederzugeben. Die ganzzahligen Partialtöne, ausgehend von dem Ton G, sind wie durch einen Schleier zu erraten, treten aber nie hervor, so gerade im fünften Takt, wo über dem G-Dur-Akkord des untersten Systems im mittleren System ein Des-Dur-Akkord erklingt. Die Kombination von Dur-Dreiklängen im Tritonus-Akkord erinnert zuerst an den sogenannten Petrouchka-Akkord, wie er in Strawinskys Partitur bei Ziffer 100 während mehrerer Takte gehalten wird. Doch erscheint er dort in engster Lage, die beiden Akkorde werden nicht als relativ selbständige Gebilde hörbar, während hier bei Messiaen der Tritonus für den elften Partialton, das sogenannte Alphorn-Fa, steht, das der Komponist, wie er in der *Technique* behauptet, zu hören glaubt.[8] Das Des oder Cis wird nun von ihm harmonisch auskomponiert und gerät zum Dreiklang Des-Dur, über dem sich in den Sechzehnteln des mittleren und obersten Systems, mit merklich zurückgenommener Dynamik, noch weitere, diesmal frei nach einem Modus erfundene Teiltöne in irisierenden „Farben“ entfalten.

In *Le Gibet* wird das Läuten der Glocke ganz schlicht mit einer reinen Oktave wiedergegeben, doch in *La vallée des cloches* aus den *Miroirs* kann man auf komplexere Strukturen treffen, die zeigen, daß auch schon Ravel an das Auskomponieren von komplexen Klängen gedacht hat:

Beispiel 5: Ravel, *Miroirs, La vallée des cloches,* S. 45

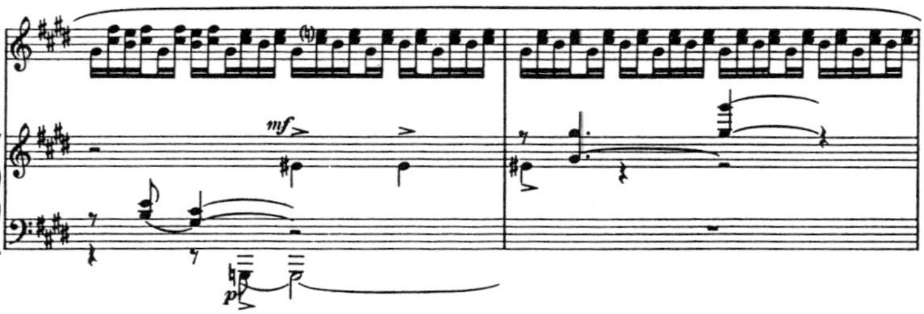

Ravel arbeitet hier in erster Linie mit der Pentatonik gis—h—cis—e—fis, wie sie für viele Glockenspiele typisch ist, um sie dann aber durch das Kontra-G und eis', die beide etwas lauter klingen sollen, zu stören. Es entsteht so eine Raumwirkung, die auch Messiaen anstreben sollte; das Läuten scheint aus verschiedenen Richtungen zu kommen und bildet Interferenzen, die Luft scheint zu vibrieren und bindet dennoch das Verschiedenartige.

Glockenklänge begegnen bei Debussy, Ravel und Messiaen sehr häufig; mit ihnen scheint der Klavierklang erst zu sich selbst gefunden zu haben, der Klavierklang, der äußerst schnell nach dem Anschlagen diminuiert, so daß es in klassischer und romantischer Musik der ganzen Suggestivkraft eines Pianisten bedarf, um gehaltene, lang gehaltene Töne vorzutäuschen. In der Musik des 20. Jahrhunderts, und gerade bei Messiaen, wird das Klavier deshalb oft zum Schlagzeug und wirkt bei orchestralen Werken im Verein mit Vibraphonen, Röhrenglocken, Gongs und Tam-Tams. Ravel wiederum hat schon in der Oper *L'Heure espagnole* dem Ticken und Läuten der Uhren im Laden des Torquemada seine höchst kunstvolle und liebevolle Aufmerksamkeit geschenkt. Das Komponieren mit Spektralklängen wird aber gerade heute wieder in Paris durch Gérard Grisey und Hugues Dufourt intensiv gepflegt; es wäre ohne Ravels und Messiaens Recherchen auf diesem Gebiet nicht möglich geworden.

*

Miroirs und *Gaspard de la nuit* haben unbestreitbar auf Messiaens *Préludes* eingewirkt, und das vor allem auf dem Gebiet der Kompositionstechnik. Mit

Ravel hat aber auch Debussy durch seine poetischen Titel einen bestimmten Einfluß ausgeübt, doch geht Ravel noch weiter, indem er den drei Stücken von *Gaspard* Prosagedichte von Aloysius Bertrand voranstellt, deren evokativer Zauber auf die Musik einstimmen soll. Auch in diesem Punkt wird Messiaen einen ähnlichen Weg gehen, indem fast allen seinen Werken entweder Bibelzitate, freie Kommentare zu diesen Zitaten oder, wie im *Catalogue d'oiseaux*, eigentliche Prosagedichte von seiner Hand voranstehen.

Bei Ravel und auch Debussy verraten diese Texte, seien es nur Titel oder ganze Gedichte, meist eine deutlich depressive und pessimistische Stimmung, wie sie im Zeitgeist des Fin de siècle vorherrschend war. Dieselbe Melancholie beherrscht auch noch Messiaens *Préludes*, später taucht sie aber kaum mehr auf. Es kann geschehen, daß die Gegenwart Gottes in seinen religiösen Werken Schrecken verbreitet, doch die Tröstung durch Gottes Liebe scheint dennoch immer nah. Spätere Beispiele von Glockenklängen haben bei Messiaen immer etwas Erhebendes, ja Fröhliches, so im dreizehnten, mit *Noël* überschriebenen Stück aus den *Vingt Regards sur l'enfant Jésus,* wo die Weihnachtsglocken mit robuster Kraft zu klingen beginnen.

Nicht nur beim Glockenläuten, sondern auch bei Vogelgesängen kann man dieselbe Haltung entdecken: Ravel läßt seine *Oiseaux tristes* in den *Miroirs* gleichsam mit halb erstickter Stimme flöten, während Messiaen mit den Vögeln das Lob Gottes singt; sie sind für ihn unverstellte, unkorrumpierbare Natur. Auch Ravel hatte ihn tief berührende Begegnungen mit Vogelstimmen, die aber doch ganz anders verliefen als bei Messiaen, denn Hélène Jourdan-Morhange erzählt: „Er kannte alle Vögel, ahmte ihre Gesänge nach, pfiff präzise ihre Rhythmen. In diesem Zusammenhang erzählte er gerne eine Anekdote aus dem Krieg, die ihn sehr berührt hatte. Als Freiwilliger Fahrer eines Lastwagens in der Gegend von Verdun, war er Zeuge des unbeschreiblichsten Chaos', des betäubendsten Lärms. Die Stille, die auf die Schlacht folgte, schien ihm übernatürlich: wieder Friede über den Feldern, ein durchsichtiger Himmel und plötzlich, im Morgengrauen, der Gesang einer Grasmücke!“[9]

> (Il connaissait tous les oiseaux, imitait leurs chants, sifflait leurs rythmes avec précision. A ce propos, il racontait volontiers une anecdote de guerre qui l'avait beaucoup frappé. Ayant, comme engagé volontaire, conduit un camion du côté de Verdun, il assista au chaos le plus indescriptible, au vacarme le plus assourdissant. Le silence qui suivit la bataille lui

sembla surnaturel: la paix retrouvée des champs, un ciel limpide, et tout à coup, à l'aube, le chant d'une fauvette![9])

Dieses Erlebnis hätte Messiaen auch haben können, wobei er aber dann den kleinen Vogel als Boten der himmlischen Gnade ins Religiöse überhöht hätte. Nichts davon bei Ravel, der damals nur daran dachte, ein Lied mit dem Titel *La Fauvette indifférente* zu schreiben, woran er durch seine Krankheit gehindert wurde. Tiere waren ihm in den meisten Fällen nur Spielzeuge, denen er sich amüsiert, aber nicht mit tiefem Respekt nahte, sagt doch Hélène Jourdan-Morhange, wenn sie Ravels Wohnung beschreibt: „Der letzte Fund, den jeder Besucher bewundern mußte, war eine mechanische Schachtel, auf der eine winzige Nachtigall saß und das schönste Nachtigallenlied sang: Der Schnabel öffnete sich, die Flügel (aus echten Federn) bewegten sich, und Ravel geriet in Ekstase! Seine Bewunderung fand kein Ende.“[10]

(La dernière trouvaille, et que chaque visiteur se devait d'admirer, était la boîte mécanique sur laquelle, perché, un minuscule rossignol chantait la plus belle des chansons de rossignol: le bec s'ouvrait, les ailes (en vraies plumes) s'agitaient, et Ravel s'extasiait! Je ne l'ai jamais vu rassasié de ses admirations.[10]

Louis Laloy, ein Weggenosse der französischen Musiker von vor dem Ersten Weltkrieg, hat Ravels Charakter vielleicht am schärfsten umrissen, indem er schrieb: „Der Geist von Maurice Ravel ist von Natur klug, durchdringend und bereit, sich über das, was ihn bewegt, zu amüsieren. Ein spöttischer Kobold bewohnt seinen Geist und singt, indem er seine Glöckchen leise bewegt, denn er entdeckt in einem einzigen Augenblick die unvorhergesehene Komik (. . .) Und diese leichte Ironie, weit davon entfernt die Emotion zu vermindern, belebt sie ganz im Gegenteil und macht sie packender.[11]

(La pensée de Maurice Ravel est naturellement avisée, pénétrante, et disposée à samuser de ce qui l'emeut. Un fardadet moqueur habite en son esprit et chante en agitant ses grelots en sourdine: car il découvre d'un clin d'oeil le comique imprévu (. . .) Et cette légère ironie, loin de diminuer l'émotion l'avive au contraire et la rend plus poignante.[11])

Die Texte von Jules Renard mit dem Titel *Historires naturelles*, die Ravel vertonte, sind voll von seiner hintergründigen Melancholie und Ironie, sie sind zum Teil auch sehr süffisant und beziehen gerade aus der kunstvollen Verwendung der Alltagssprache ihre tiefste Wirkung. Aber die Begegnung zwischen Mensch und Tier bleibt kaltherzig, das Tier bleibt auf Distanz, wird vom Menschen beobachtet, wohl auch wegen seiner Schönheit bewundert, kann aber nicht als Bote einer besseren, unverdorbenen Welt dem einsamen Individuum Heilung bringen. Das vorletzte Lied mit dem Titel *Le Martin-Pêcheur (Der Eisvogel)* gibt am besten diese ausweglose Situation wieder: „Keiner hat heute abend angebissen, doch ich trage eine seltene Empfindung nach Hause. Als ich meine Fischrute gespannt hielt, kam ein Eisvogel und setzte sich darauf. Wir haben keinen strahlenderen Vogel. Er schien eine große blaue Blume am Ende eines langen Stengels zu sein. Die Rute beugte sich unter der Last. Ich atmete nicht mehr und war stolz, von einem Eisvogel für einen Baum gehalten zu werden. Und ich bin sicher, daß er nicht aus Angst wegflog, sondern daß er glaubte, nur von einem Zweig zum anderen zu wechseln."[12]

> (Ça n'a pas mordu, ce soir, mais je rapporte une rare émotion. Comme je tenais ma perche de ligne tendue, un martin-pêcheur est venu s'y poser. Nous n'avons pas d'oiseau plus éclatant. Il semblait une grosse fleur bleue au bout d'une longue tige. La perche pliait sous le poids. Je ne respirais plus, tout fier d'être pris pour un arbre par un martin-pêcheur. Et je suis sûr qu'il ne s'est pas envolé par peur, mais qu'il a cru qu'il ne faisait que passer d'une branche à une autre.[12])

Skepsis herrscht vor: Die Begegnung zwischen dem Fischer und dem Eisvogel war nur ein Mißverständnis, während Messiaen glaubt, einen unmittelbaren Zugang zu den von ihm geliebten Vögeln zu haben. Er beschreibt dem Besucher in seiner Pariser Wohnung die Farbe des Gefieders, imitiert ihre Signale und sieht in ihnen seine besten Freunde. Zu allen Tages- und Nachtzeiten hat er in früheren Jahren ihrem Gesang gelauscht, in allen Provinzen Frankreichs und überall auf der Welt, wohin er während seiner häufigen und ausgedehnten Reisen kam. Gegenüber Claude Samuel erklärte er: „...ich bewundere tief die Natur. Ich denke, daß uns die Natur unendlich übertrifft, und ich bin bei ihr immer in die Schule gegangen; meine Vorliebe galt den Vögeln, ich habe deshalb ganz besonders den Gesang der Vögel befragt: Ich habe Ornithologie studiert."[13]

> (. . . j'admire profondément la nature. Je pense que la nature nous surpasse infiniment et je lui ai toujours demandé des leçons; par goût, j'ai aimé les oiseaux, j'ai donc spécialement interrogé les chants d'oiseaux: j'ai fait de l'ornithologie.[13]

Mit an mittelalterliche Mönche gemahnender Liebe und frommem Eifer studierte Messiaen die Vogelgesänge und gab sie in den meisten seiner Werke wieder. Die schnell aufschießenden Tonfiguren sind bei ihm hoch chromatisch und komplex, nicht zu vergleichen mit Ravels *Oiseaux tristes*, die, wie schon erwähnt, eher an mechanische Vögel gemahnen, wie sie auf Uhren und Spielautomaten aufmontiert sind und ein verspielt bürgerliches Heim schmücken können. Bei Messiaen herrscht keine Traulichkeit, die Vogelstimmen sollen uns vielmehr an die Größe der Schöpfung Gottes gemahnen. Ironie ist dieser Musik deshalb fremd, was auf das gebrochene Bewußtsein eines modernen Menschen irritierend wirken kann.

Ravel war ein Bewohner von Großstädten, der gelegentlich auf das Land flüchtete, um dort die immer gleiche anthropomorphe Künstlichkeit in der Natur zu finden. Ein verspieltes Kind, war er wohl oft sogar zum Lächeln zu müde. Messiaen dagegen lebt nur gezwungenermaßen in der Weltstadt Paris; er ist zwar ihrer Künstlichkeit gewachsen, sehnt sich aber nach den Bergen rund um Grenoble, deren Majestät mit ungebrochener Kraft auf ihn wirkt.

Anmerkungen

1 C. Samuel: *Entretiens avec Olivier Messiaen*, Paris 1967, S. 122
2 Ebd., S. 123
3 Ebd., S. 124.
4 Ebd., S. 208.
5 A. Orenstein: *Maurice Ravel, Leben und Werk,* Stuttgart 1978, S. 89.
6 Samuel: Entretiens, S. 125.
7 O. Messian: *Technique de mon langage musical*, Paris 1944, Bd. 1, S. 43.
8 Ebd., Bd. 1, S. 40.
9 *Maurice Ravel par quelques-uns de ses famileurs*, Paris 1939, S. 165 f.
10 Ebd., S. 164.
11 L. Laloy: *La Musique retrouvée 19021927*, Paris 1928, S. 164.
12 M. Ravel: *Douze Chants*, Paris 1909, S. 38 ff.
13 Samuel: *Entretiens*, S. 12

Messiaen und Wagner

Es ist überhaupt nicht selbstverständlich, daß ein 1908 geborener Komponist eine so starke Beziehung zur Richard Wagner entwickelt, wie das bei Olivier Messiaen der Fall ist. Der französische „Wagnérisme" ging mit dem Ersten Weltkrieg zu Ende; vor diesem Krieg beherrschte freilich der Bayreuther Meister das ganze geistige Leben der französischen Hauptstadt, die erst sehr spät auf der Bühne des Palais Garnier die Hauptwerke ihres Idols sehen und hören konnte. Die *Revue Wagnnérienne* erschien schon in den Jahren 1885 bis 1888, mußte aber ihre „Gläubigen" in die Provinz oder nach Deutschland schicken, um Wagners Werke zu sehen. Das alles beherrschende Wagner-Erlebnis, die Faszination, die die Musik und der sie tragende Mythos auf die Pariser Ästheten und Literaten ausübten, spielten sich zumeist vor dem inneren Ohr, vor der inneren Vorstellungskraft ab, während die äußere Konkretisierung fast gänzlich fehlte, was für Messiaen, der nach dem Weltkrieg nach Paris kam, nicht ohne Folgen blieb.

Während Covent Garden, London, Wagners *Ring des Nibelungen* schon vom 5. bis 9. Mai 1882 zum erstenmal herausbrachte und die Metropolitan Opera, New York, vom 4. bis 11. März 1889 die Tetralogie spielte, mußte Paris bis 1911 warten, um vom 10. bis 15. Juni unter der Leitung von Felix Weingartner Wagners Hauptwerk zu hören, das für Messiaen sehr wichtig werden sollte.[1] Einzelne Werke des vierteiligen Zyklus' wurden aber schon früher in Paris gespielt: *das Rheingold* seit dem 14. November 1909 unter der Leitung von André Messager, der 1902 Debussys *Pelléas et Mélisande* aus der Taufe gehoben hatte, wobei dasselbe Werk von Wagner in einer Version für zwei Klaviere, die Raoul Pugno und gerade Claude Debussy realisierten, schon am 6. Mai 1893 aufgeführt wurde.[2]

Im selben Jahr, am 12. Mai hörte man dort auch *Die Walküre*[3], während *Siegfried* am 31. Dezember 1901 und *die Götterdämmerung* am 23. Oktober 1908 folgten.[4] Paris ließ sich Zeit, um Wagners Musik zu empfangen, während Ernest Reyers *Sigurd*, ein banales Ausstattungstück, dessen Handlung viel mit der *Götterdämmerung* gemeinsam hat, vom 12. Juni 1885 bis zum 18. Oktober 1935 ganze 252 mal gespielt wurde.[5]

Messiaen lebte während dieser späten Zeit des „Wagnérisme“ nicht in Paris; geboren wurde er in Avignon, und er verbrachte seine Kindheit in Ambert, Grenbole und Nantes, um erst 1919 nach der Hauptstadt überzusiedeln. Debussy, der so wichtig war für die zwiespältige französische Wagner-Rezeption — ein Gemisch aus bedingungsloser Bewunderung und gallischem Spott —, war 1918, noch vor dem Ende des Weltkrieges, gestorben; Messiaen hat ihn nicht mehr persönlich kennenlernen können, wurde aber doch von ihm tief beeinflußt, und das gerade auf dem Gebiet der Klangfarbe, die sich vom eigentlichen thematischen Geschehen in der Musik emanzipierte, was wiederum ohne Wagners Einfluß nicht möglich geworden wäre.

Obschon Messiaen in der Provinz lebte, war die Zeit seiner Kindheit nicht ohne prägende Erlebnisse, die ihn gerade zu Wagner führen sollten: Sein Vater war Englisch-Professor und wurde der Autor einer kritischen Shakespeare-Übersetzung in drei Bänden, die Messiaen noch heute (1986) stolz seinem Besucher zeigt. Als Kind deklamierte er vor seinem Bruder Alain als Publikum die Texte des elisabethanischen Dramatikers und schuf sich aus koloriertem Zellphanpapier Dekors, die eine kleine, kindliche Bühne darstellten.[6] Vor dem Musiktheater stand also das Sprechtheater und gerade Shakespeare, der auch für Wagner von größter Wichtigkeit gewesen war. Nicht *Hamlet* freilich war im Vordergrund; die Reflexionen über Liebe und Tod konnte das Kind Olivier noch nicht begreifen, dafür aber zog ihn die Welt der Sylphen, Kobolde und Luftgeister im *Sommernachtstraum* und im *Sturm* sehr an und die Hexen in *Macbeth*. Seine Mutter, Cécile Sauvage, war Dichterin und erzog ihre Kinder in einer Welt von Märchen und Wundern, die sie in ernsterer Form auch bei Shakespeare und später noch im katholischen Glauben finden konnten. Diese Welt könnte man in pyramidaler Form darstellen, die zugleich die innere Entwicklung des Heranwachsenden visualisiert: zu unterst als eine breite Basis die Märchen, die Volksgut sind und das kollektive Unbewußte in kindlicher Form zur Sprache bringen, in der Mitte Shakespeare, der dem Geisterglauben anhing, diesen aber in Kunstwerken von höchstem Rang sublimierte, zu oberst der christliche Glaube, dessen Heiligengeschichten und prophetische Visionen nun erst wirklich „wahr“ für Olivier wurden. Dieser Glaube, mit dem er geboren wurde, sollte ihn sein Leben lang nie verlassen; er war nicht einfach ein Kinderglaube der Katholiken, der sich auch in Bildern realisiert, denn so konnten gerade auch die Bilder Shakespeares und der Märchen im Erwachsenen weiterleben. Sie sind freilich weit unter der göttlichen Wahrheit, weisen aber als Symbole auf das Höchste, das nie ganz zu Erreichende hin.

Daß in dieser „Pyramide" auch Wagners Werke ihren Platz finden konnten, ist gut begreiflich. Sie sind voll von Märchen und Wundern, beherrscht vom Mythos, der Allgemeingut ist. Während der Zeit in Grenoble von 1914 bis 1918 wünschte sich Olivier statt Spielzeug wie seine Kameraden im gleichen Alter *Die Walküre* und *Siegfried* zu Weihnachten, denen auch die zwei anderen Teile des *Rings* bald folgten.[7] Überhaupt waren damals und auch später musikdramatische Werke vor allen übrigen das Wichtigste für Olivier, der im Stadtpark von Grenoble saß, unberührt vom lärmenden Spiel der anderen Kinder, die große Arie des Orpheus von Gluck auf seinen Knien, und plötzlich merkte, daß er diesen Notentext innerlich hörte, obschon er erst seit einigen Monaten Musik machte.[8] Diese Arie in F-Dur, „Ach ich fühl's, es ist entschwunden . . .", ist noch sehr einfach mit ihren schlichten diatonischen Akkorden, doch bald sollte Olivier schon fähig sein, die weit komplexere Musik von Wagner zu lesen. Es ist etwas Wunderbares um die Gabe eines so jungen Menschen: Da, wo sich auch tüchtige Musikstudenten während Jahren abmühen, die so wichtige Fähigkeit der inneren Vorstellungskraft zu entwickeln, erreichte Messiaen schon als Kind sein Ziel und erlebte zugleich die „Not" der Wagnerianer des Fin de siècle, die, wie hier schon dargestellt wurde, die Werke ihrer Bewunderung nur in der Provinz oder im Ausland hören konnten, wenn nicht die Aufführungen mit Klavier in einem Pariser Salon oder symphonischer Fragmente im Konzert eine gewisse Hörhilfe anboten.[9]

In Paris, wohin sein Vater 1919 ans Lycée Charlemagne versetzt wurde, hatte nun Messiaen die Möglichkeit, Wagners Werke an der Opéra zu sehen, da seine Eltern auf eine gute und breite Allgemeinbildung bedacht waren: *Das Rheingold* wurde am 7. Oktober 1921 wieder aufgenommen[10], *Die Walküre* am 5. Januar 1921[11], *Siegfried* am 18. März 1921 und 11. Oktober 1926[12] und die *Götterdämmerung* am 2. März 1925 und 18. Februar 1928.[13] Eine Aufführung des ganzen Zyklus' fand während der Studienzeit von Messiaen am Conservatoire National Supérieur de Musique (von 1919 bis 1930) nicht statt. Erstaunlich ist aber, daß überhaupt schon so bald nach dem Ersten Weltkrieg wieder Wagner-Aufführungen in Paris stattfanden, denn es herrschte eine zum Teil begreifliche germanophobe Stimmung, die sich unter anderem in Jean Cocteaus Aphorismensammlung *Le Coq et l'Arlequin* von 1918 niederschlug, wo nach Wagner und Debussy eine Musik für alle Tage, ohne mythischen Ballast und ohne träumerische Nebel gefordert wurde. Cocteau erklärt dort zum Beispiel: „Die große, von Blitzen durchlöcherte Wolke Bayreuths wird zum leichten, schneeigen, von der impressionistischen Sonne befleckten Nebel. Satie spricht von Ingres; Debussy übersetzt Claude Monet auf Russisch."[14]

(La grosse brume trouée d'eclairs de Bayreuth devient le léger brouillard neigeux taché du soleil impressionniste. Satie parle d'Ingres; Debussy transpose Claude Monet à la russe.[14])

Satie ist nun für das elegante Paris der große Meister, da er wie Dominique Ingres, der große Klassizist vom Anfang des 19. Jahrhunderts, die klare, kühle Linie liebt und das Orchester von den undurchsichtigen und weichen Farbklängen befreit, die gerade bei Messiaen in der Nachfolge Wagners und Debussys wieder auftauchen sollten. Die Seerosenbilder von Monet, die der Maler 1918 dem französischen Staat zum Geschenk machte und die heute in zwei ovalen Sälen der Orangerie bei der place de la Concorde das Entzücken der Besucher sind — diese Bilder in ihrer Zartheit, wo alles nur noch ein Fest der Farbe ohne deutliche Umrisse ist —, werden nun als veraltet abgetan zusammen mit der Bewunderung für die russische Musik, für Moussorgsky, der Debussy und ganz Paris um 1900 begeisterte. Messiaen wird aber seine Liebe zu jener Musik nie verleugnen und russische Volkslieder studieren, die dem chauvinistischen Cocteau verhaßt waren, gerade als ob Frankreich, vollkommen auf sich allein gestellt, eine eigene Musik kreieren könnte, was übrigens auch dem stets kosmopolitischen Charakter von Paris widerspricht. Man hat manchmal Mühe, an den Ernst von Cocteau zu glauben, und vermutet hinter seinen Behauptungen das krampfhafte Bemühen, eine Tradition abzuschütteln, die bedrohlich übermächtig ist. Doch verheißt die eigensinnige Befolgung einer bestimmten Tendenz beim großen Publikum mehr Erfolg als die sorgfältigste Analyse einer historischen Situation, bei der auch schon bald der junge Messiaen mitzureden und mitzubestimmen haben wird. Wenn Cocteau dekretiert: „Ein Träumer ist immer ein schlechter Dichter"[15] (Un rêveur est toujours mauvais poête[15]), so ist das Messiaen vollkommen konträr, der zum Beispiel in den *Meistersingern von Nürnberg* nur Walter von Stolzing, den Ritter aus dem Frankenland, liebt, weil er Dichter sei; die bürgerliche Welt des Schuster-Poeten interessiert ihn nicht, da er den Kompromiß mit dem Alltag für unwürdig hält. Als Kind gehegt und gepflegt von seiner Mutter, umgeben von Märchen und Wundern, hat Messiaen still und bestimmt seine eigene Linie verfolgt, die ihn gegen den Neoklassizismus der zwanziger Jahre immun machte, wobei er doch mit seiner Bewunderung für Darius Milhaud und Arthur Honegger eine Ausnahme gestattete.[16] Er war nie doktrinär, nie Parteigänger und konnte deshalb auch Wagner schätzen in einer Zeit, die sich darin gefiel, die deutsche Romantik zu verabscheuen.

Wie gesagt, war Messiaen damals noch ein Schüler des Conservatoire und zu jung, um von der Pariser Welt der vornehmen Theateraufführungen der Ballets russes und der Ballets suédois vernommen zu werden, er stand „am Rande" und durchlief alle die sehr strengen Kurse, die ihm jenes Institut auferlegte. Er hatte dort sehr gute Lehrer, von denen er noch heute (1986) mit der größten Bewunderung spricht, allen anderen voran Paul Dukas, den Kompositionslehrer. Dukas war Wagnerianer; von seinen Kompositionen spielt man heute fast nur noch *L'Apprenti sorcier* und sehr selten *Ariane et Barbe-Bleu*, so gerade 1976 an der Grand Opéra. Dukas war aber vor allem ein intelligenter Beobachter des Musiklebens in Paris um 1900. Mit Debussy war er befreundet, er teilte dessen Bewunderung für Moussorgsky und wurde ebenso unwiderstehlich von Wagner angezogen, um ihn doch auf einsichtige Weise zu kritisieren. Vor allem die Inszenierungen erregten seinen Unwillen, da sie nie an die Suggestionen der Musik heranreichten, und das auch in Bayreuth nicht. Er befindet sich hier auf einer Linie mit den französischen Wagnerianern der achtziger Jahre, der *Revue Wagnérienne*, die oft enttäuscht waren von den Konkretisierungen der so sublim erträumten Bilder, die die Musik evozierte; er befindet sich aber auch auf einer Linie mit Wagner selbst, der 1876 von der Uraufführung des *Rings* in Bayreuth enttäuscht war und sich für *Parsifal* „das unsichtbare Theater" wünschte.[17] Diese Bemerkung gegenüber Cosima mag halb scherzhaft gemeint gewesen sein, verrät aber doch ein großes Unbehagen an der szenischen Realisation, das neben Dukas auch Debussy aussprach.[18] Dukas schrieb deshalb schon im Oktober 1896 einen Artikel mit dem Titel *Die szenische Enttäuschung* (La déception scénique), in dem er dieses Thema aufgriff: „Wenn die Musik ein Drama von höchstem Range ist, wenn sie in sich alle expressiven und dekorativen Suggestionen enthält, wirkt sie mit der Gewalt einer vollständigen Kunst: Die konkrete Vergegenwärtigung der Gegenstände, die sie evoziert, wird daher fast chimärisch. (. . .) Um wieder vom *Ring des Nibelungen* zu sprechen, wo Wagner den Maschinisten und Bühnenbildnern schrecklich schwierige Aufgaben gestellt hat: Glaubt man, daß der wahrhaftige Maler des Feuerzaubers, des Walkürenrittes, des Waldes, des Schmiedeofens usw. der Künstler sei, der die Dekors gemalt oder die Aufstellung der Kulissen geregelt habe?“[19]

> (Quand la musique d'un drame est d'ordre tout à fait supérieur, qu'elle renferme en elle toutes les suggestions expressives et décoratives, elle agit avec la puissance d'un art complet: la représentation complète des objets qu'elle évoque devient alors à peu près chimérique. [. . .] Sans quitter *l'Anneau du Nibelung*, où Wagner a proposé aux machinistes et aux décorateurs de terribles difficultés, croit-on que le véritable peintre de l'incantation du feu, de la chevauchée des Valkyries, de la forêt, de la forge, etc., soit l'artiste qui en a brossé les décors ou réglé la plantation?[19])

Dukas fordert deshalb enge „Konkordanzen“ zwischen der Musik und der Szene, wie sie Adolphe Appia aufgestellt habe, die wegführen von dem mehr äußerlichen Pomp der Großen Oper, den noch Théophile Gautier enthusiastisch geschildert hat[20], und er fährt weiter unten fort: „Die Schwierigkeit, würdig auf die pikturalen und so energischen Anregungen der Musik Wagners zu antworten, löst sich leicht, wenn man die Erfordernisse einer zu glänzenden und vielmehr für die musikalische Schönheit mörderischen Realisation verläßt und sie [die Musik] vorherrschen läßt, indem man sie durch die Konkordanzen, von denen wir sprechen, hervorhebt.“[21]

> (La difficulté de répondre dignement aux suggestions picturales et si énergiques de la musique de Wagner se résout donc facilement si, abandonnant les exigences d'une réalisation trop splendide, et plutôt meurtrière de la beauté musicale, on laisse celle-ci prédominer en s'efforçant de la faire ressortir par les concordances dont nous parlons.[21])

Die Leute seien aber immer noch, wie Dukas gesteht, eingeschworen auf theatralische Darstellungen, die die im Konzert gehörte Musik vervollständigen würden, was aussichtslos sei, da ja die Musik selbst alles in weit sublimerer Form enthalte als jedes Bühnenbild eines Bühnenmalers, der nur auf historische und topographische Genauigkeit bedacht sei.

Messiaen hat diese Meinung von Dukas und den französischen Wagnerianern übernommen. Gefragt nach den Eindrücken jener Inszenierungen aus den zwanziger Jahren, die in Paris immer noch dieselben wie um 1900 waren, kann er sich heute (1986) nur noch an den Drachen erinnern, der wie ein Tausendfüßler ausgesehen habe, da er von innen durch mindestens zehn Männer manövriert worden sei. Die Visualisierung der Musikdramen ist ihm überhaupt ein Problem: Entweder sehe man „Blechware“ (ferblanterie) — die Rüstungen, Helme, Speere und Schwerter — oder dann Siegfried im Smoking wie in der Inszenierung von Patrice Chéreau, was auch nicht das Richtige sei, denn Siegfried sei ein Held, fügte er ernsthaft hinzu. Mit dem modernen Regietheater kann er sich nicht befreunden und sieht gleichzeitig ein, daß auch eine szenische Realisation, die alle Anweisungen der Partitur getreu befolgt, nicht an das durch die Musik Imaginierte heranreicht. Bleibt also nur die Musik, die wie in vielen Werken von Messiaen selbst von höchster Bildhaftigkeit, von einer frappanten „Gegenständlichkei“ ist. Messiaen setzt die Tradition der französischen Wagnerianer fort, deren Weltflucht im Musikdrama eine neue Heimat fand, die sie vor der Unbill der technischen Zivilisation schütze, was auch fast Messiaens Haltung entspricht, der nur deshalb nicht ständig hoch oben in den Bergen des Dauphiné oder in der freien Natur überhaupt lebt, weil ihm einzig Paris, die gehaßte Großstadt, in der Kirche La Sainte Trinité eine Orgel bereithält, die er als Musiker über alles liebt. In einem wichtigen Punkt setzt sich aber Messiaen von den Wagnerianern der Zeit um 1900 ab, denn diese waren dekadent, ohne Halt und Glauben, während jener eine demütig kindliche Liebe dem Leben gegenüber findet, das auf geradem Wege zu seinem Gott führt.

*

Wenn sich Messiaen heute, in sehr hohem Alter, zu den Richard-Wagner-Festspielen in Bayreuth einladen ließe, so wäre es einzig und allein, um den *Ring des Nibelungen* zu sehen, den er über alles schätzt. Doch es gibt noch ein anderes Musikdrama, oder besser gesagt: ein anderes großes Thema, das eines der Wagnerschen Musikdramen bis zum Ende auskostet, nämlich die große Liebe in *Tristan und Isolde*. Der Mythos von Tristan und Isolde ist neben dem christlichen Glauben und der unkorrumpierten Natur in all ihren Aspekten eines der drei wichtigsten Themen in Messiaens Oeuvre. Nicht die eheliche Liebe ist es, die er zwar ebenfalls besungen hat in den *Poèmes pour Mi* (1936) und den *Chants de terre et de ciel* (1938), um dadurch doch einen Wagnerschen Aspekt einzufangen, denn beide Gesangszyklen sind für einen hochdramatischen Sopran geschrieben. Marcelle Bunlet, eine Wagnersängerin, sang die beiden Werke, begleitet vom Komponisten am Klavier, bei der Uraufführung in Paris am 28. April 1937 beziehungsweise am 6. März 1939. Madame Bunlet, die nach Messians Aussage heute (1986) noch leben soll, debütierte in Paris am 18. Februar 1928 in der Rolle der Brünnhilde in der *Götterdämmerung*, sang 1934 die Brünnhilde im *Siegfried*, *Salome* von Richard Strauss, ebenfalls 1934, Ariane in Dukas' *Ariane et Barbe-Bleue* im Jahr darauf (1935), die Brünnhilde in der *Walküre* 1936 und im selben Jahre auch die Isolde.[22] Daneben verkörperte sie um diese Zeit auch die Valentine aus *Les Huguenots* von Giacomo Meyerbeer und Marguerite in *La Damnation de Faust* von Hector Berlioz. Marcelle Bunlet war also gewohnt, große, tragende Rollen zu spielen und zu singen, und Messiaens beide Liederzyklen sind von dem intimen Ton des deutschen Liedschaffens weit entfernt, freilich ohne deshalb bei Wagner stilistische Anleihen zu machen. Es gibt hier auch keine Beziehung zum Tristan-Mythos, weil die eheliche Liebe nicht nur erlaubt, sondern von der Kirche gefordert wird, während es vollkommen undenkbar, ja absurd wäre, zu erwarten, daß Isolde nach langen „Irrungen und Wirrungen" Madame Tristan würde. Diese Liebe darf bei Wagner nicht erlaubt sein, sie muß gegen Widerstände ankämpfen.

Messiaen hat nach seinem eigenen Bekenntnis drei Werke mit dem Tristan-Thema geschrieben: *Harawi* (1945), wieder ein Liederzyklus, *Turangalîla-Symphonie* (1946—1947) und *Cinq Rechants* (1948). Gegenüber Claude Samuel hat sich Messiaen in der Mitte der sechziger Jahre ausführlich über sein Bild von diesem Mythos geäußert: „Man kann sagen, daß diese Legende das Symbol für alle großen Liebeserlebnisse und für jedes große Liebesgedicht in der Literatur oder Musik ist. Aber allein der Mythos von Tristan schien mir der Aufmerksamkeit würdig; ich wollte auf keine Weise *Tristan und Isolde* von Wagner oder *Pelléas* von Debussy noch einmal machen, um nur die zwei größten Tristane der Musik zu zitieren."[23]

> (On peut dire que cette légende est le symbole de tous les grands amours et de tous les grands poèmes d'amour en littérature ou en musique. Mais seul le mythe de Tristan m'a semblé digne d'attention; je n'ai voulu en aucune façon refaire le *Tristan et Isolde* de Wagner, ni le *Pelléas* de Debussy, pour ne citer que les deux plus grands Tristan de la musique.[23])

Das übliche Konzept in Tragödien oder auch Komödien, das aus der banalen Dreiecksgeschichte „Monsieur, Madame et l'amant" besteht, habe ihn nicht interessiert[24], wobei schon Wagner, wie Messiaen 1986 mir gegenüber erklärte, die alten Epen, die voll von Nebenpersonen und Intrigen sind, auf das unbedingt Wichtigste reduziert habe.

Auch König Marke sei nur eine unbedeutende, schattenhafte Erscheinung. Das „corpus delicti", der Liebestrank, wird auch nur einmal in den *Cinq Rechants* erwähnt, während Brangäne wichtiger ist, da sie über die Liebenden wacht. Gegenüber Claude Samuel hatte er bereits erklärt: „Ich habe nur die Idee einer schicksalhaften Liebe, einer unwiderstehlichen Liebe, einer Liebe, die eigentlich in den Tod führt, in einem gewissen Maße den Tod herbeiruft, bewahrt, denn es ist eine Liebe, die den Körper hinter sich läßt, die sogar die Grenzen des Geistes sprengt und sich bis zu kosmischer Größe ausweitet."[25]

> (J'ai seulement conservé l'idée d'un amour fatal, d'un amour irrésistible, d'un amour qui, en principe, conduit à la mort et qui, dans une certaine mesure, appelle la mort, car c'est un amour qui dépasse le corps, qui dépasse même les données de l'esprit et s'agrandit à l'échelle cosmique.[25])

Diese Liebe ist für Messiaen ein blaßer Widerschein der göttlichen Liebe, nicht mehr. Sie der Ewigkeit Gottes, der Realität Gottes beizugesellen, wäre sträflicher Hochmut, und doch sieht er in dieser Liebe einen Weg, sich der ewigen Wahrheit zu nähern, ohne sie ganz zu erreichen: „Es handelt sich um eine Initiation in eine größere und reinere Liebe durch den Tod und eine Trennung von der Welt . . ."[26]

> (Il y a là une initiation, par la mort et la séparation d'avec le monde, à un amour plus grand et plus pure . . .[26])

Große Mythen haben für Messiaen ihre ursprüngliche Kraft bewahrt, und er erwähnt hier auch das luftige Gefängnis, in das Viviane den Zauberer Merlin einschloß, und Orpheus' Abstieg in die Unterwelt.

Messiaen imitiert nicht Wagner, wie zum Beispiel Ernest Chausson in seiner Oper *Le Roi Arthus* die verbotene Liebe zwischen Lancelot und Genièvre der Liebe zwischen Tristan und Isolde annäherte, indem er, höchst fatal, auch ein Liebesduett in As-Dur komponierte. Trotz aller Affinität zu den Wagnerianern der Jahrhundertwende, die hier schon dargestellt wurde, ist er kein Epigone Wagners, da er in entschiedenster Weise zu den Quellen göttlich-menschlicher Weisheit, zu den Mythen zurückgeht und diese aus eigener Kraft neu gestaltet. Sie sind für ihn nicht einfach ein Bildungsgut, dessen man sich einmal im Leben vergewissert, um sich dann, vollkommen aufgeklärt, ihren psychoanalytischen oder soziologischen Aspekten zuzuwenden. Diese Mythen erlebt er noch ganz ursprünglich, ungebrochen, so wie er auch des Glaubens ist, daß sich die Symbolik altindischer Rhythmen wieder erleben lasse, obwohl wir hier in Europa Tausende von Kilometern von jenen „déci-tâlas“ entfernt leben. Messiaen ist deshalb auch nicht ein Eklektiker, der nach Belieben mit alten Kulturgütern jongliert. Die Wahl, die er zwischen ihnen trifft, ist nicht nur wohl überlegt, sondern entspricht einer inneren Notwendigkeit, die weit über persönliche Vorlieben hinausreicht. Daß nach seiner Meinung Wagner und Debussy die zwei größten Tristane der Musik geschrieben haben, wie hier schon erwähnt wurde, bedeutet nur seine tiefe Achtung vor der unmittelbaren Vergangenheit, in die er dann tiefer eintaucht, um bei den Ursprüngen der Menschheit Rat zu suchen, so wie Orpheus und auch Odysseus in die Unterwelt hinabgestiegen sind, um uralt-neue Erfahrungen zu machen. *Harawi, Turangalîla-Symphonie* und *Cinq Rechants* haben deshalb rein musikalisch nichts mit Wagner zu tun, es sei denn, daß die zwei ersten Werke, groß angelegt wie sie sind, durch zyklische Themen zusammengehalten werden, die aber nichts mit Wagnerschen Leitmotiven zu tun haben, denn sie sind nicht einem organischen Wachstum unterworfen, sondern haben vielmehr statischen, signalhaften Charakter wie später die Motive in Messiaens einziger Oper *Saint François d'Assise*, die 1983 in Paris uraufgeführt wurde. Doch gerade von dieser Oper sollte er alles Anekdotische und allzu Menschliche fernhalten: Der Konflikt zwischen Franz und seinem Vater und die heilige Klara fehlen. Obwohl er Wagners Konzeption der Gestalt der Kundry im *Parsifal* sehr bewundert, wie er mir gesagt hat, wäre es ihm unmöglich gewesen, den zweiten Aufzug dieses Werkes zu schreiben. Als ich ihn im Zusammenhang mit Strawinskys Spätwerk *Abraham und Isaak* auf den Kampf Jakobs mit dem Engel ansprach, riet er mir, in die Kirche Saint-Sulpice auf dem linken Seine-Ufer zu gehen und das Fresko von Eugène Delacroix zu betrachten, das diese Szene festhalte: Jakob sei in erbitterter Kampfstellung dargestellt — und Messiaen machte sie mir höchst wirksam vor —, und der Engel hebe nur, ruhig abwehrend, seiner unüberwindlichen Kraft sicher, die rechte Hand — was Messiaen wieder pantomimisch vor mir aufführte. In dieser Szene liegen die ganze Dramaturgie von Messiaens Oper und der Geist seiner tristanischen Werke aus den vierziger Jahren: Der Sieg ist bei Gott, und die Liebenden haben sich nicht durch tausend Intrigen zu quälen, um jene Initiation zu erleben. Messiaen glaubt an die Vorsehung; alles ist schon vorausbestimmt, und deshalb mußte Brangäne im Tristan-Mythos für ihn so wichtig werden: Sie wacht und behütet die Liebenden, nichts kann geschehen, das ihnen verderblich wäre. Damit wächst Messiaen weit über Wagners Konzeption hinaus, wo Untreue hart neben Treue, Verrat nahe neben Vertrauen steht.

*

Es ist, wie hier schon zu Anfang betont wurde, nicht selbstverständlich, daß sich ein 1908 geborener Komponist von Wagners Welt des Mythos' und von dessen Musik angesprochen fühlt. Das 20. Jahrhundert hatte zuerst einmal das Bedürfnis, sich von seiner Vorgeschichte, dem 19. Jahrhundert, radikal zu distanzieren, um beim 18. Jahrhundert Unterstützung zu finden. Deshalb entstand jener „Retour à Bach“, dem die Komponisten der zwanziger Jahre huldigten; man schrieb wieder Fugen und Concerti, deren Harmonik man mit einigen Dissonanzen anreicherte und verfremdete, und versuchte sich in motorischen Rhythmen, die man als typisch für Bach oder Vivaldi empfand. Messiaen verpönte aber jeglichen „Retour à . . .“; jede Anleihe bei schon etablierten Stilen lehnte er ab und wirkte damit auf seinen berühmtesten Schüler, auf Pierre Boulez ein, der noch heute, inmitten eines nostalgischen „style rétro“, den die jüngeren Komponisten kultivieren, eine radikal andere, neue Musik schreibt, die nirgends Anleihen macht und konsequent aus dem Neuesten der vorangegangenen Generation, aus der Musik Anton Weberns, die weiterreichenden Konsequenzen zieht.

Messiaen läßt sich aber nicht ohne Umstände mit Boulez gleichsetzen. Er macht zwar keine Kompromisse, indem er Stile von anderen Komponisten parodiert, bleibt aber zu einem guten Teil der tonalen Musik verpflichtet und lehnt den Dodekaphonismus und auch den Serialismus ab, obwohl er mit seinem berühmten *Mode de valeurs et d'intensités* (1949) diesen initiierte, um sich unverzüglich davon zu distanzieren. Musikalischer Konstruktivismus war nie seine Sache, obwohl er selbst immer wieder neue „Spielregeln“ des Komponierens erfand und an seine Schüler weitergab. Im Grunde blieb er aber Romantiker, und mit der 1936 erfolgten Gründung von La Jeune France, einer Gruppe von Komponisten, zu denen André Jolivet, Yves Baudrier und Daniel-Lesur gehörten, kam nach der kühlen Ironie des Neoklassizismus in Paris wieder eine gefühlsbetontere Musik zu Wort. Seinem Interviewer Claude Samuel sollte Messiaen noch in der Mitte der sechziger

Jahre erklären: „Ich schäme mich nicht Romantiker zu sein. (. . .) Die Romantiker waren sich der Schönheiten der Natur bewußt, sie kannten die Größe des Göttlichen; sie waren grandios, und viele unserer Zeitgenossen würden gewinnen, wenn sie ‘romantisiert’ würden.“[27]

(Je n’ai pas honte d’être romantique [. . .] Les romantiques avaient conscience des beautés de la nature, ils avaient conscience de la grandeur de la divinité; ils étaient grandioses, et nombreux sont nos contemporains qui gagneraient à être ‘romantisés’.[27])

Die Natur ist für Messiaen vor allem ein großer Lehrmeister; man könnte sich zwar in ihr verlieren und eine Art Nirwana erleben, doch das ist seine Sache nicht. Er studiert vielmehr mit großer Liebe und Fleiß alle Töne und Geräusche der Natur: „Ich habe mit Leidenschaft den Wellen des Meeres, den Kaskaden und Sturzbächen der Berge und allen Geräuschen des Wassers und des Windes zugehört; und ich möchte hinzufügen, daß ich zwischen dem Geräusch und dem Klang keine Grenze ziehe: alles das ist für mich Musik.“[28]

(J’ai écouté avec passion les vagues de la mer, les cascades et les torrents de montagne et tous les bruits que font l’eau et le vent; et j’ajouterai que je ne fais aucune limitation entre le bruit et le son: tout cela représente pour moi de la musique.[28])

Die Vogelrufe hat Messiaen lange studiert, weil sie schließlich das Musikalischste sind, was die Natur hervorbringt, aber: „Die Geräusche des Windes und der Wellen sind außerordentlich komplex. Übrigens sind sie lange gehört und eingefangen worden durch Musiker wie Berlioz, Wagner und vor allem Debussy, der das Wasser und den Wind sehr liebte; (. . .).“[29]

(Les bruits du vent et de l’eau sont extraordinairement complexes. D’autre part ils ont été longement écoutés et captés par des musiciens comme Berlioz, Wagner, et surtout Debussy qui fut le grand amant de l’eau et du vent; . . .[29])

Auch die Vogelrufe entsprechen in den meisten Fällen nicht reinen Klängen mit ganzzahligen Frequenzverhältnissen der Partialtöne, doch die Laute, die der Wind und das Wasser hervorbringen, sind noch viel komplizierter und lassen sich nur unvollkommen durch klassische Musikinstrumente hervorbringen. Messiaen hat es immer wieder versucht und ist dadurch zu Farbklängen, zu komplexen Akkorden gelangt, die einzigartig sind. Nicht die

„schwarz-weiße“ Zeichnung von kontinuierlichen thematischen Linien interessiert ihn, sondern einzelne „Wunder“ von Klangobjekten, die isoliert im Raume stehen und für ihn gewisse Farben ausstrahlen. Daß hier wiederum Wagner als Vorbild gelten konnte, liegt auf der Hand. Man denke nur an den Anfang des *Rheingold*, wo zuerst ein reiner Klang entsteht: Die Oktave mit dem Frequzenzzahlverhältnis 1:2 generiert zuerst die Quinte 2:3 und schließlich die große Terz 4:5, die Hörner steigen in wogender Bewegung zu diesen Tönen auf, um dann von vielen und raschen Durchgangstönen bereichert zu werden, die den ursprünglichen Dur-Dreiklang dem Geräusch annähern. So hat Wagner auf verblüffend einfache und zugleich grandiose Weise das Fluten des Rheines dargestellt. Messiaen erklärte mir, daß der Anfang des *Rheingolds* vollkommen neu für seine Zeit gewesen sei, doch er sollte noch weiter gehen und entferntere Partialtöne wie das Alphorn-Fa, den 11. Teilton, miteinbeziehen, womit er sich als Fortsetzer Wagners und der Impressionisten Debussy und Ravel erwies, die reale Töne nur wegen der Farbe und nicht aus thematischen Beweggründen notierten. Ausgehend vom Feuerzauber in der *Walküre* und von der Musik Loges im *Siegfried* versuchte Messiaen auch, optische Eindrücke wie Sonnenauf- und -untergänge in der Musik synästhetisch zu realisieren: Er hört Farben und sieht Töne wie sein Freund, der Maler Blanc-Gatti, dessen Bilder Messiaens Wohnung in Paris zieren. Wagners „unsichtbares Theater“ hat hier als Vorbild gedient und der Dichter Henri Michaux, der im Meskalinrausch das Opfer von Halluzinationen wurde, die er zu Papier brachte. Messiaen hat nie Drogen genommen, um sich in diesen gefährlichen Zustand zu versetzen — das hätte seiner religiösen Haltung widersprochen —, doch während seiner Gefangenschaft in Görlitz am Anfang des Zweiten Weltkrieges verursachte der Hunger farbige Visionen, die er in sein *Quatuor pour la fin du temps* übersetzte. Nicht nur Wagner, sondern schon Mozart in der Szene mit dem Commendatore aus *Don Giovanni* habe „Farben“ komponiert und nach ihm Chopin und Debussy. Die Opernkomponisten versuchten immer wieder, die Bühnenbeleuchtung auch musikalisch zu realisieren: „Wagner wird immer wieder vollkommen bewußt gewisse schwarze Akkorde und Klänge in schwarzen Nachtszenen mit schwarzen Personen wie den Gnomen Alberich und seinem Sohn Hagen anwenden und im Gegensatz dazu helle Klänge, helle Akkorde und leichte und hohe Instrumentationen für Ereignisse, die sich auf hohen Bergen oder im flüssigen Element abspielen, wie Siegfried, der die Reinheit der glückseligen Berge entdeckt vor der Begegnung mit Brünnhildes Liebe, oder auch die im Rhein schwimmenden Undinen."[30]

(Wagner emploiera volontairement certains accords et certaines sonorités noires dans le scènes noires, qui se passent pendant la nuit avec des personnages noirs comme les gnomes, Alberich et son fils Hagen, et, au contraire, des tonalités claires, des accords clairs et des instrumentations légères et aiguës pour des événements qui se déroulent en haute montagne ou dans l'élément liquide, comme Siegfried découvrant la pureté des monts bienheureux avant de rencontrer l'amour avec Brünnhilde, ou encore les ondines nageant dans le Rhin.[30])

Unabhängig voneinander lieben sowohl Messiaen als auch Boulez die erste Szene aus dem zweiten Aufzug der *Götterdämmerung* ganz besonders; Messiaen spricht enthusiastisch von den dunklen Farben der Akkorde des Vorspiels zu dieser Szene, und Boulez nennt das Gespräch zwischen Alberich und Hagen einen Dialog zwischen zwei Dinosauriern, der szenisch bis jetzt nicht befriedigend habe realisiert werden können: Die beiden Sänger wirken zu klein und unbedeutend auf der Bühne, riesige Schattenprojektionen auf eine Leinwand im Hintergrund der Bühne würden die melancholische Großartigkeit dieser Begegnung zwischen dem glücklosen Vater und dem noch glückloseren Sohn besser wiedergeben können. Die ersten zwölf Takte schon können einen Begriff davon geben, wie stark diese Musik auf Messiaen eingewirkt haben könnte:

Beispiel 1: R. Wagner, *Götterdämmerung*, Anfang des zweiten Aufzuges

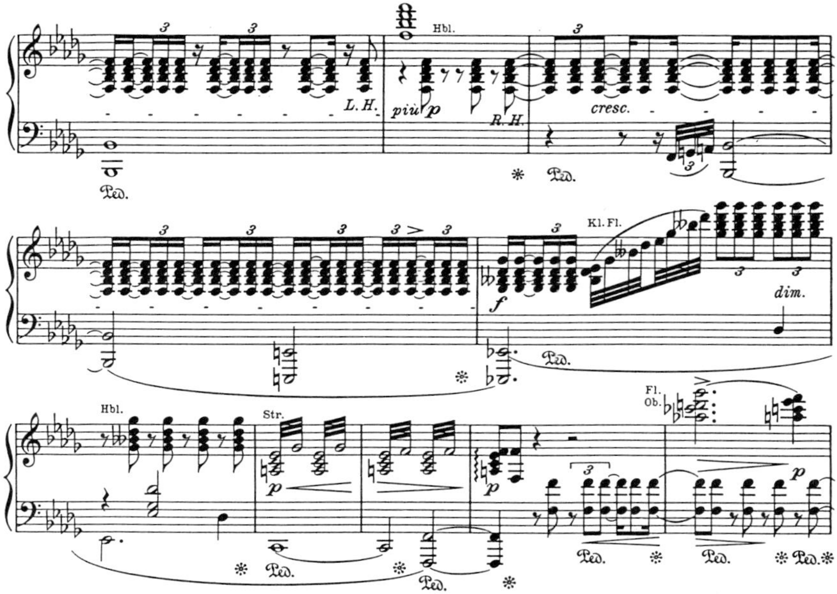

Die Streicher und Posaunen intonieren einen „schwarzen“ Akkord in unbestimmtem, synkopierendem Rhythmus, wie er gerade für Messiaen und auch Debussy typisch ist. Die Hörer werden dadurch auf ein Geschehen vorbereitet, das sich gleichsam außerhalb unserer alltäglichen Uhrzeit abspielt, obwohl die Baßinstrumente auf den Schlag der Takte ihre langen Tondauern beginnen. Im vierten Takt bringen die Holzbläser eine gewisse Aufhellung, doch sie sind nichts anderes als auskomponierte Partialtöne des ursprünglichen Akkords. Der sechste Takt ist eine der harmonisch kühnsten Stellen in Wagners gesamtem Werk: Er bringt den Tritonuston E zum b-Moll-Akkord, den 11. Teilton, das Alphorn-Fa also, das für Messiaen, wie hier schon erwähnt, zu einem „harmonischen“ Akkord gehören kann. Daß dieser Tritonus nicht oben, sondern in der Tiefe erklingt, entspricht durchaus Messiaens Praxis, der solche Umschichtungen der „Obertöne“ liebt, obwohl das vom theoretisch-akustischen Standpunkt aus eher fragwürdig bleibt. Die gleichschwebend temperierten Töne entsprechen ja auch nicht den reinen Partialtönen, und der Akkord selbst steht in Moll und nicht in Dur, doch Messiaen würde sich in seinen eigenen Werken, ausgehend von der „Natur“, solche Umwandlungen freimütig gestatten. In den folgenden zwei Takten findet sich ein Tristan-Akkord auf Es, der wieder, durch Flöten und Klarinetten, von der Tiefe in die Höhe projiziert wird, um dann in den nächsten zwei Takten fast unmerklich, chromatisch verändert im Tremolo der Streicher zu verebben. Der Rhythmus bleibt unbestimmt, und im letzten der hier abgebildeten Takte bilden Flöten und Oboen einen fahlen Schein über der Dunkelheit; es handelt sich um eine chromatische Appoggiatur zu einem Dominantseptakkord, wie sie gerade Messiaen liebt. Daß der Dominantseptakkord wiederum den Teiltönen, diesmal von 1 bis 7, entspricht, sei nur am Rande vermerkt. Die hier nicht wiedergegebene Fortsetzung besteht aus einer Reihe von weiteren „Farbenspielen" über dunklem Grund; die tonalen Verhältnisse bleiben äußerst kompliziert, und der Rhythmus verleugnet jeden „affirmativen" Charakter. Man wähnt sich in grauer Vorzeit, Boulez' Metapher von den Dinosauriern trifft die Sache ganz genau.

In dem oben wiedergegebenen Zitat spricht Messiaen auch von den hellen Klangfarben in der dritten Szene des dritten Aufzuges von *Siegfried*, der mit den Worten „Selige Öde auf sonniger Höh!" zu singen beginnt. Seit den dreißiger Jahren verbringt Messiaen die Sommermonate hoch oben in den Alpen des Dauphiné in der Nähe von Grenoble, wo er schon als Kind die entscheidendsten künstlerischen Eindrücke empfing. Die mit Gletschern und steilen Felsstürzen bewehrte Meije vor sich, hat er die meisten seiner Werke komponiert. Dieser Berg — „Sa Majesté Dame Meije" nennt ihn seine Gattin Yvonne Loriod — ist für Messiaen der heilige Berg, wie der Fujiama für die Japaner; er ist zwar weniger berühmt als der Mont Blanc oder das Matterhorn, dafür gehört er ihm, Messiaen, ganz. Von diesem Erlebnis her kann er Wagners Einleitung zu dieser Szene, die schwindelnd hohe Streichermelodie, welche gleichsam über Abgründen schwebt, nachempfinden. Wagner habe ja, als er in Zürich und auf Tribschen bei Luzern lebte, die Schweizer Alpen mit ihren sonnigen Höhen in nächster Nähe gehabt. Die Worte der erwachenden Brünnhilde „Heil dir, Sonne! Heil dir Licht!" seien übrigens, wie er mir erklärte, der Edda entnommen. Messiaen hat auch hier, nicht nur im Zusammenhang mit *Tristan und Isolde*, die Ursprünge, von denen Wagner ausging, genau studiert.

In der Notation von Vogelgesängen fühlt er sich aber dem Bayreuther Meister überlegen: Die pentatonische Melodie im dritten Aufzug des *Siegfried* sei doch armselig gegenüber der Realität, trotz der Polyrhythmik, doch der Hintergrund, das Waldweben, sei sehr schön. Daß Chéreau aber den Waldvogel in einen Käfig eingesperrt hat, findet er entwürdigend: Das widerspricht seinem Glauben, daß die Vögel zum Lobe Gottes singen und frei sind. Eine entwaffnend naive, aber doch wieder ingeniöse Bemerkung machte er kurz darauf über die Leitmotive Wagners, die sich gemäß der psychologischen und äußeren Entwicklung der Personen verändern, wie sich die Vogelrufe im Verlaufe eines Tages oder mit den Jahreszeiten verändern. Im *Catalogue d'oiseaux* aus der Mitte der fünfziger Jahre gibt es eine große Anzahl von solchen Variationen, wie zum Beispiel in *Le Merle bleu* (Die Blaumerle), deren Ruf zuerst einer „gefärbten" Pentatonik entspricht und deshalb von ferne an Wagners Waldvogel gemahnt:

Beispiel 2: O. Messiaen, *Le Merle bleu, Catalogue d'oiseaux,* 1er livre, S. 3

Am Schluß bleibt nur noch eine „Erinnerung an die Blaumerle" übrig und der Ruf mit seinen ihn begleitenden Akkorden ist nun rein pentatonisch:

Beispiel 3: O. Messiaen, *Le Merle bleu, Catalogue d'oiseaux*, 1er livre, S. 24

Der Vergleich mit Wagner hinkt aber, da hier bei Messiaen jede dynamische Entwicklung fehlt, die für Wagner so wichtig ist. Messiaen negiert den kontinuierlichen Fluß der Zeit und setzt hier vor dieser „Erinnerung" eine sehr lange Pause hin, und nicht nur hier: Überall wird der musikalische Diskurs immer wieder durchbrochen.

Wie er mir gestand, liebt er in der *Götterdämmerung* ganz besonders den Übergang vom Trauermarsch zum Auftritt Gutrunes; dort finden sich Charakteristika, die auf Messiaen hinweisen:

Beispiel 4: R. Wagner, *Götterdämmerung*, Anfang der dritten Szene des dritten Aufzuges

Die Leitmotive sind „verfärbt": zuerst das Gutrune-Motiv, dann im Horn ein Siegfried-Motiv mit der verminderten statt der reinen Quinte zu Beginn, überlagert von der hier schon besprochenen langen Appoggiatur, darauf das Stocken im Orchester, Gutrune lauscht und singt nur das eine Wort „Nein!", während das Orchester pausiert. Die Stelle ist harmonisch äußerst komplex und gibt neben der exakten psychologischen Ausdeutung der Situation das bleiche Licht des Mondes wieder, der sich im Rhein spiegelt. Musik und Szene entsprechen sich vollkommen, oder, wie Dukas sagen würde, die Musik ist vollständig und hätte die Visualisierung nicht mehr nötig. Ich erzählte Messiaen begeistert von der Art, wie Patrice Chéreau die Morgenröte am Anfang der zweiten Szene des zweiten Aufzuges der *Götterdämmerung* dargestellt habe, doch er winkte ab und sprach nur vom musikalischen Aspekt, dem Aufstieg der Hörner, der ganz wunderbar sei.

Messiaen und Boulez lieben die *Götterdämmerung* über alles. Das mag daran liegen, daß es sich hier doch zum Teil um episches Theater handelt, das eine Identifikation des Hörers, wie sie der erste Aufzug der *Walküre* fordert, verweigert. Man bleibt auf Distanz und bewundert die Transformationen der Leitmotive und ihre Überlagerungen, die Wagner, so scheint es, halb träumend, aber auf alle Fälle auch leicht distanziert, geschaffen hat. Beide französischen Komponisten lieben diese Distanz: Man erinnere sich an Delacroix' Kampf zwischen Jakob und dem Engel, den zu betrachten mir Messiaen empfahl, und an Boulez' Schattenprojektionen, die er sich eigentlich für die Szene zwischen Alberich und Hagen wünschte. Die Meije, die Messiaen beim Komponieren immer vor Augen hat, strahlt im Sommer ebenfalls in unnahbarem Glanz, sie ist ein Abglanz des Numinosen, das Messiaens Musik ohne Unterlaß beschwört.

*

Messiaen beschäftigte sich, wie hier dargestellt wurde, seit seiner Kindheit mit Opern, die seine Phantasie anregten, und in seiner Analyseklasse am Pariser Conservatoire diskutierte er immer wieder über musikdramatische Werke von Monteverdi, Rameau, Gluck, Mozart, Wagner, Moussorgsky und Alban Berg, zum Teil aus persönlicher Vorliebe für diese Gattung der Musik, zum Teil auch, um seine internationale Schülerschaft dazu anzuregen, gute Opern zu schreiben, von denen es nur wenige gebe. Er selbst hatte die größten Bedenken, eine Oper zu schreiben, wie er noch neulich Claude Samuel erklärte: „Tatsächlich liebte ich die Oper zu sehr, um es nicht bereuen zu müssen. Aber ganz ehrlich, ich fühlte mich nicht begabt. Das ist nicht eine Formel aus Demut. Sie kennen wie ich die Geschichte des musikalischen Theaters und Sie wissen, daß man die gelungenen Stücke an den Fingern der beiden Hände aufzählen kann. Es gibt kaum zehn zweifelsfreie Meisterwerke. Man kann den Rest in zwei Kategorien einteilen: die Opern, die gutes Theater und sehr schlechte Musik sind, und die, deren Musik sehr gut ist, die aber über ihr dramatisches Ungenügen gestrauchelt sind. Das ist sehr traurig für die zweite Kategorie, denn diese Opern sind trotz ihres musikalischen Wertes aus dem Repertoire verschwunden."[31]

(En effet, j'aimais trop l'opéra pour ne pas avoir un regret. Mais, très sincèrement, je ne me sentais pas doué. Ce n'est pas une formule d'humilité. Comme moi, vous connaissez l'histoire du théâtre musical et vous savez que l'on compte les réussites sur les doigts des deux mains. Il n'y a guère plus d'une dizaine de chefs-d'oeuvre indiscutables. On peut répartir le reste dans deux catégories: les opéras qui sont du bon théâtre et de la très mauvaise musique, et ceux dont la musique est très bonne mais qui ont trébuché sur leurs insuffisances dramatiques. C'est très triste pour la seconde catégorie, car malgré leur valeur musical, ces opéras ont disparu du répertoire.[31])

Messiaen beschreibt dann die Beschränktheit des Opernpublikums und sein langes Zögern, eine eigene Oper, die *Saint François d'Assise* werden sollte, zu schreiben, um dann schließlich zu sagen: „Ich gestehe, daß es mein Traum war, eine Passion oder Auferstehung Christi zu schreiben. Aber ich dachte, daß ich dessen nicht würdig sei, und vor allem, daß es nicht realisierbar sei auf einer Bühne, außer es handle sich um Werke, die im Glauben und in der Kindlichkeit konzipiert worden sind wie diese populären Aufführungen in Oberammergau, wo die Bewohner dieses bayerischen Dorfes selbst die Rollen des Christus, der Heiligen Jungfrau, der Apostel und des Pontius Pilatus spielen. Das Resultat gleicht dann mehr einem dörflichen Spiel als einer dramatischen Aufführung. Aber eine Passion oder eine Auferstehung auf einer großen Opernbühne zu machen, schien mir entweder in der Lächerlichkeit oder in der Unschicklichkeit untergehen zu müssen."[32]

(J'avoue que mon rêve était d'écrire une Passion ou une Résurrection du Christ. Mais j'ai pensé que j'en était pas digne et, surtout, que ce n'est pas représentable sur une scène, sauf quand il s'agit d'oeuvres conçues dans la foi et la naïveté, comme ces représentations populaires d'Oberammergau, où les habitants de ce village bavarois jouent eux-mêmes les rôles du Christ, de la Sainte Vierge, des apôtres, de Ponce Pilate. Le résultat s'apparente alors davantage à un jeu villageois qu'à une représentation dramatique. Mais faire une Passion ou une Résurrection sur une grande scène d'opéra me paraissait devoir sombrer soit dans le ridicule, soit dans l'inconvenance.[32])

Schließlich wählte Messiaen nicht Gott, sondern „nur" einen Menschen, Franz von Assisi: „. . . weil er keusch war, weil er demütig war, weil er arm war und weil er gelitten hat."

(. . . parce qu'il était chaste, parce qu'il était humble, parce qu'il était pauvre et parce qu'il a souffert.[33])

Mit diesen Repetitionen „weil . . ." (parce que . . .) überschlägt sich förmlich Messiaens Redeweise, und er schildert im folgenden all die Qualen, denen Franz ausgesetzt war, vor allem durch die stets blutenden Stigmata. Was ist davon zu halten? Ist es noch möglich, ihm in dieser Leidensgeschichte, die zum Heil und nur zum Heil führt, zu folgen? Die Brüder des Franz werden bei der Uraufführung des Werkes, 1983 in der Grand Opéra, vor dem mondänsten Publikum der Großstadt Paris, „richtige" Kutten tragen, die kleine Kirche von Portiuncula wird auf dem Bühnenhintergrund erscheinen, Landschaft und Architektur werden „richtig" umbrisch sein. Die Laienspieler von Oberammergau pflegen während des ganzen Jahres ihren Haarwuchs, um dann bei den Aufführungen als „richtige" Apostel und „richtige" Jünger Jesu zu erscheinen.

Es handelt sich wohl hier bei Messiaen um eine Suche nach der strengsten Authentizität, die für eine solche Heiligenlegende wie die des Franz noch möglich ist. Wenn Messiaen in einem seiner Werke die Natur des Heiligen Landes darstellen will, so geht er, wie er mir selbst erzählte, in die judäische Wüste in die Gegend von Enggedi, er besteigt den Felsen Massada und schaut hinüber zu den in Hitzewolken verschwimmenden Bergen Jordaniens und geht bei Jerusalem durch den Garten Gethsemane, mit dem Blick auf den Tempelberg. Immer ist er bestrebt, Vogelrufe zu sammeln — denn auch in diesen öden Gegenden gibt es Tiere — und an seltenen, nur dort vorkommenden Pflanzen zu riechen. Das mag einem gebrochenen modernen Menschen beinahe lächerlich vorkommen, ist aber von einer alle Spöttereien und Einwände entwaffnenden Kindlichkeit. Man erinnere sich: In seiner Kindheit lebte er, behütet von seiner Mutter, in einer Welt von Märchen und Wundern, die er auch bei Shakespeare, Wagner und schließlich im katholischen Glauben fand. „Ich wurde als Glaubender geboren"[34] (Je suis né croyant[34]) — und er ist es geblieben.

Als ich ihn fragte, ob er den *Parsifal* liebe, antwortete er apodiktisch: „Er glaubt nicht daran!" (Il n'y croit pas!). Wagner glaubt nicht daran. Warum eigentlich nicht? Und Messiaen fährt fort: „Er war Protestant und konnte nicht an die Transsubstantiation glauben." „Die Lutheraner glauben doch an die tatsächliche Verwandlung des Weines in das Blut und die Verwandlung des Brotes in den Leib Christi", warf ich ein: „das war doch der große Disput zwischen Luther und Zwingli, dem Schweizer Reformator, der das griechische Wort 'estin' als 'es bedeutet' und nicht als 'es ist' übersetzte." Doch Messiaen blieb dabei: „Wagner glaubt nicht daran, obwohl die Musik sehr schön ist." Die Abendmahlsszene im ersten Akt, von der ich sprechen wollte, tat er mit einer Handbewegung ab und schwieg. „Und wenn man fähig ist, daran zu glauben?", versuchte ich es noch einmal, worauf er meinen Satz mit ernster Betonung wiederholte: „Si on est capable d'y croire!" Dann schwieg er wieder, und wir sprachen nach einer kleinen Pause von anderen Dingen, von Debussys *Pelléas et Mélisande* und Alban Bergs *Wozzeck*.

Wagner suchte im *Parsifal* ebenfalls nach der Authentizität, indem er den Gralstempel dem Dom von Siena nachbildete; es hätte aber auch eine andere italienische Kirche sein können, Wagner fand Siena ganz einfach besonders schön aus ästhetischen Gründen, die Messiaen in seiner Oper nebensächlich bleiben mußten, obwohl er den Engel einem Bild von Fra Angelico nachbildete, an dem er sicherlich auch ein ästhetisches Wohlgefallen fand. Aus dem Dekor mit dem Dom zu Siena wurde in der Folge eine zweite Authentizität, denn Winifred Wagner konnte sich in den dreißiger Jahren nur mit Mühe entschließen, die längst schadhaften Kulissen durch neue zu ersetzen.

Messiaen versucht ganz einfach, und das nicht nur in seiner Oper, Kunst in das von Gott begnadete Leben zurückzuführen, sie eigentlich aufzuheben. Als ich ihm bewundernd sagte, daß die Leute sehr wahrscheinlich in großen Mengen herbeiströmten, um seinem Orgelspiel in der Kirche La Sainte Trinité zu lauschen, sagte er nur schlicht: „Nein, sie kommen wegen der Messe." Er nannte sich einmal lächelnd „fonctionnaire liturgique"; als Funktionär der liturgischen Handlungen will er betrachtet werden, obwohl er nur selten eigentlich liturgische Musik geschrieben hat und dafür religiöse Musik auch in den Konzert- und Opernsaal trug. Wagner will erlösen durch Kunst, durch seine Kunst, während Messiaens Kunst, so ingeniös sie auch ist, immer nur dienen will, was vielleicht seine Bewunderung für die Gestalt der Kundry erklären kann, die im dritten Aufzug des *Parsifal* nur noch singt: „Dienen. Dienen."

Anmerkungen

1 St. Wolff, *L'Opéra au Palais Garnier 1875–1962,* Paris o. J., S. 135.
2 Ebd., S. 161f.
3 Ebd., S. 225.

4 Ebd., S. 201 bzw. 67.
5 Ebd., S. 202f.
6 C. Samuel, *Entretiens avec Olivier Messiaen*, Paris 1967, S. 9, 11, 18f., 122.
7 Ebd., S. 122.
8 Ebd., S. 123.
9 Th. Hirsbrunner, *Debussy und seine Zeit*, Laaber 1981, S. 173ff.
10 Wolff, *L'Opéra*, S. 162.
11 Ebd., S. 225.
12 Ebd., S. 202.
13 Ebd., S. 66.
14 J. Cocteau, *Le Rappel à l'ordre*, Paris 1948, S. 26.
15 Ebd., S. 22.
16 Samuel, *Entretiens*, S. 128.
17 Hirsbrunner, *Debussy*, S. 173ff.
18 Ebd.
19 *Les Ecrits de Paul Dukas sur la musique*, Paris 1948, S. 351.
20 Hirsbrunner, *Debussy*, S. 175f.
21 *Les Ecrits*, S. 352.
22 Wolff, *L'Opéra*, S. 389.
23 Samuel, *Entretiens*, S. 22.
24 Ebd., S. 23.
25 Ebd., S. 22.
26 Ebd., S. 23.
27 Ebd., S. 141.
28 Ebd., S. 28.
29 Ebd., S. 28f.
30 Ebd., S. 40f.
31 O. Messiaen, *Musique et couleurs. Nouveaux entretiens avec Claude Samuel*, Paris 1986, S. 228.
32 Ebd., S. 229.
33 Ebd., S. 230.
34 Samuel, *Entretiens*, S. 11.

Merkzeichen

Gegenständliche Musik

Die Titel, die Messiaen seinen Werken gab, stellen fast ausschließlich einen Bezug zu etwas Außermusikalischem her. Nicht einmal Überschriften wie Sonate oder Symphonie kommen vor; mit dem Wort „Turangalîla" wird in der *Turangalîla-Symphonie* auch die nackte, „abstrakte" Bezeichnung Symphonie vermieden. Während Boulez nüchtern sachliche Titel wie *Notations*, *Sonate* oder *Structures* liebt, während Stockhausen seine Klavierstücke nicht näher charakterisiert und daneben *Punkte* und *Kontrapunkte* schreibt, komponiert Messiaen die *Vingt Regards sur l'enfant Jésus*, die *Messe de la Pentecôte* — nicht ganz einfach eine Messe — und das *Livre d'Orgue*, das, wie die *Messe de la Pentecôte*, fast in jedem Stück eine nähere Umschreibung des „Darzustellenden" aufweist. Um eine Darstellung von etwas Außermusikalischem durch Töne handelt es sich fast in jedem Fall.

Die Werke, die eine Ausnahme machen, lassen sich an den Fingern der beiden Hände aufzählen: Das *Livre d'Orgue* beginnt mit *Reprises par interversion*, enthält zwei *Pièces en trio*, und das letzte Stück heißt *Soixante-quatre durées*, die *Méditations sur le Mystère de la Sainte Trinité* weisen im Druck in ihren neun Sätzen keine Titel auf, doch hat sie Messiaen später noch beigefügt. *Thème et variations* und *Fantaisie*, beide für Violine und Klavier, sind frühe Werke und gehören eher zur Musik, bestimmt für den häuslichen Gebrauch; Messiaen hat sie für sich und seine erste Frau, Claire Delbos, komponiert; ein *Rondeau* für Klavier von 1943 ist ein Nebenwerk. Bleiben noch die *Quatre Etudes du rythme*, die nun ausdrücklich keine Nebenwerke sind, doch *Mode de valeurs et d'intensités* und *Neumes rythmiques* werden dort eingerahmt von *Ile de feu* I und II, die beide einen Bezug zu Papua, wieder zu etwas Außermusikalischem, herstellen. Daneben wären noch die *Deux Monodies en quarts de ton* für Ondes Martenot und *Timbres-Durées* für Tonband zu erwähnen, die aber nichs anderes als Experimente darstellen, von denen sich Messiaen sofort abwandte; er fühlte sich für elektronische Musik nicht begabt. Die beiden Werke mit abstrakten Titeln, die eine bedeutende Rolle in Messiaens Ouvre spielen — *Quatre Etudes du rythme* und *Livre d'Orgue* — stammen aus der Zeit um 1950, doch hat sich der Komponist vom *Mode* später distanziert: „C'est un exercice!", erklärte er mir im Dezember 1985. Das kurze Stück, das Boulez zu *Structure Ia* anregte, womit der Serialismus begann, und das Stockhausen dazu bewog, nach Paris zu fahren, um sich von Messiaen unterrichten zu lassen, ist für ihn vielleicht gerade deshalb nichts mehr als eine „Übung", weil es eine abstrakte Ordnung der Töne herstellt, ohne auf große menschliche Themen hinzuweisen: auf Gott, auf den Tristan-Mythos oder auf Stimmen der Natur, um nur die drei wichtigsten von Messiaens Erlebnisbereichen zu erwähnen.

Schreibt Messiaen deshalb Programmusik? Fast könnte es so scheinen, und wir wollen im folgenden einige dieser „Klangmalereien" erwähnen, um dann später die tieferen Gründe für dieses Konzept aufzuzeigen.

In der Mitte der fünfziger Jahre, während Boulez scheinbar einer „musique pure" huldigte — nur scheinbar, denn Werke wie *Le Marteau sans Maître* und *Pli selon Pli* beziehen sich genau auf die Emotion, die die Gedichte von René Char beziehungsweise Stéphane Mallarmé evozieren —, in diesen Jahren der größten konstruktivistischen Strenge schrieb Messiaen seinen *Catalogue d'oiseaux*, in dem er die Vogelstimmen „abbildete" und sie durch weitere Klangmalereien in ihre natürliche Umgebung integrierte. Ohne auf Vollständigkeit bedacht zu sein, was viele unnötige Wiederholungen mit sich bringen würde, mögen im folgenden einige dieser Umsetzungen von etwas Außermusikalischem aufgeführt werden.

In *Le Chocard des Alpes* (Die Alpendohle) wird unter anderem der Flug der Vögel dargestellt. Der akrobatische Flug der Dohlen über dem Abgrund löst die folgende Kette von brillianten, nach unten bis in die tiefste Lage des Klaviers reichende Zweiunddreißigsteln im Staccato auf:

Beispiel 1: *Le Chocard des Alpes, Catalogue d'oiseaux*, 1er livre, S. 4

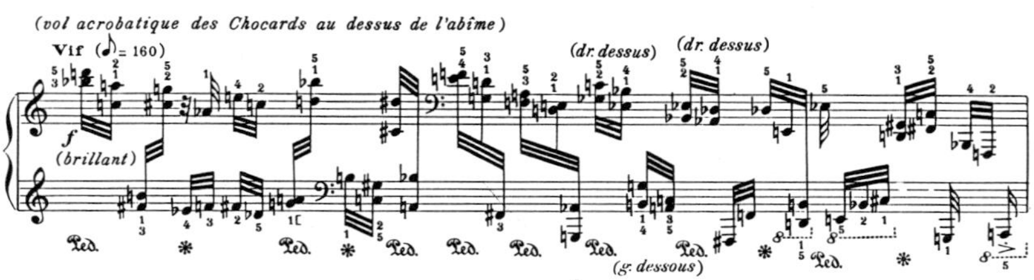

An anderen Stellen desselben Stückes wird dargestellt, wie sich der Königsadler von den Windströmungen nach oben tragen läßt, ohne mit den Flügeln schlagen zu müssen. Die Sechzehntel sind nun gebunden und steigen ruhig, vom Pedal eingehüllt, bis in die höchsten Lagen auf:

Beispiel 2: *Le Chocard des Alpes, Catalgue d'oiseaux*, 1er livre, S. 7

In *Le Merle bleu* (Die Blaumerle) wird das Leben der Vögel am Mittelmeer im Roussillon geschildert. Wenn der Blick über die Weite des blauen Meeres schweift, erklingen die folgenden sanften, harmonischen und kontemplativen Akkorde:

Beispiel 3: *Le Merle bleu, Catalogue d'oiseaux*, 1er livre, S. 23

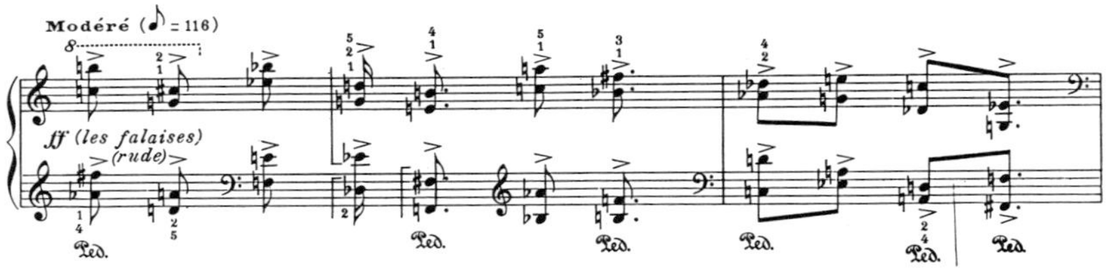

Es ist nicht ausgeschlossen, daß hier Messiaen ein Wortspiel machen wollte zwischen „Merle bleu“ und „Mer bleue“; die Stelle klingt mit ihren süßen Akkorden an seine Werke aus den dreißiger Jahren an; darauf folgen aber die rauhen und sehr dissonanten Akkorde der gegen das Meer abfallenden Steilklippen, zu deren Füßen schließlich das Murmeln des Wassers zu hören ist. Die Weite des Meeres, die Klippen und die schwierig zu definierenden Geräusche der Wellen, die sich an den Felsen brechen, bilden außermusikalisch eine Einheit, stilistisch aber nicht, womit, oberflächlich gesehen, wirklich eine reine Klangmalerei entsteht.

In *Le Traquet stapazin* (Der Mittelmeersteinschmätzer) steigt die Sonne mit gewaltigen, langsamen Akkorden am Horizont auf. Auf dem Höhepunkt erklingen sie im dreifachen Forte, worauf der Vogel mit raschen, heftigen Tonfiguren antwortet:

Beispiel 4: *Le Traquet stapazin, Catalogue d'oiseaux,* 2ème livre, S. 13

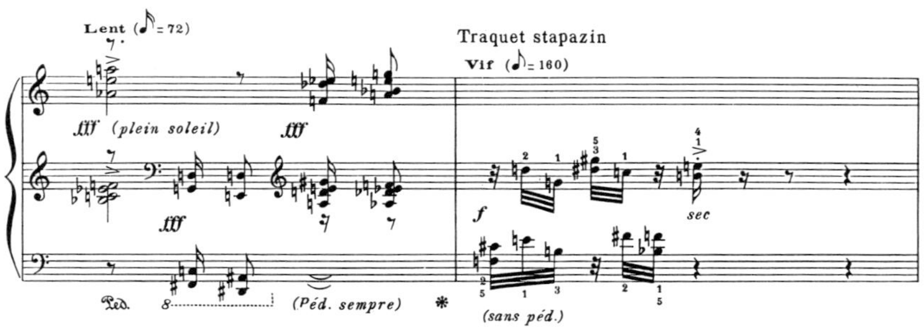

Die beiden Elemente stehen auch in den folgenden, hier nicht abgebildeten Takten unverbunden nebeneinander und bilden eine Antiphonie aus Akkorden einerseits und Arabesken andererseits.

Die Beispiele von solchen Klangmalereien würden sich beliebig vermehren lassen, doch wäre es falsch, dahinter nur eine Illustration von außermusikalischen Vorgängen zu sehen und damit Messiaens *Catalogue d'oiseaux* als mindere Musik einzustufen. Auch der Titel „Katalog" ist nur ein „understatement" wie auch die naiven Vogelbilder, die die Einbände dieses Zyklus' zieren. Messiaens Musik reicht viel tiefer und stellt nichts anderes als musikalischen Surrealismus dar. In seinen eigenen poetischen Texten zu *Poèmes pour Mi*, *Chants de terre et de ciel*, *Harawi* und *Cinq Rechants* wurden schon surrealistische Einflüsse greifbar: Die Gedichte sind zum Teil Produkte der autonomen Phantasie und verursachen dem Leser schockartige Erlebnisse, wenn zum Beispiel von einer „grünen Taube" die Rede ist, die an den „poisson soluble" (löslichen Fisch) der Surrealisten mit ihrer „écriture automatique" denken läßt. Den Texten von Messiaen fehlt aber die Schärfe und Brutalität, mit der die Surrealisten ihre Revolte gegen die Gesellschaft und die bürgerliche Vernunft führten. Eine solche Revolte blieb Messiaen fremd, jedenfalls auf der verbalen Ebene seiner Gedichte. Sie mußte ihm fremd bleiben, da er im christlichen Glauben seine Heimat fand, die ihn vor Schärfe und Arroganz gegenüber der menschlichen Ordnung bewahrte. In der Musik des *Catalogue d'oiseaux* findet sich aber, wenn auch seinem Autor wohl unbewußt, die Härte und Brutalität, die Provokation der Surrealisten. Unvereinbares, Bizarres steht hier unvermittelt nebeneinander wie in den Bildern von Salvador Dalí, wo seltsame, absurde Gegenstände auf einer weiten Ebene mit weitem Horizont wie verloren wirken. Der *Catalogue d'oiseaux* mit seinen eigenartigen, überraschend beginnenden und abrupt abbrechenden Tonfiguren bezieht sich nicht nur ganz naiv auf Messiaens Liebe zu den Vögeln und der sie umgebenden Natur. Das scheinbar so Trauliche, Gemüthafte fehlt vollständig, und hinter dem Sammlereifer eines Ornithologen versteckt sich eine Macht des Magischen, wo Naturbilder etwas Halluzinatorisches an sich haben. Auch ein gewisser Hang zum Kitsch, wie er sich hier in Beispiel 3 bei der Schilderung des blauen Meeres manifestiert, gehört in den surrealistischen Bereich. Denn Dalís Bilder in ihrer eleganten Malweise sind in einem gewissen Sinne kitschig, sie wollen durch Kitsch provozieren, der in seiner Kälte, die die Süße ausstrahlt, gerade wiederum magisch wirkt. Wenn Messiaens Musik in ihrem größten Teil als gegenständliche Musik bezeichnet werden kann, so fehlt ihr doch das Anheimelnde der Gegenstände des alltäglichen Lebens. Diese Klangobjekte wirken vielmehr unvertraut — zu naiv wäre es auch, die Vogelrufe allein unter ornithologischen Aspekten auf ihre „Echtheit“ zu prüfen —, und gerade die Stilbrüche verraten eine gewisse Nähe zu den Collagen von Max Ernst.

Konstruktivismus

Messiaen hat wie kein anderer im 20. Jahrhundert Kompositionstechniken entwickelt, die teils nur für ihn, teils auch für seine Schüler und Nachfolger von größtem Interesse und Nutzen waren. Manchmal handelt es sich dabei nur um Spielregeln: Mit gewissen Regeln spielend schaut der Komponist zu, was dabei herauskommt, wenn er einmal einen bestimmten Automatismus der Abläufe in Bewegung gesetzt hat. Er weiß zu Anfang vielleicht noch nicht, was an einem entfernteren Punkt der Komposition geschieht, er weiß nicht, welche Elemente dann zusammentreffen. Das war schließlich auch die Aporie, in die sich der Serialismus, der Messiaen viel verdankt, verstrickte: Alles war vorausbestimmt, doch die musikalischen Ereignisse wurden in längeren Werken unvorhersehbar, was zur Entdeckung der Aleatorik führte, wo ein begrenzter, gebändigter Zufall aus der Unvorhersehbarkeit seine Konsequenzen zog, denn gerade das, was im seriellen Automatismus streng vorausbestimmt schien, hatte sich der Kontrolle des Komponisten entzogen. Doch Messiaen als Christ glaubt nicht an den Zufall, und er hat sich immer gegen den Einbruch des Irrationalen in seine Kompositionstechniken verteidigt, so irrational der Gehalt seiner Werke sein mag. Es können ihm beim Schreiben einer Komposition auch „Fehler“ unterlaufen, wie gerade im ersten Stück aus dem *Quatuor pour la fin du temps*, wo das Klavier an einer einzigen Stelle seine periodischen Verläufe der Akkorde und Tondauern vergißt — es handelt sich dabei sicherlich nicht um einen absichtlichen Ausbruch aus der Schematik —, doch im Grunde genommen hält sich Messiaen an seine selbstauferlegten Regeln.

Schon in Strawinskys *Sacre du printemps* finden sich unbeirrte, fast automatische Verläufe von simultanen Schichten, die Messiaen dann in der *Nativité du Seigneur* weiter abwandelt:

Beispiel 1: *La Vierge et l'enfant, La Nativité du Seigneur,* 1er cahier, S. 2

Das mittlere System wiederholt unaufhörlich dieselbe zuerst auf-, dann absteigende Kette von Akkorden. Das unterste System ist ein wenig freier: Die Töne werden zwar während des ganzen Abschnittes fixiert bleiben, der Rhythmus wird aber variieren. Das oberste System stellt eine Art Jubilus dar mit einer rasch aufsteigenden Skala, der eine Umspielung des d''' folgt, die sehr freie Formen annehmen kann. Wie im ersten, hier schon erwähnten Stück aus dem *Quatuor pour la fin du temps,* das mit *Liturgie de cristal* überschrieben ist, finden sich hier verschieden strenge Schichten zusammen: Das mittlere System zeigt einen besinnungslosen Automatismus, das unterste zeigt bei sehr wenigen Tönen eine gewisse Freiheit im Rhythmischen, während das oberste mit Phasenverschiebungen gegenüber dem mittleren System und mit viel mehr Tönen als das unterste eine relativ große Freiheit im Variieren aufweist.

Vollkommenen Automatismus weist *L'Echange*, das dritte Stück aus *Vingt Regards sur l'enfant Jésus* auf:

Beispiel 2: *L'Echange, Vingt Regards sur l'enfant Jésus,* S. 8

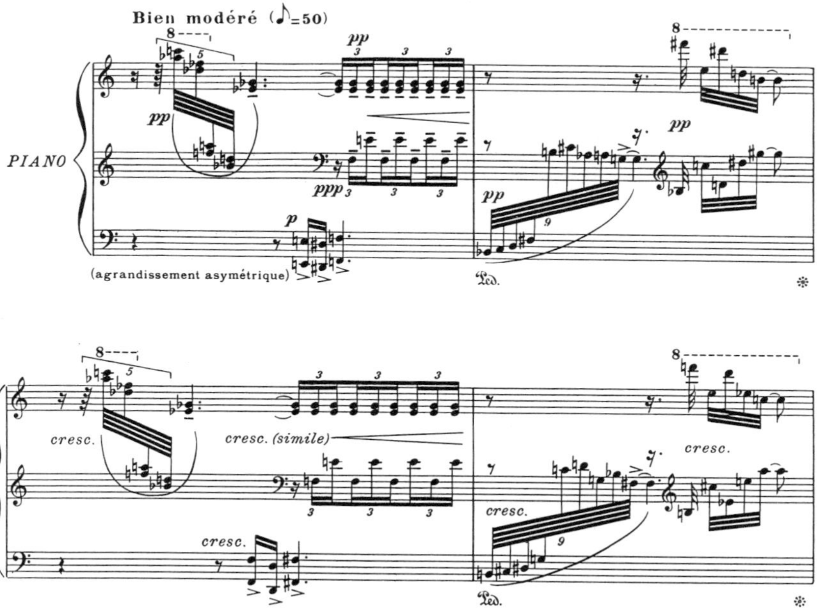

Es gilt, den ersten mit dem dritten und den zweiten mit dem vierten Takt zu vergleichen, um die unbeirrten Veränderungen, die sich in der Folge noch ergeben werden, vorauszusehen: Die beiden oberen Systeme in den Takten 1 und 3 werden sich immer gleich bleiben, das unterste System wird aber den Ambitus seiner drei Töne halbtonweise immer mehr ausdehnen, zuerst e—dis—f, dann f—d—fis, und im fünften Takt wird hier fis—cis—g stehen und so fort. Komplizierter sind die Takte 2 und 4 angelegt: Die ersten sechs Töne der Vierundsechzigstel in den beiden unteren Systemen steigen je um eine kleine Sekunde, der siebente und neunte Ton fallen, und der achte steigt um eine kleine Sekunde. Die fünf Zweiunddreißigstel zeigen dasselbe Spiel von zum Teil fallenden, zum Teil steigenden Tönen — immer um eine kleine Sekunde; nur der Ton e''', der zweite von den fünfen, bleibt an seinem Platz. Das ganze „Spiel" endet schließlich, wie folgt:

Beispiel 3: *L'Echange, Vingt Regards sur l'enfant Jésus*, S. 11

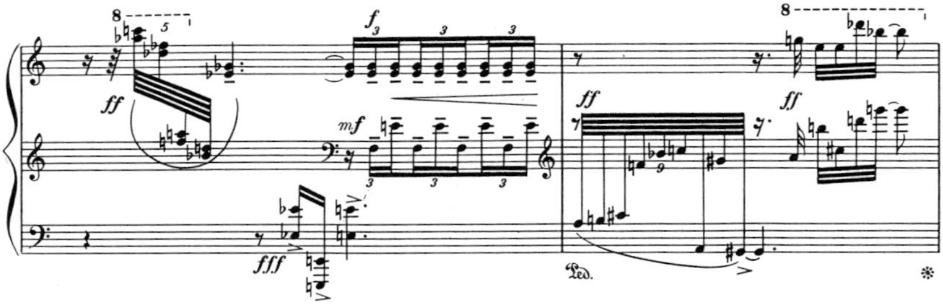

Es muß dort enden, weil nun dem vorher erwähnten e''' in den fünf Zweiunddreißigsteln wiederum e''' folgt, worauf mit dis''' eine Veränderung der melodischen Kurve folgen würde, die nicht eintreten darf. Auch im untersten System des ersten hier abgebildeten Taktes würde wieder e—dis—f wie am Anfang, wenn auch mit Oktavversetzungen, auftreten, und das „Spiel" könnte von vorne beginnen, doch handelt es sich nicht um ein harmloses Spiel, denn unter dem Titel des Stückes steht: „Descente en gerbe, montée en spirale; terrible commerce humano-divin. Dieu se fait homme pour nous rendre dieux . . ." (Abstieg in Garben, Aufstieg in Spirale; schrecklicher menschlich-göttlicher Handel. Gott wird Mensch, um uns zu Gott zu machen.) Dieser mystische Austausch (*L'Echange*) zwischen Gott und Mensch wird in dieser streng konstruierten Musik dargestellt, die eben gerade nicht Konstruktion im selbstgenügsamen Sinne ist, sondern nur ein Mittel, um eine schrecklich-göttliche Wahrheit darzustellen. Damit ist Messiaen weit entfernt von gewissen seriellen Experimenten, die nur den Ehrgeiz haben, eine total neue Grammatik und Syntax der musikalischen Sprache zu kreieren. Doch gilt das nur für die kleineren Geister, während Boulez zum Beispiel diesen außermusikalischen Bezug in sehr verschlüsselter Form ebenfalls kennt, obwohl er nie davon spricht, wahrscheinlich aus einer gewissen Keuschheit der Gefühle, die Messiaen im Vollbesitz seiner theologischen Wahrheiten, die es zu verkünden gilt, nicht kennt.

Ein ähnliches Konzept findet sich in der *Messe de la Pentecôte*, deren zweites Stück, *Offertoire* überschrieben, dem „Symbolum Nicaeum", den sichtbaren und unsichtbaren — göttlichen — Dingen gewidmet ist. Messiaen sprach zu mir, während ich ihn besuchte, mit bebender Stimme von diesen geheimnisvollen, unsichtbaren Dingen, die ganz Gottes sind. Daß die Musik als immateriellste aller Künste besonders gut fähig ist, dieses letztlich Unaussprechliche fühlbar zu machen, zeigt sich in diesem Stück:

Beispiel 4: *Offertoire, Messe de la Pentecôte,* S. 5

Die Akkorde liegen alle sehr tief, es ist nicht möglich, beim bloßen Hören genaue Tonhöhen auszumachen; die Töne sind nicht unsichtbar, aber dafür fast unhörbar. Die Tondauern zeigen aber eine genaue Organisation, eine Interversion von fünf chromatischen Dauern, gehend von einem bis zu fünf Sechzehnteln mit genauen permutatorischen Gesetzmäßigkeiten. Die ersten zwei hier abgebildeten Phasen ergeben die folgenden Zahlenreihen:

1 — 2 — 3 — 4 — 5		1 — 2 — 3 — 5 — 4
5 — 4 — 1 — 2 — 3	und	5 — 4 — 1 — 3 — 2
3 — 5 — 1 — 2 — 4		3 — 5 — 1 — 4 — 2

Die nächsten beiden Phasen, die unmittelbar anschließen, werden heißen:

1 — 2 — 5 — 4 — 3		1 — 2 — 4 — 3 — 5
5 — 4 — 2 — 1 — 3	und	5 — 4 — 2 — 3 — 1
3 — 5 — 2 — 1 — 4		3 — 5 — 2 — 4 — 1

Auf den Hörer wirkt diese Stelle vollkommen chaotisch, er kann nur ein brodelndes Magma von tiefen Tönen wahrnehmen, doch ist das Ganze streng organisiert; die Dauern weisen leicht entdeckbare Regelmäßigkeiten auf, die Messiaens permutatorischer Phantasie entsprungen sind und sicherlich Gottes Ratschluß, der über die „unsichtbaren Dinge" wacht, symbolisieren sollen. Der Serialismus arbeitete mit ähnlichen Techniken, ohne sich aber auf Religiöses zu beziehen. Messiaen schreibt jedoch auch hier nicht eine „musique pure", wie sie den jüngeren Komponisten während der fünfziger Jahre vorschwebte.

Dasselbe gilt für die Technik des *Mode de valeurs et d'intensités*, die wohl dort für Messiaen nur eine Übung bedeutete, in *La Chouette hulotte* (Der Waldkauz) aus dem *Catalogue d'oiseaux* aber zur Schilderung der unheimlichen Nacht eingesetzt wird:

Beispiel 5: *La Chouette hulotte, Catalogue d'oiseaux*, 3ème livre, S. 1

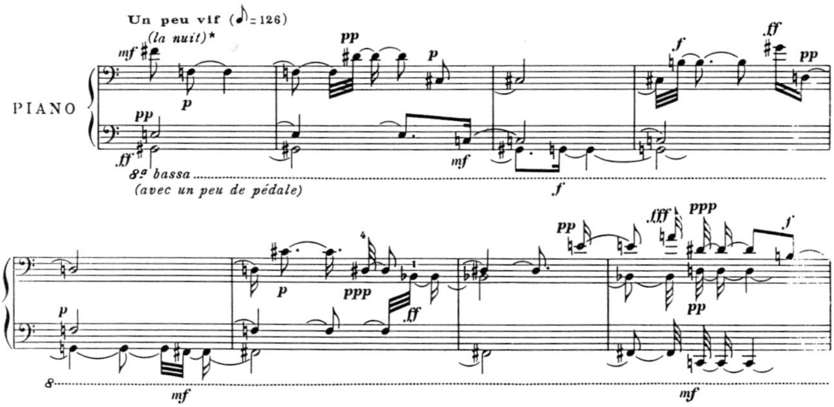

Die Tonhöhen sind in ihrer Dauer und Dynamik starr fixiert wie im *Mode*, nur ihre Abfolge bleibt „modal", ist also frei. Der oberste Ton ist a', ein Zweiunddreißigstel im dreifachen Forte — hier im letzten abgebildeten Takt, während die anderen, tieferen Töne an Dauer zunehmen bis zum Subkontra-A von der Dauer von neunundvierzig Zweiunddreißigsteln im dreifachen Forte, ein Ton, der in einem späteren Abschnitt des Stückes auftritt.

Wenn es darum geht, etwas Geheimnisvolles, Numinoses auszudrücken, greift Messiaen immer zu solch strengen Kompositionstechniken, die das Eingreifen nach Belieben und momentanen Einfällen des Komponisten verhindern. Dadurch entsteht jeweils eine höchst rätselhafte Musik, die nun nicht konstruktivistisch im kaltherzig rationalen Sinne ist, sondern immer etwas bedeuten will. Auch als Konstruktivist schreibt Messiaen „gegenständliche Musik“, doch sind diese Gegenstände, die Klangobjekte und Klangkonstellationen, nun weniger greifbar, wie es dem Außermusikalischen entspricht, das hier zu Wort kommen soll.

„Un Langage communicable"

Gegen den Serialismus wurde allgemein die Klage erhoben, daß seine Musik nicht mehr verstanden werden könne, daß er nichts anderes als ein tönendes Faktum sei. Mit der Suche nach einer neuen Syntax, wie sie vor allem von Boulez und Stockhausen vorangetrieben wurde, verlor die Musik ihre Sprachhaftigkeit, weil sie peinlichst genau darauf bedacht war, jeden traditionellen Rest aus ihrem Vokabular zu tilgen. Diese Attitüde entsprach der Stimmung des Aufbruchs, des Neubeginns, wie sie im weitgehend zerstörten Europa nach dem Zweiten Weltkrieg herrschte; man suchte vorerst einmal „tabula rasa" zu machen, aber nicht nur aus künstlerischem Ehrgeiz, sondern auch aus dem bestimmten Gefühl, daß die Musik der Vergangenheit von all den politischen Verirrungen und den Greueln des Krieges kontaminiert sei; ihr wurde nun der Prozeß gemacht wie den sogenannten Kriegsverbrechern in Nürnberg.

Messiaen hat sich im Gegensatz zu Boulez und Stockhausen nie in diesem Sinne geäußert, obwohl er mit *Mode de valeurs et d'intensités* den Anstoß zum Serialismus gab; er erfand vielmehr noch weitere „Spielregeln" des Komponierens, die aber nicht für sich allein als „tönende Fakten" genommen werden sollen, sondern sich in allererster Linie auf die theologischen Wahrheiten beziehen, die ausgedrückt werden. Doch die Problematik der Musik ganz allgemein, die in Tönen nie etwas klar Bestimmtes ausdrücken kann, war ihm auf seine Weise ebenso bewußt trotz aller illustrativen Momente in vielen seiner Werke, die aber jeweils mit Worten erläutert werden, gerade weil Messiaen den nur tönenden „Mitteilungen" nicht voll vertraut. In den *Méditations sur le Mystère de la Sainte Trinité* für Orgel erfindet er ein Alphabet aus Tönen, die einen theologischen Text von Thomas von Aquino fast Buchstabe für Buchstabe wiedergeben. In der Vorrede zu diesem Werk, die mit *Un Langage communicable* überschrieben ist, erläutert er seine Gedanken zu einer Musik als „Sprache": „Die verschiedenen bekannten Sprachen sind vor allem ein Kommunikationsmittel. Sie sind im allgemeinen von vokaler Art. Aber ist das das einzige Mittel der Übertragung? Man kann sich sehr gut Sprachen vorstellen, die auf Bewegungen, Farben und Parfüms beruhen, und jedermann weiß, daß sich die Blindenschrift des Tastsinns bedient. In allen Fällen muß man von vorher etablierten Konventionen ausgehen. Man kommt überein, daß dieses jenes ausdrücken wird. Die Musik aber drückt nichts direkt aus. Sie kann suggerieren, ein Gefühl, einen Seelenzustand auslösen, das Unterbewußte berühren, die Fähigkeiten zum Träumen vergrößern, und das sind unermeßliche Kräfte: Sie [die Musik] kann absolut nichts 'sagen', über nichts mit Genauigkeit informieren."

So weit gibt Messiaen das wieder, was auch Romantiker wie E. T. A. Hoffmann ausgesprochen haben: Die Musik ist mächtig, weil sie gerade das Unaussprechliche suggeriert. Diese Fähigkeit wird nicht als Mangel empfunden, denn gerade die Unbestimmtheit des Ausdrucks ist dem inneren Reich der Phantasie förderlich. Messiaen kommt dann auf die Leitmotiv-Technik Richard Wagners zu sprechen, doch man müsse diese Motive vorher kennen, sie bilden dann eine vom Hörer assimilierte Konvention, in der er sich während der ganzen Aufführung des *Ring des Nibelungen* auskennt. Im folgenden verläßt aber Messiaen diese irdischen Bereiche und spricht von der Sprache der Engel: „Die Engel allein genießen das Privileg, miteinander zu kommunizieren ohne Sprache, ohne Konvention und — noch viel wunderbarer — ohne der Zeit und dem Ort Rechnung zu tragen. Das ist eine Macht, die uns vollkommen übersteigt, eine fast erschreckende Fähigkeit der Übertragung ..."

Messiaen zitiert darauf den heiligen Thomas, der von der Sprache der Engel in diesem Sinne spricht, und fährt dann fort: „Erdrückt von diesen grandiosen Beispielen — und ohne die Kabbalisten nachäffen zu wollen, die einen versteckten Sinn unter den Buchstaben der Worte oder unter den numerischen Werken der Buchstaben suchen —, habe ich immerhin versucht, eine Art mitteilbare musikalische Sprache zu finden, aus spielerischen Gründen, und um meine Gedanken zu erneuern."

Messiaen relativiert den Ernst seines Vorhabens und gibt vor, diese neuen, hier allein für die *Méditations* erfundenen Spielregeln eben gerade als Spiel zu betrachten, mit dem aber die musikalische „Sprache" erneuert werden soll. Angesprochen auf ähnliche Spielereien in *Des Canyons aux étoiles ...*, erklärte er mir einmal wörtlich: „Es geht darum, Töne zu finden." (Il s'agit de trouver des notes.) Wie in den hier im Kapitel „Konstruktivismus" besprochenen Verfahren sollen die Töne nicht einfach durch Inspiration oder lange handwerkliche Erfahrung „gefunden" werden, diese Gewohnheiten aus Erfahrung, hinter denen auch ganz gewöhnliche Routine stecken könnte, werden durch neue Kompositionstechniken transzendiert, und es entsteht wie bei den Serialisten eine neue Art von Musik.

Messiaen gibt dann in dieser Vorrede zu den *Méditations* das ganze Ton-Alphabet, das sich zum Teil auf die deutschen Tonnamen von A bis H bezieht, dann aber selbstverständlich zur freien Erfindung der weiteren Töne übergehen muß:

Beispiel 1: *Méditations sur le Mystère de la Sainte Trinité*, S. 4

Die Tondauern sind starr fixiert wie im *Mode de valeurs et d'intensités*, sie können aber nicht „modal", in freier Abfolge auftreten, sondern sie werden gemäß den wiederzugebenden Worten permutiert, so daß zum Beispiel für die Vokabel „principe" die folgende von einer freien Stimme kontrapunktierte Tonreihe entsteht:

Beispiel 2: *Méditations sur le Mystère de la Sainte Trinité*, S. 11

Jedoch nicht jedes Wort wird in dieser pedantischen Weise buchstabiert; die Verben „sein“ und „haben“ sollen durch je drei Töne dargestellt werden, und das Wort „Gott“ erscheint in zweimal neun Tönen, wobei sich die ersten neun in den zweiten neun spiegeln, da Gott unermeßlich, ewig, ohne Anfang und Ende sei. Die Fälle der Sprache werden auch durch eigene Formeln ausgedrückt: Genitiv, Ablativ und Lokativ beziehungsweise Akkusativ und Dativ beziehungsweise der Privativ haben je eine Tonfigur. Wie bei anderen konstruktivistischen Prinzipien kann nun der Komponist in den Verlauf der stets monodischen Linie nicht mehr eingreifen, denn die Töne sind durch einen Satz aus der *Summa theologica* des Thomas von Aquino prädeterminiert, der lautet: „Par rapport aux Personnes qui procèdent de lui, le Père se notifie ainsi: paternité et spiration; en tant que 'Principe qui n'a pas de principe', il se notifie ainsi: il n'est pas d'un autre: c'est là précisément la propriété d'innascibilité désignée par le nom d'Inengendré.“

Der Text, der nicht wörtlich übersetzt werden kann und auch im Französischen den Ursprung aus dem sehr komplizierten Latein nicht verleugnet, spricht in geheimnisvoller Weise von Gott, der nicht gezeugt und geboren wurde, der keinen Anfang und kein Ende kennt, von dem aber alle Welt ausgeht. Im alltäglichen Wortverstand ist Messiaens Musik aber gerade nicht der Mitteilung fähig, sie ist nicht „Un langage communicable“, doch sie möchte wohl etwas von der Sprache der Engel wiedergeben, die Schrecken bei den Sterblichen auslöst. Es handelt sich hier nicht um den Kitsch von musikalischen Votivbildern, wie man ihn gelegentlich bei Messiaen antreffen kann, es handelt sich auch nicht nur darum, „Töne zu finden“, neue Töne, wie er mir lächelnd mit einem gewissen „understatement“ erklärte, diese Musik suggeriert mit bescheidenen irdischen Mitteln den „Rex tremendae majestatis“, den Messiaen in seinen besten Werken immer wieder beschwört.

Tonal — Atonal

Die neue Musik unmittelbar nach dem Zweiten Weltkrieg glaubte, die Tonalität endgültig überwunden zu haben. Schönbergs Rückkehr zur Tonalität, die er während seiner amerikanischen Zeit hie und da versuchte, und die tonalen Reste auch in seinen reihentechnischen Werken stempelten ihn in den Augen der Folgegeneration zu einem Komponisten, der trotz seiner unbestreitbaren Verdienste den entschlossenen Schritt in musikalisches Neuland nicht gewagt hat. Webern dagegen wurde zum Vorbild der damals Jungen, da er die ganze kompositorische Textur erneuert hatte. In den Analyse- und Kompositionskursen mit Boulez vom Anfang der sechziger Jahre in der Musikakademie Basel wurde förmlich Jagd gemacht auf tonale Residuen in Melodik und Harmonik. Undenkbar schien es, daß die tonale Musik je wieder auferstehen würde; sie wirkte alt und unecht gefühlshaft, man mißtraute ihrer Wärme. Die atonale Musik hatte sich fest etabliert wie die ungegenständliche Malerei. Zwischen Musik und Malerei wurde eine Gemeinsamkeit der Entwicklung konstatiert, die gerade die Notwendigkeit dieses Schrittes in die Atonalität zu legitimieren schien.

Obwohl Messiaen einer der wichtigsten Anreger dieser Generation von Komponisten war, blieb sein Verhältnis sowohl zur Tonalität als auch zur Atonalität ein anderes. Weder glaubte er, die Tonalität verwerfen zu müssen, noch läßt sich sein Verhältnis zur Atonalität mit dem von Webern vergleichen.

Tonale Akkorde, Dreiklänge, Sept- und Nonenakkorde waren für ihn vor allem „Farben" in der Nachfolge Wagners und der Impressionisten. Wenn aber Wagner im *Ring* den C-Dur-Akkord beim Aufleuchten des Rheingoldes als besonders hellen Klang empfunden hatte, so spielt für Messiaen der Fis-Dur-Akkord in *Vingt Regards sur l'enfant Jésus* diese Rolle. Als ich ihn darauf aufmerksam machte, daß der Fis-Dur-Akkord in seines Lehrers Paul Dukas' Oper *Ariane et Barbe-Bleue* ausgerechnet beim Aufleuchten der hellen Diamanten in Blaubarts Schatzkammern erklinge, bestätigte er mir, daß er diese Licht-Symbolik von dort, aus einem seiner Lieblingswerke seit seiner Jugend, hergeholt habe. C-Dur als Quelle des Lichtes hatte sich im Laufe der Zeit verbraucht: Seit Haydns „Und es ward Licht!“ aus der *Schöpfung* wurde es, wie gesagt, von Wagner verwendet — nicht nur im *Rheingold*, sondern auch in *Siegfried* beim Erwachen Brünnhildes —, um dann in der ersten Szene des zweiten Aktes von *Wozzeck* für Alban Berg nur noch Ausdruck für das schnöde Geld zu sein. Messiaen und vor ihm Dukas mußten also nach etwas suchen, das weniger verbraucht war; sie fanden es im Fis-Dur-Akkord. Dieser Akkord wird aber in den *Vingt Regards* einem „mode à transpositions limitées“ zugeordnet. Diese Modi weisen keinen Grundton auf, da sich ihre Intervallstruktur periodisch wiederholt; die Töne können einen Fis-Dur-Akkord zwar ergeben, die sie umgebenden anderen Akkorde bilden aber keinen direkt erfaßbaren Zusammenhang, wie er in der tonalen Musik selbstverständlich war. Im ersten Stück des Zyklus erklingt gleich zu Beginn dieses „Fis-Dur“, der Modus heißt: e—fis—g—a—ais—his—cis—dis—e.

Beispiel 1: *Regard du Père, Vingt Regards sur l'enfant Jésus*, S. 1

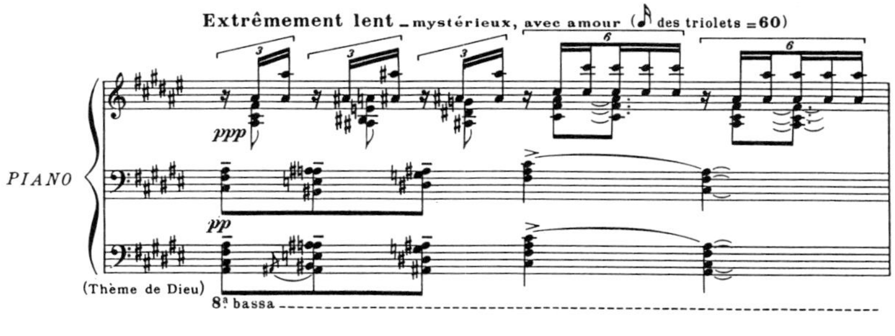

Im fünften Stück, *Regard du Fils sur le Fils*, kommt dieses Thema Gottes als unterste von drei Schichten wieder vor:

Beispiel 2: *Regard du Fils sur le Fils, Vingt Regards sur l'enfant Jésus*, S. 18

Der Modus des obersten Systems heißt: as—b—c—des—d—e—fis—g—as, der Modus des mittleren Systems aber: es—fes—f—as—a—b—ces—d—es. Allen drei Modi gemeinsam ist der Tritonus, der die Skala in der Mitte teilt. Jeder Modus enthält nur eine Auswahl aus allen zwölf Tönen, doch zusammen bilden sie trotz des „Fis-Dur" im untersten System ein nahezu undurchhörbares Dickicht, dessen Rätselhaftigkeit noch durch den rhythmischen Kanon „par ajout du point" in den beiden oberen Schichten erhöht wird: Die mittlere Schicht bringt dieselben, aber um eine Punktierung verlängerten Tondauern wie die oberste. Trotz unbestreitbarer tonaler Anklänge zeigt sich hier wieder ein sehr strenger Konstruktivismus, wie er eher in atonaler Musik vermutet werden könnte.

Verschiedene Dreikläne können sich auch überlagern; es entsteht Bitonalität, wie sie schon Ravel und Milhaud gekannt haben. Daß es sich aber dabei wiederum um ein Farbenspiel handelt, zeigt die Bezeichnung „clair, perlé" im folgenden Beispiel:

Beispiel 3: *Le Merle bleu, Catalogue d'oiseaux*, 1er livre, S. 6

Es wäre nach den gezeigten Beispielen falsch, dur-moll-tonale Elemente in den Dreiklängen zu sehen; die Modi und der ganze Zusammenhang, in dem diese Dreiklänge stehen, verbieten das. Komponisten aber, die nicht Schönbergs „Absturz" in die Atonalität mitvollziehen wollten, haben gerne exotische Tonleitern aufgegriffen, um ihre Musik zu erneuern. Die „modes à transpositions limitées" sind solche frei nach orientalischen Vorbildern geschaffene Skalen. Daneben kennt die französische Musik des 20. Jahrhunderts auch die Ganztonleiter und die Pentatonik, die aber bei Messiaen nur selten in reiner, ungetrübter Form auftreten, da sie für ihn zu einfach sind. Allen diesen Skalen fehlt ein Grundton, womit sie sich von der tonalen Musik unterscheiden. Die Pentatonik wird von Messiaen oft durch Zusatztöne „gefärbt", wie im folgenden Beispiel zu sehen ist:

Beispiel 4: *Le Merle bleu, Catalogue d'oiseaux*, 1er livre, S. 22

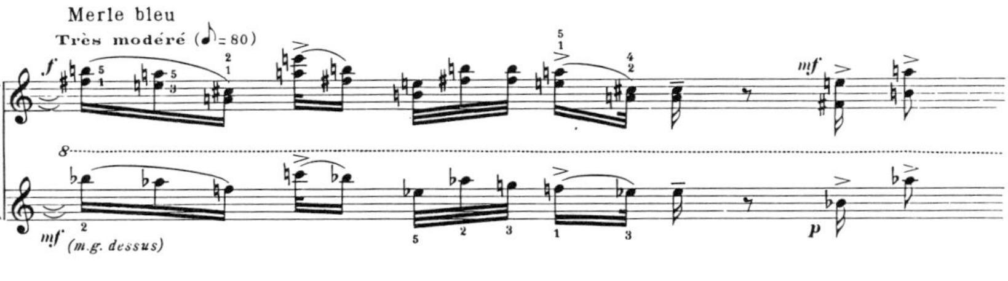

Das obere System zeigt Pentatonik im Forte, die vom unteren System mit Dissonanzen im Mezzoforte getrübt wird, sie sind vage schimmernde, künstliche Teiltöne zu einer sonst zu einfachen Struktur.

Messiaen sagte mir einmal lächelnd, er schreibe oft auch „hübsche Musik" (de la jolie musique), während die meiste moderne Musik doch oft nur interessant, wenn auch bedeutend, sei. Der Dreiklang als rein sinnliches Element, ohne funktionale Rolle in einer Tonalität, ist gerade für ihn immer wieder „hübsch" — oder ganz einfach schön, wie ich sagen möchte. Der Gedanke, daß dieser Klang verbraucht und banal wäre, ist Messiaen fremd. So finden sich gerade in dem lichtdurchfluteten *Le Loriot* aus dem *Catalogue d'oiseaux* nach sehr dissonanten Stellen Reihen von frei sich folgenden Dreiklängen, die eine große Schönheit ausstrahlen:

Beispiel 5: *Le Loriot, Catalogue d'oiseaux,* 1er livre, S. 8

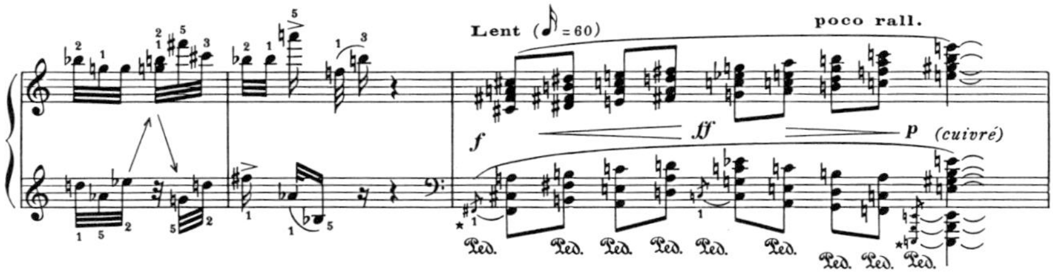

Wenn auf dem Höhepunkt, dem E-Dur-Akkord, der Zilpzalp zu zwitschern beginnt, heißt es: „Ruhig und sanft — Friede und feierliche Klarheit." Wieder handelt es sich um ein Farbenspiel, dem jede strikt tonale Bedeutung fehlt, obwohl jedes einzelne Strukturelement sich in eine Tonalität einreihen ließe.

So eigenartig und ganz persönlich wie die Beziehung zur Tonalität ist auch Messiaens Verhältnis zur Atonalität, die bei Schönberg, wenn rein kompositionstechnisch argumentiert wird, aus der Gleichberechtigung aller Stimmen resultierte, die in jedem Augenblick etwas thematisch Bedeutendes zu sagen hatten. Unter dem Anprall dieser kontrapunktischen Elemente brach bei ihm das Akkordgefüge zusammen. Messiaen dagegen beschäftigte sich nur selten mit Kontrapunkt in diesem Sinne, er war immer ein Harmoniker, der Dissonanzen nur zur Färbung von monodischen Linien verwendete wie Strawinsky am Anfang von *Les Noces*, einer Schlüsselstelle für modernes Komponieren im Sinne von Messiaen und Boulez. Die folgende Stelle aus dem *Catalogue d'oiseaux* möge das verdeutlichen:

Beispiel 6: *La Chouette hulotte, Catalogue d'oiseaux,* 3ème livre, S. 9

*Marquer le *do* et le *la* du pouce de main droite.

Der Ruf des Waldkauzes enthält immer dieselben Töne c'' — a', eine fallende kleine Terz, in der Dynamik hervorgehoben und gefärbt von sehr atonalen Zusatztönen. Wie aber die Dynamik dieser fallenden kleinen Terz vom dreifachen Forte bis zum dreifachen Piano allmählich abnimmt, so verändern sich die Zusatztöne in ihrer Dichte und ihrem Dissonanzgrad: Im ersten Takt erscheinen die chromatischen Nachbartöne des'' und h'' zu c'' und bilden einen harten Klang, der von den irisierenden Tönen des oberen Systems umspielt wird; im zweiten Takt finden sich zu c'' schon die konsonanten Töne a'' und f''', ein Dreiklang läßt sich innerhalb der übrigen dissonanten Töne ahnen; der dritte Takt ist weniger dicht, und die Töne stehen in weiten Lagen, was die Dissonanzen mildert; im vierten Takt folgen sich die Dreiklänge c-Moll und a-Moll, nur unbedeutend getrübt durch den Baß; der letzte Takt schließlich bringt zwar wieder atonale Akkorde, die aber durch die weite Lage der Töne gemildert werden. Fassen wir zusammen: Die Atonalität ist nicht thematisch-kontrapunktisch bedingt, sondern eine Funktion der Dynamik.

Daß sich atonale Akkorde dem Geräusch annähern, ist allgemein bekannt. Wie der Dreiklang für Messiaen die einfachen Partialtonverhältnisse abbildet, so weist das Geräusch komplexere Strukturen auf. Für Messiaen waren Geräusche von jeher auch musikabel, er fand sie in der Musik Wagners und Debussys vorgebildet, und seine Verwendung der Schlagzeuge — Glocken, Tam-Tams, Xylophone und so fort — ist in allen seinen Orchesterwerken seit *Turangalîla-Symphonie* belegt. Es handelt sich dabei nicht nur um illustrative Musik, obwohl es das folgende Beispiel vermuten ließe, sondern um eine ganz natürliche Fortsetzung in der Suche nach geheimnisvollen Klangfarben, die in anderen Werken auch durch Dreiklänge dargestellt werden können:

Beispiel 7: *Cedar Breaks et le don de la crainte, Des Canyons aux étoiles,* Nr. 5, S. 109

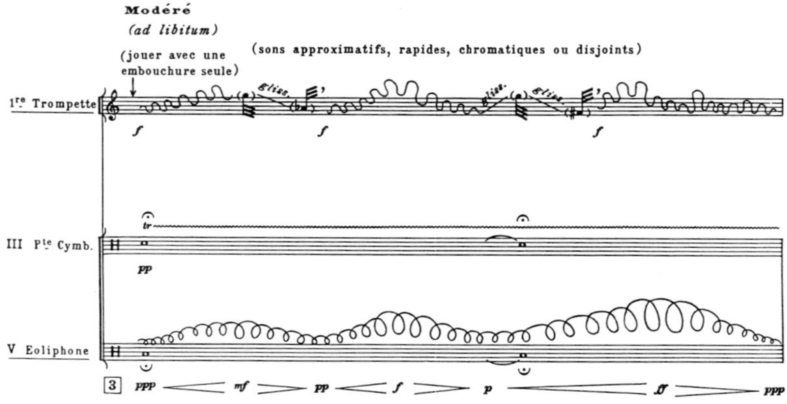

Die Windmaschine und das kleine Becken bringen das Rauschen des Windes in an- und abschwellender Dynamik; so hörte es Messiaen an diesem Ort in Utah, als er den Plan faßte, die Canyons zum Thema seines Werke zu machen. Doch nicht nur die Windmaschine ist graphisch notiert, sondern auch die Trompete, die auf dem Mundstück allein approximative, schnelle, chromatische und weit auseinanderliegende Töne spielen soll, um damit das Heulen des Windes zu imitieren. Das meiste ist dabei dem Belieben des Instrumentalisten überlassen. Messiaen wagt hier einen gefährlichen Schritt in die Zufallsmusik, die er sonst ablehnt. Doch wie immer ist seine Musik auch hier nur ein Mittel, um etwas auszudrücken, mag es auch eine bloße Naturschilderei sein, die aber unmittelbar nach dieser Stelle in die Anrufung Gottes übergeht.

Der Streit darum, ob die Tonalität oder die Atonalität in der Musikgeschichte siegen soll, ob es überhaupt ein solches rein innermusikalisches Problem zu lösen gebe, hat ihn nie interessiert. Messiaen schreibt beschwörende Musik. Die Beschwörung gilt hier Gott und der Herrlichkeit seiner Schöpfung; die Geschicke der Musik losgelöst von diesem Kontext zu betrachten, wäre ihm immer als schiere Vermessenheit erschienen.

„Saint François d'Assise"

1975, im Jahre nach der Entstehung von *Des canyons aux étoiles* ..., erhielt Messiaen von Rolf Liebermann, dem Leiter der Pariser Oper, die Anfrage, ob er ein Werk für dieses Haus komponieren wolle. Messiaen zögerte, da er bis zu diesem Zeitpunkt nie für die Bühne geschrieben hatte, obwohl er seit seiner Kindheit mit Mozarts *Don Giovanni*, Wagners *Ring des Nibelungen* und Debussys *Pelléas et Mélisande* vertraut war, mit Werken, die grundlegend sind zum Verständnis von Messiaens Ästhetik und Kompositionstechnik. Tatsächlich gehen auch die Anregungen zum Sujet des Werkes über den heiligen Franz auf die Jugendjahre zurück, auf die Zeit, als Messiaen Schüler am Conservatoire war: Am 28. Februar 1920 wurden *Paysages franciscains* von Gabriel Pierné aufgeführt und am 9. Juni desselben Jahres *La Légende de Saint-Christophe* von Vincent d'Indy, dem konservativen Wagnerianer, der einen beträchtlichen Einfluß auf die junge Generation der Zeit vor dem Ersten Weltkrieg ausgeübt hatte. Am 19. Juni 1922 wurde Debussys *Le Martyre de Saint-Sébastien* wieder aufgenommen, und am 25. März 1923 wurde *Le Mystère de Jésus* des Debussy-Schülers André Caplet aufgeführt. Diesen Werken wären noch einige andere beizufügen wie *Fra Angelico* von Paul Hillemacher (9. Juni 1924) — der Engel in Messiaens Werk sollte aussehen, als ob er einem Bild dieses florentinischen Renaissance-Malers entstiegen wäre —, *Le Cantique des Cantiques* von Arthur Honegger (16. Juni 1926) mit seinem hymnischen Ernst und vor allem *Le Cantique au Frère Soleil* (12. Januar 1928) von Robert Siohan, dem späteren Kollegen Messiaens als Lehrer am Conservatoire. Es handelt sich dabei um Werke mit hohem religiösem Anspruch, der auch im profanen Bereich, im Konzert oder auf der Bühne, durchgesetzt werden sollte. Diese musikalischen Werke zeigen an, daß das Christentum wieder ernstgenommen wurde nach Jahren der Freigeisterei, der Schwarzen Messen und des Okkultismus, wie sie während des dekadenten Fin de siècle in Blüte standen. Auf literarischem Gebiet bemühten sich Charles Péguy, der schon 1914 im Weltkrieg umkam, und Paul Claudel um den „renouveau catholique", die Erneuerung des Katholizismus, die aber oft sehr engherzige, doktrinäre Züge annahm. Die Pariser zwanziger Jahre sind nicht nur die

„années folles" einer Libertinage derer, die „noch einmal davongekommen sind"; sie sind nicht nur die Jahre von Jean Cocteaus und Erik Saties provokativ antibürgerlichen Stücken. Dieses mondäne und snobistische Treiben blieb jedenfalls Messiaen fremd, und zwar nicht nur während seiner Jugendjahre; bei ihm hatte das nichts zu tun mit der kindlichen Unschuld eines mit elf Jahren aus der Provinz Zugereisten, der, treu überwacht von seiner zärtlichen Mutter, folgsam die Kurse am Conservatoire besuchte. Nein, während seines ganzen Lebens bewahrte er einen gläubigen Ernst, der nicht zu vereinbaren war mit Zirkus und Music-hall, denen damals auch Künstler des ernsten Genres zugeneigt waren.

Messiaen wählte schließlich, nach einigem Zögern, den heiligen Franz als Zentrum seiner Oper, weil dieser Christus am nächsten sei. Er studierte die *Drei-Gefährten-Legende* von Giovanni de Ceprano, das *Leben des heiligen Franz nach seiner Bekehrung* von Thomas de Celano, die Berichte von Bruder Leo und seinen Gefährten, *das Tugendbild des heiligen Franz* von Bonaventura und die volkstümlichen Legenden, die in den *Fioretti* zusammengestellt worden sind. Die Tatsache, daß sich der Poverello mit seinem radikalen Bekenntnis zur Armut und gerade auch durch seine bedingungslose Nähe zu Jesus oft mit der römischen Kurie nicht verstand, interessierte Messiaen nicht, wie aus dem vorher Gesagten leicht zu erraten ist. Er schrieb sich den Text selbst wie in den meisten seiner Vokalwerke. Dieser Text will voll ernstgenommen werden; er ist nicht nur „ein Vehikel, um gute Musik zu machen", wie sich das Ferrucio Busoni am Anfang des Jahrhunderts gewünscht hatte, um den philosophischen Ernst Wagners zu überwinden. Messiaen faßt seinen Text als theologisches Bekenntnis auf, das ebenso wichtig zu nehmen sei wie die Musik. Die Komposition wurde zwischen 1975 und 1979, die Orchestration zwischen 1979 und 1983 geschrieben. Messiaen trennte zwischen Komposition und Orchestration, obwohl es, bei voller Kenntnis seiner Schaffensweise, die gerade die Klangfarbe in den Vordergrund stellt, kaum denkbar ist, daß er zuerst nur abstrakte Tonhöhen und Rhythmen komponiert hätte, ohne an ihre instrumentale Realisation zu denken. Die Uraufführung hätte eigentlich schon ein Jahr früher (1982) stattfinden sollen, und Ruggiero Raimondi war schon als Sänger der Hauptrolle verpflichtet worden. Messiaen dachte auch daran, die Bühnenbilder selbst zu entwerfen und selbst Regie zu führen, was ihm aber die Opéra verweigerte, ohne daß ganz auf seinen Rat bei dieser Arbeit verzichtet wurde. Er konnte also einer Uraufführung entgegensehen, die versuchte, seinen Intentionen so nahe wie möglich zu kommen, im Gegensatz zu der Uraufführung der dreiaktigen Fassung von Alban Bergs *Lulu*, wo Patrick Chéreau an der Pariser Oper sein eigenes und eigenwilliges Regiekonzept realisiert hatte.

Messiaens Absicht, all die Arbeit zu leisten, die bei einem Bühnenwerk im allgemeinen im Teamwork geleistet wird, verrät einen hohen Grad von gläubiger Maßlosigkeit, die sich auch im horrenden vokalen und instrumentalen Aufgebot zeigt, das der Komponist dem Ort der Uraufführung glaubte abverlangen zu können. Nannte man schon sein früheres Werk, *Transfiguration*, eine „Symphonie der Tausend", so müßte man ratlos nach neuen Superlativen suchen, um dieses Werk zu beschreiben. In der *Transfiguration* verlangt Messiaen je zehn Sänger für jede Stimmlage: erster und zweiter Sopran, Mezzosopran, erster und zweiter Alt, erster und zweiter Tenor, erster und zweiter Baß, im ganzen also 90 Sänger, in *Saint François* sollten es eigentlich 150 Sänger sein (je 15 pro Stimmlage), doch die Opéra gewährte Messiaen schließlich „nur" 100, da auch auf dieser sehr großen Bühne kaum Raum für mehr Personen gewesen wäre. Für die Streicher schwebte ihm die Wagnersche Formation vor: je 16 erste und zweite Violinen, 14 Bratschen, 12 Celli und 10 Kontrabässe. Auch hier mußte er sich gewisse Einschränkungen gefallen lassen; die Stimmenproportionen wurden reduziert auf 12 — 12 — 10 — 8 — 6.

Die Angaben im Werkkatalog dieses Buches über die jeweilige instrumentale Besetzung der einzelnen Werke würden ins Ungemessene wachsen, wenn jedes Instrument in seiner besonderen Stimmung angeführt würde, doch hier sei eine Ausnahme gemacht, um bei Messiaens monumentalstem Werk den Grad der Differenzierung zu zeigen, die jede Stimmgruppe auszeichnet: Messiaen verlangt 7 Flöten — 3 Piccolos, 3 große Flöten und 1 Flöte in G —, 3 Oboen, 1 Englisch Horn und 7 Klarinetten — 2 Klarinetten in Es, 3 Klarinetten in B und 1 Baßklarinette. Nach 4 Fagotten werden 5 Idiophone verlangt, die auch in anderen Werken Messiaens vorkommen und ein ganz spezifisches, exotisches Klangklima kreieren: 1 Xylophon, 1 Xylorimba, 1 Marimba, 1 Glockenspiel mit Schlägeln und 1 Vibraphon, alle selbstverständlich in ihrer größten Ausführung mit dem weitesten Ambitus. Das Blech weist die folgenden Instrumente auf: 1 Trompete in D, 3 Trompeten in C, 6 Hörner, 3 Posaunen, 2 Tuben und 1 Kontrabaß-Tuba.

Die drei Ondes Martenot, die ins Orchester integriert sind, sind eine französische Spezialität, ein elektroakustisches Instrument der Zwischenkriegszeit — in Deutschland erschien damals das Trautonium. Die Ondes haben den Nachteil, nur monodische Linien realisieren zu können, der Klang ist aber sehr modulierbar und geht von kaum hörbaren, aber obertonreichen sphärischen Lauten bis zum drohenden Heulen oder Donnern. Der Ambitus ist nahezu unbegrenzt und reicht vom Knattern der tiefsten Lagen bis zu kaum mehr hörbaren Pfeiftönen. Die Schwester von Yvonne Loriod, Jeanne Loriod, hat am Pariser Conservatoire noch heute (1986) eine Klasse von Ondistes, die öffentlich tätig sind. Messiaen hat sein Stück *Fête des Belles-Eaux* aus den dreißiger Jahren für sechs Ondes Martenot geschrieben, die vor allem in den extrem langsamen Partien die süße Gewalt ihrer endlos gehaltenen Töne wirken lassen. André Jolivet, Messiaens Kollege in La Jeune France aus den dreißiger Jahren, hat ein Konzert mit Orchester für dasselbe Instrument geschrieben.

Besondere Aufmerksamkeit verdient in Messiaens Orchester der Oper auch das eigentliche Schlagzeug neben den Idiophonen, für das er fünf Instrumentalisten braucht, die die folgenden Schlagzeuge zu spielen haben.

— 1. Schlagzeuger: 1 Spiel für Röhrenglocken von c' bis f'', Claves, Militärtrommel, Äoliphon (Windmaschine).

— 2. Schlagzeuger: Triangel, Claves, 6 temple blocks (in Terzen gestimmt), sehr kleines Becken, kleines Becken, aufgehängtes Becken.

— 3. Schlagzeuger: Triangel, Claves, Wood block, Wood chimes, baskisches Tamburin, 3 Gongs (von hoch bis tief).

— 4. Schlagzeuger: Triangel, Claves, Jeu de crotales von c'' bis c'''', großes Becken, aufgehängtes Becken, mittleres und tiefes Tom, 3 Tam-Tams (von mittlerer bis sehr tiefer Tiefe).

— 5. Schlagzeuger: Spiel von Röhrenglocken von c' bis f'', Claves, Wellblech, Große Trommel, Geophon (Sandmaschine).

Damit die Geräusche im höchsten Grade differenziert wirken, sollen die verschiedenen Claves und Triangel von unterschiedlicher Tonhöhe sein, und es sind unbedingt zwei Spiele von Röhrenglocken erforderlich. Das Geophon, eine Erfindung von Messiaen, ist ein platter Tambur mit zwei Fellen (eines oben, eines unten) im Abstand von 20 cm und miteinander durch einen Holzring verbunden. Im Innern befinden sich Bleikörner, die bei der Bewegung des Instrumentes ein Geräusch erzeugen, das dem Rollen von Erde und Kieseln entspricht, die sich am Meeresufer durch die Einwirkung von Wellen hin und her bewegen.

Das riesige Orchester konnte bei der Uraufführung selbstverständlich nicht allein im Orchestergraben aufgestellt werden; dort befanden sich nur die Streicher mit den fünf Schlagzeugern, während die Holzbläser links und die Idiophone rechts auf einem Gerüst über dem Orchestergraben plaziert waren. Das Blech und die Ondes spielten in den Proszeniumslogen.

Das Werk ist, wie nicht anders von Messiaen zu erwarten war, keine Oper und kein Musikdrama geworden. Er nennt es denn auch im Untertitel „Scènes franciscaines", die er von 1 bis 8 durchgehend numeriert hat, obwohl er doch von 3 Akten spricht, zwischen denen in Paris jeweils sehr lange Pausen eingeschoben wurden. Die Aufführungen begannen um 6 Uhr abends und endeten gegen Mitternacht, hatten also durchaus Bayreuther Dimensionen. Die Handlungen der einzelnen Szenen seien im folgenden kurz zusammengefaßt:

— 1. Akt, 1. Szene: *La Croix*. Der Text inspirierte sich am 8. Kapitel der *Fioretti*, das *Die vollkommene Freude* heißt, die eben gerade in der tiefsten Demütigung besteht, die die Welt dem Menschen antun kann. Der heilige Franz erzählt davon Bruder Léon. Messiaen verzichtete darauf, diese Szene nach den *Fioretti* mit *Die vollkommene Freude* zu betiteln, weil er glaubte, er würde vom Publikum mißverstanden, das sich nicht vorstellen könne, daß diese Freude nur in der Hinnahme des Kreuzes, des Leidens bestehen kann.
— 2. Szene: *Les Laudes*. Der Text bezieht sich auf Strophen aus dem *Lobgesang der Geschöpfe* von Franz selbst und schließt mit der Bitte an Gott, ihm einen Leprakranken zu schicken, den er ungeachtet seiner Häßlichkeit demütig lieben könne.
— 3. Szene: *Le Baiser au Lépreux*. Nach einigem Zögern vor dem schrecklichen Anblick eines Leprakranken, der Gott und die Welt verwünscht, gelingt es Franz, den Unglücklichen zu küssen und zu erlösen. Die Handlung stammt aus dem 25. Kapitel der *Fioretti*.
— 2. Akt, 4. Szene: *L'Ange voyageur*. Ein Engel klopft an die Türe der Behausung der Brüder, wird zuerst nicht als himmlischer Bote erkannt und zornig von Bruder Elie abgewiesen, um dann später bei Bruder Bernard einen verständigen Partner im Gespräch über das eigentliche

Leben nach dem Tod zu finden. Die Episode findet sich im 4. Kapitel der *Fioretti.*

— 5. Szene: *L'Ange musicien.* Franz hört die überirdische Musik des Engels, unter deren Einwirkung er fast stirbt, um schließlich von Bruder Léon ohnmächtig aufgefunden zu werden. Die Episode bezieht sich auf die *2. Considération sur les Stigmates.*

— 6. Szene: *Le Prêche aux oiseaux.* Frei nach dem 16. Kapitel der *Fioretti* predigt Franz den Vögeln, und zwar nicht nur denjenigen Umbriens, sondern auch denen aus Neu-Kaledonien, von den Antipoden, die er im Traum zu sehen glaubt.

— 3. Akt, 7. Szene: *Les Stigmates.* Wie es in der *3. Considération sur les Stigmates* beschrieben wird, erhält der Heilige nach inbrünstigem Beten und langem Kampf die fünf Wunden Christi.

— 8. Szene: *La Mort et la nouvelle Vie.* Franz nimmt Abschied von seinen Brüdern, faßt den Sinn und Zweck seines Lebens zusammen und stirbt als ein Erleuchteter.

Die Beziehungen zwischen Franz und seiner Freundin, der heiligen Klara, wurden ausgeklammert, da sonst auf der Bühne unweigerlich der fatale Eindruck eines Liebesduetts entstanden wäre. Gerne hätte Messiaen die Geschichte von der Zähmung des Wolfs von Gubbio (21. Kapitel der *Fioretti*) aufgenommen, wenn nicht die glaubwürdige Darstellung eines Tieres problematisch gewesen wäre. Der Konflikt zwischen Franz und seinem Vater wurde ebenfalls nicht aufgenommen, da sich der Komponist, wie er mir bekannte, nicht habe dem Verdacht aussetzen wollen, öffentlich seinen eigenen Ödipus-Komplex abzureagieren — eine erstaunliche Bemerkung in einer Zeit, in der sich Künstler einen Namen machen, indem sie ihre höchstpersönlichen Probleme dem Publikum feilbieten, sie führt aber ins Zentrum des Sinnes dieses Werkes, das nicht einfach eine dramatische Handlung ist — nur in der Szene mit dem Leprakranken kommt eine konflikthafte Stimmung auf —; das Ganze ist vielmehr einzig und allein zum Ruhme Gottes geschrieben worden, neben dem allzu menschliche Elemente wie die Vater-Sohn-Beziehung und die Freundschaft mit Klara verblassen müssen. „Gloria Dei" ist auch in den anderen religiösen, aber nicht eigentlich liturgischen Werken Messiaens fast ausschließlich das Thema und nicht etwa die Passion Christi, die für deutsch-protestantische Kreise im Vordergrund steht; die Katholiken feiern ja auch nicht mit großen Festlichkeiten den Karfreitag. Das Werk ist im wörtlichen und nicht nur römischen Sinne katholisch, weltumspannend, weil nicht nur umbrische, sondern auch viele exotische Vögel im Orchester wiedergegeben werden und die Dramaturgie mit ihrer extremen Langsamkeit der Personenführung beim Auftritt des Engels, der sachte einen Fuß vor den anderen setzt, und bei der ereignislosen Länge der Lobpreisungen und der Predigt an die Vögel an das japanische No-Spiel anknüpfen soll.

Die Szene entsprach fast durchweg Messiaens Wünschen: Die Brüder trugen „richtige" franziskanische Kutten, der Engel mit seinen in allen Regenbogenfarben schimmernden Flügeln schien, wie erwähnt, aus einem Bild von Fra Angelico zu stammen, und der Hintergrund war in Landschaft und Architektur „echt" umbrisch: Man sah das Kirchlein von Portiuncula und viele romanische Bogengänge, umstanden von Zypressen. Der Versuch zu abstrahieren wurde nicht gemacht, was nicht unbedingt auf Messiaens Unerfahrenheit auf szenischem Gebiet zurückzuführen ist, sondern auf die Haltung der Postmoderne, wo alles Zitat wird. Nur bei der Erwähnung der exotischen Vögel, die Franz während seiner Predigt zu sehen glaubt, verdunkelte sich das Bühnenbild und machte einen träumerisch unwirklichen Eindruck; das Flattern der Vögel selbst wurde mit Laserstrahlen wiedergegeben. Das weiße Licht bei der Verklärung des Heiligen war Messiaen noch nicht hell genug, obwohl die Pariser Oper alles an technischen Möglichkeiten mobilisierte, was ihr zur Verfügung stand. Dieses weiße Licht, das alle Farben in sich faßt, wäre für Messiaen das Höchste und Reinste gewesen. In der Oper *Ariane et Barbe-Bleue* von Paul Dukas, seinem Kompositionslehrer während der zwanziger Jahre, weist Ariane die in allen Farben leuchtenden Edelsteine zurück und wählt für sich die reinen, klaren Diamanten; damit zeigt sie sich allen weltlichen Versuchungen abgeneigt und nur dem Unbedingten, Absoluten ergeben. Messiaen war von dieser Szene schon früh sehr beeindruckt; das Stück erschien am 25. April 1921 in Paris an der Opéra comique wieder auf der Bühne, wo er es sehen konnte.

Die Musik arbeitet mit sehr einprägsamen Motiven, die intervallisch, harmonisch und rhythmisch streng definiert sind. Vor allen übrigen Intervallen tritt der Tritonus deutlich hervor, der für Messiaen weder eine dominantische Spannung noch eine extrem atonale Qualität besitzt wie zum Beispiel in der Neuen Wiener Schule, er ist für ihn vielmehr das schönste, ruhigste und mildeste Intervall. Die Intervalle sind aber auch durch die Klangfarbe voneinander abgehoben, und zwar in zweifachem Sinne: Bestimmte Instrumentenfamilien sind bestimmten Klangfarben zugeordnet, und die Akkorde selbst sind changierende Klangfarben. Von Leitmotiven im Wagnerschen Sinne darf aber nicht gesprochen werden, da sie nicht sonatenhaft in Durchführungstechnik variiert werden; es handelt sich hier eher um zyklische Themen wie in *Vingt Regards sur l'enfant Jesus* oder *Harawi*, wo sie genau wie hier unverändert, als Erinnerungsmotive, von Zeit zu Zeit wieder auftauchen. Auffällig ist bei der Größe des Klangapparats die Abwesenheit von Kontrapunkt; die Instrumentalgruppen antworten sich meist chorisch und stehen antiphonisch nebeneinander. Es herrscht keine auf ein bestimmtes Ziel wie die Reprise in der Sonatenform gerichtete Dynamik. Das Stück mit seiner immensen Länge soll als Ritual der Lobpreisung fraglos hingenommen werden, was nach Messiaens Absicht auch vollkommen gelang, denn nie wurden in Paris während all der acht Aufführungen im November und Dezember 1983 öffentliche Proteste laut, obwohl sich die Presse „post festum" zum Teil in schnöden Tiraden erging. Messiaen verstand es, sich mit unbeirrbarer Sanftheit und auch gewaltsam beschwörender Klangmagie beim sonst so skeptischen Pariser Publikum durchzusetzen. Freilich finden sich in diesem Werk die verschiedensten Stilebenen, die zwei Extrempunkte aufweisen: einerseits die kaum getrübten tonalen Dreiklänge der Ondes Martenot, anderseits die äußerst konstruktivistische Technik in der 7. Szene — wo Franz die Stigmata empfängt —, die auf den *Mode de valeurs et d'intensités* (1949) verweist, der für die Entstehung des Serialismus der fünfziger Jahre von entscheidender Bedeutung war.

Allgegenwärtig sind aber die Vogelrufe, die Messiaen auf der ganzen Welt sammelte und die auch in andern Werken von ihm vorkommen. Die Musik zu seiner Oper habe er von den Vögeln gelernt, erklärte er mir am 16. Dezember 1985 in seiner Pariser Wohnung. Es ist nebensächlich, ob man Messiaen als Ornithologe ernstnehmen will oder nicht, doch die Vögel loben nach seiner Überzeugung Gott und dessen Liebe. Schritt für Schritt durch die sinnlich erfahrbare Welt hindurch will er sich der göttlichen Wahrheit nähern. Deshalb sind des heiligen Franz letzte Worte auch Messiaens künstlerisches und allgemein-menschliches Glaubensbekenntnis: „Seigneur! Seigneur! Musique et Poésie m'ont conduit vers Toi: par image, par symbole, et par défaut de Vérité. Seigneur! Seigneur! Illumine-moi de ta Présence! Délivre-moi, enivre-moi, éblouis-moi pour toujours de ton excès de Vérité . . ." (Herr! Herr! Musik und Dichtung haben mich zu Dir geführt: durch Bild, durch Symbol und weil mir die Wahrheit fehlt. Herr! Herr! Erleuchte mich mit deiner Gegenwart! Erlöse mich, berausche mich, blende mich für immer mit deinem Übermaß an Wahrheit . . .)

Die Wahrheit ist nur bei Gott und deshalb nie ganz zu erreichen; die sichtbare Welt aber wird gläubig und dankbar genossen in ihren noch nicht korrumpierten Aspekten, die in exaltierter Form eine Oper, ein Bühnenstück ergeben können, dem nichts Profanes mehr anhaftet. Das Stück wurde in seiner integralen Form seit 1983 nicht mehr aufgeführt, sondern nur noch einzelne Szenen, so in Salzburg 1985 und in Japan. Der Aufwand an musikalischen Mitteln und die Aufführungsdauer sind ganz einfach zu groß. Hinter der Tatsache, daß es sich um acht Szenen handelt, soll nach Messiaens Meinung auch keine Symbolik verborgen sein. Immerhin ist es auffällig, daß Franz in der 7. Szene die Wunden Christi empfängt: Die Zahl 7 ist eine heilige — und auch böse — Primzahl und der westlichen Rhythmik vor Messiaen eher fremd, was sie für ihn, den Meister der altgriechischen und indischen Rhythmen, besonders attraktiv macht. Ernüchtert müßte man aber feststellen, daß dieses Werk auf einer normalen Opernbühne nicht lebensfähig ist; es bleibt eine Ausnahme von liebevoller Maßlosigkeit, die sich einmal, vor Weihnachten 1983, in Paris voll ausleben durfte. Doch wäre es kleinlich, deshalb Tadel anzubringen. Einen Menschen wie Messiaen kritisiert man nicht, man versucht ihn zu verstehen.

Messiaen im Bild

(Alle Fotos wurden bis jetzt noch nicht veröffentlicht und stammen aus der privaten Sammlung von Madame Loriod.)

1 Olivier auf den Knien seiner Mutter, der Dichterin Cécile Sauvage, im Jahre 1909.

2 Die Meije oder Meidje, Messiaens „heiliger Berg“ in den Hochalpen bei Grenoble. Diesen Berg vor sich, hat Messiaen die meisten seiner Werke komponiert.

3 Messiaen 1971 an der Orgel der Kirche La Sainte Trinité, wo er noch bis heute (1987) immer sein Amt versieht, wenn er nicht von Paris abwesend ist.

4 Messiaen in den Anblick der kostbaren Steine des Pariser Musée lapidaire versunken. In *Couleurs de la cité céleste* versuchte er, die Farben der Steine des Himmlischen Jerusalems wiederzugeben.

5 Darius Milhaud mit Messiaen im Sommer 1962 in Aspen (Colorado). Milhaud war Messiaens Vorgänger als Kompositionslehrer am Conservatoire.

6 Pierre Boulez, Yvonne Loriod und Messiaen während der Aufnahmen von *Couleurs de la Cité céleste* im Januar 1966 in Paris. Madame Loriod hat sowohl die Werke ihres Gatten als auch diejenigen von Boulez immer wieder aufgeführt.

7 Bruno Maderna mit Messiaen vor dem Orchester national de France nach einem Konzert in Persepolis im Jahre 1969. Maderna machte sich als Komponist und Dirigent neuer Musik in Darmstadt und überall auf der Welt einen guten Namen; er war auch mit Boulez eng befreundet.

8 Seiji Osawa, Henri Dutilleux, Charles Münch und Messiaen am Festival von Besançon. Osawa wurde von Messiaen entdeckt und leitete dann 1983 die Uraufführung von *Saint François d'Assise* in Paris und viele der folgenden Aufführungen in Europa und Übersee.

9 Messiaen in seiner Kompositionsklasse am Conservatoire: Der zweite von rechts ist Michel Béroff, der neben Yvonne Loriod immer wieder die Klavierwerke von Messiaen aufführt, ganz links der Komponist Michael Lévinas.

10 Messiaen 1973, in Frankreich Vogelstimmen notierend.

11 Messiaen und Yvonne Loriod im Jahre 1973, Vogelrufe auf Tonband aufnehmend.

12 Yvonne Loriod und Messiaen im November 1985 in Kyoto. Messiaens prächtiger Shawl wurde von Madame Loriod gestrickt.

Anhang

Chronologie

Diese Chronologie folgt bis 1983 Paul Griffiths (*Olivier Messiaen and the Music of Time*, London 1986, S. 253ff.) und wird noch ergänzt. Sie erwähnt keine kulturellen Querverbindungen, da diese in den voranstehenden Kapiteln dieses Buches zur Genüge besprochen werden. In Klammern werden die wichtigsten Hinweise auf den Schaffensprozeß Messiaens angegeben.

1908 — 10. Dezember: Geburt von Olivier Eugène Prosper Charles Messiaen in Avignon als erstem Sohn von Pierre Messiaen und Cécile Sauvage.

1914 — Pierre Messiaen muß in den Krieg, Cécile Messiaen bringt Olivier und seinen jüngeren Bruder Alain nach Grenoble zu ihrer Mutter.

1917 — Erste Klavierstunden (*La Dame de Shalott*).

1918 — Pierre Messiaen kehrt zu seiner Familie zurück und bringt sie nach Nantes.

1919 — Die Familie läßt sich in Paris nieder, wo Olivier das Conservatoire besucht.

1921 — (*Deux Ballades de Villon*).

1924 — Zweiter Preis in Harmonielehre bei Jean Gallon.

1925 — (*La Tristesse d'un grand ciel blanc*).

1926 — Erster Preis in Kontrapunkt und Fuge bei Caussade.

1927 — Erster Preis in Klavierbegleitung bei Estyle (*Esquisse modale*).

1928 — (*Le Banquet céleste*, Beginn der *Préludes*).

1929 — Erster Preis im Orgelspiel bei Dupré, erster erfolgloser Versuch, den Rompreis zu erlangen (Vollendung der *Préludes*).

1930 — Erster Preis in Komposition bei Dukas, zweiter erfolgloser Versuch, den Rompreis zu erlangen (*Diptyque, La Mort du nombre, Les Offrandes oubliées, Trois Mélodies*).

1931 — Zum Organisten an der Trinité ernannt. Erstes Erscheinen in der Öffentlichkeit mit *Les Offrandes oubliées*, dirigiert von Straram am 19. Februar. Hört balinesische Gamelan-Musik an der Exposition Coloniale (*Le Tombeau resplendissant*).

1932 — Heirat mit Claire Delbos. Monteux dirigiert *Le Tombeau resplendissant* (*Apparition de l'église éternelle, Hymne au Saint Sacrement, Fantasie burlesque, Thème et variations*).

1933 — Straram dirigiert die *Hymne au Saint Sacrement* am 19. März (*L'Ascension*, Orchesterfassung).

1934 — (*L'Ascension*, Orgelfassung).

1935 — Siohan dirigiert *L'Ascension* im Februar (*La Nativité du Seigneur*).

1936 — Gründung von La Jeune France mit Jolivet, Daniel-Lesur und Baudrier. Beginn der Unterrichtstätigkeit an der Ecole Normale de Musique und der Schola Cantorum (*Poèmes pour Mi*).

1937 — 14. Juli Geburt des Sohnes Pascal. Uraufführung der *Poèmes pour Mi* am 28. April (*Fêtes des Belles-Eaux, O sacrum convivium*).

1938 — Spielt zwei Stücke aus *La Nativité du Seigneur* im Juni beim IGNM-Festival in London (*Chants de terre et de ciel*).

1939 — Zum Kriegsdienst einberufen (*Les Corps glorieux*).

1940 — Gefangennahme im Mai und Überführung nach Görlitz in Schlesien (Beginn des *Quatuor pour la fin du temps*).

1941 — Vor seiner Entlassung Uraufführung des *Quatuor pour la fin du temps* im Gefangenenlager. Zum Harmonielehrer am Conservatoire ernannt.

1942 — Beginnt *Technique de mon langage musical.*

1943 — Beginn der Privatkurse in Komposition, die von Yvonne Loriod, Pierre Boulez und anderen besucht werden (*Visions de l'Amen, Rondeau*).

1944 — Veröffentlichung der *Technique de mon langage musical* (*Trois petites Liturgies de la présence divine* vollendet, *Vingt Regards sur l'enfant Jésus*).

1945 — Uraufführung der *Vingt Regards sur l'enfant Jésus* am 26. März, von *Les Corps glorieux* am 15. April und von *Trois petites Liturgies de la présence divine* am 21. April (*Harawi*).

1946 — (*Turangalîla-Symphonie* begonnen).

1947 — Zum Lehrer einer Analyse-Klasse am Conservatoire ernannt. Erste Reise nach den Vereinigten Staaten, wo Stokovski die *Hymne au Saint Sacrement* und Koussevitsky *L'Ascension* dirigierten.

1948 — (*Turangalîla-Symphonie* vollendet).

1949 — Lehrt in Tanglewood und Darmstadt. Uraufführung von

Turangalîla-Symphonie am 2. Dezember in Boston (*Cantéyodjayâ, Cinq Rechants, Mode de valeurs et d'intensités, Neumes rythmiques*).

1950 — Lehrt in Darmstadt. Europäische Erstaufführung von *Turangalîla-Symphonie* am 25. Juli in Aix-en-Provence (*Ile de feu* I und II, *Messe de la Pentecôte*).

1951 — Lehrt in Darmstadt, wo Stockhausen von *Mode de valeurs et d'intensités* beeindruckt wird. Aufnahme von *Quatre Etudes du rythme* erscheint (*Livre d'orgue, Le Merle noir*).

1952 — (*Timbres-durées*).

1953 — Uraufführung des *Livre d'orgue* am 23. April in Stuttgart und von *Réveil des oiseaux* am 11. Oktober in Donaueschingen (*Réveil des oiseaux*).

1955 — Spielt am 21. März das *Livre d'orgue* in einem Konzert des Domaine Musical (*Oiseaux exotique* begonnen).

1956 — Uraufführung von *Oiseaux exotiques* am 10. März im Domaine Musical (*Catalogue d'oiseaux* begonnen).

1958 — (*Catalogue d'oiseaux* vollendet).

1959 — Uraufführung von *Catalogue d'oiseaux* am 15. April in Paris. Tod von Claire Delbos, Messiaens erster Frau (*Chronochromie* begonnen).

1960 — Uraufführung von *Chronochromie* am 16. Oktober in Donaueschingen (*Verset pour la fête de la Dédicace*).

1962 — Heirat mit Yvonne Loriod. Erster Besuch Japans (*Sept Haïkaï*).

1963 — Uraufführung der *Sept Haïkaï* am 30. Oktober durch Domaine Musical unter der Leitung von Boulez in Paris (*Couleurs de la cité céleste*).

1964 — Uraufführung von *Couleurs de la cité céleste* am 17. Oktober durch Domaine Musical unter der Leitung von Boulez in Donaueschingen (*Et exspecto resurrectionem mortuorum*).

1965 — Uraufführung von *Et exspecto resurrectionem mortuorum* am 7. Mai in der Sainte-Chapelle (*La Transfiguration de Notre-Seigneur Jésus-Christ* begonnen).

1966 — Zum Kompositionslehrer am Conservatoire ernannt.

1967 — Ins Institut de France gewählt.

1969 — Uraufführung von *La Transfiguration de Notre-Seigneur Jésus-Christ* am 7. Juni in Lissabon (*Méditations sur le Mystère de la Sainte Trinité*).

1970 — (*La Fauvette des jardins*).
1971 — Erhält den Erasmus-Preis (*Des Canyons aux étoiles*... begonnen).
1972 — Uraufführung von *Méditations sur le Mystère de la Sainte Trinité* am 20. März in Washington und von *La Fauvette des jardins* am 7. November in Paris.
1974 — Uraufführung von *Des Canyons aux étoiles*... am 20. November in New York.
1975 — (*Saint François d'Assise* begonnen).
1978 — Ende der Lehrtätigkeit am Conservatoire. Messiaen-Fest im November und Dezember in Paris zur Feier seines 70. Geburtstages. White Cliffs in Utah am 5. August in Mount Messiaen umbenannt.
1983 — Uraufführung von *Saint François d'Assise* am 28. November an der Pariser Opéra.
1984 — (*Livre du Saint Sacrement* begonnen).
1985 — Reise nach Japan.
1986 — Reise nach Japan und den Vereinigten Staaten, Uraufführung des *Livre du Saint Sacrement* am 1. Juli in Detroit (*Petites Esquisses d'oiseaux*).
1987 — Uraufführung von *Petites Esquisses d'oiseaux* am 26. Januar in Paris zur Feier des zehnjährigen Bestehens des Ensemble InterContemporain.

Werkverzeichnis

Dieses Werkverzeichnis ist nach Gattungen geordnet und gibt Auskunft über Titel, Untertitel, Besetzung, Titel der einzelnen Abschnitte, Zeit der Komposition, Ort und Interpreten der Uraufführung (UA), Aufführungsdauer und Verleger. Für eine Diskographie konsultiere man Claude Samuel: *Entretiens avec Olivier Messiaen,* Paris 1967, Paul Griffiths: *Olivier Messiaen and the Music of Time*, London 1986, und O. Messiaen: *Musique et couleurs. Nouveaux entretiens avec Claude Samuel,* Paris 1986. Das Verzeichnis folgt Paul Griffiths und wurde noch ergänzt. Weitere Angaben über Aufführungen, die unmittelbar der Uraufführung folgen, finden sich bei Halbreich: *Messiaen,* Paris 1980. Der Name des Komponisten wird im folgenden immer mit O. M. abgekürzt.

I Oper

— *Saint Francois d'Assise*
Scènes franciscaines
Solo-Rollen: Saint François (Bar), Frère Léon (Bar), Le Lépreux (T), L'Ange (S), Frère Massée (T), Frère Elie (T), Frère Bernard (B), Frère Sylvestre (B), Frère Rufin (B).
Chor: S. S. Mezzo. A. A. T. T. Bar. B. B. (Jeweils 15 Sänger pro Stimme).
Orchester: 7. 4. 8. 4. — 6. 4. 3. 3 — 5 Idiophone, 5 Schlagzeuger, 3 Ondes Martenot — 16. 16. 14. 12. 10.
I. Akt, 1. Szene: *La Croix*, 2. Szene: *Les Laudes*, 3. Szene: *Le Baiser au Lépreux.*
II. Akt, 4. Szene: *L'Ange voyageur*, 5. Szene: *L'Ange musicien*, 6. Szene: *Le prêche aux oiseaux.*
III. Akt, 7. Szene: *Les Stigmates*, 8. Szene: *La Mort et la nouvelle vie.*
Komponiert: 1975—1979.
Orchestriert: 1979—1983.
UA: 28. November 1983, Opéra Paris.
José van Dam (Saint François), Michel Philippe (Frère Léon), Kenneth

Riegel (Le Lépreux), Christiane Eda-Pierre (L'Ange), Chor und Orchester der Opéra/Seiji Osawa, Inszenierung: Sandro Sequi, Ausstattung: Giuseppe Crisolini-Malateste.
Dauer: I. Akt 80 Minuten, II. Akt 120 Minuten, III. Akt 60 Minuten.
Verlag: Leduc.

II Orchesterwerke

— *Fuge in d-Moll*
Komponiert: 1928, Paris.
— *Le Banquet eucharistique*
Komponiert: 1928, Fuligny.
UA: Paris, Conservatoire, Studentenorchester/Henri Rabaud.
— *Simple Chant d'une âme*
Komponiert: 1930, Paris.
— *Les Offrandes oubliées*
Méditation symphonique
Orchester: 3. 3. 3. 3. — 4. 3. 3. 1. — Pauken, Schlagzeug — Streicher.
Komponiert: 1930, Fuligny.
UA: 19. Februar 1931, Thêatre des Champs-Elysées, Paris. Straram-Orchester/Walter Straram.
Dauer: 11 1/2 Minuten.
Verlag: Durand (Studienpartitur und Klavierauszug).
— *Le Tombeau resplendissant*
Orchester: 3. 3. 3. 3. — 4. 3. 3. 1. — Pauken, Schlagzeug — Streicher.
Komponiert: 1931, Fuligny.
UA: 1932, Paris. Orchester/Pierre Monteux.
— *Hymne au Saint Sacrement*
Orchester: 3. 3. 3. 3. — 4. 3. 3. 0. — Pauken, Schlagzeug — Streicher.
Komponiert: 1932, Paris.
UA: 13. März 1933, Paris. Straram-Orchester/Walter Straram.
Dauer: 13 Minuten.
Verlag: Broude Bros.
— *L'Ascension*
Méditations symphoniques

Orchester: 3. 3. 3. 3. 3. — 4. 3. 3. 1. — Pauken, Schlagzeug — 16. 16. 14. 12. 10.
1. *Majesté du Christ demandant sa gloire à son Père*, 2. *Alléluias sereins d'une âme qui désire le ciel*, 3. *Alléluia sur la trompette, alléluia sur la cymbale*, 4. *Prière du Christ montant vers son Père.*
Komponiert: Mai 1932, Paris — Juli 1932, Neussargues.
Orchestriert: Mai — Juli 1933, Monaco.
UA: Februar 1935, Paris. Orchester/Robert Siohan.
Dauer: 30 Minuten.
Verlag: Leduc (Studienpartitur).
(Siehe auch *L'Ascension* unter den Orgelwerken).

— *Turangalîla-Symphonie*
Orchester: 3. 3. 3. 3. — 4. 5. 3. 1. — Solo-Klavier, Ondes Martenot solo, Glockenspiel, Celesta, Vibraphon, 5 Schlagzeuger — 16. 16. 14. 12. 10.
1. *Introduction*, 2. *Chant d'amour I*, 3. *Turangalîla I*, 4. *Chant d'amour II*, 5. *Joie du sang des étoiles*, 6. *Jardin du sommeil d'amour*, 7. *Turangalîla II*, 8. *Développement de l'amour*, 9. *Turangalîla III*, 10. *Final.*
Komponiert: 17. Juli 1946 — 29. November 1948.
UA: 2. Dezember 1949, Symphony Hall, Boston. Yvonne Loriod, Ginette Martenot, Boston Symphony Orchestra/Leonard Bernstein.
Dauer: 75 Minuten.
Verlag: Durand (Studienpartitur).

— *Réveil des oiseaux*
Orchester: 4. 3. 4. 3. — 2. 2. 0. 0. — Solo-Klavier, Celesta, Xylophon, Glockenspiel, 2 Schlagzeuger — 8. 8. 8. 8. 6.
Komponiert: 1953 vollendet.
UA: 11. Oktober 1953, Donaueschingen. Yvonne Loriod, Orchester des SWF/Hans Rosbaud.
Dauer: 20 Minuten.
Verlag: Durand (Studienpartitur, Solo-Stimme).

— *Oiseaux exotiques*
Orchester: 2. 1. 3. 1. — 2. 1. 0. 0. — Solo-Klavier, Glockenspiel, Xylophon, 5 Schlagzeuger.
Komponiert: 5. Oktober 1955 — 23. Januar 1956.
UA: 10. März 1956, Petit Théâtre Marigny, Paris. Yvonne Loriod, Domaine Musical/Rudolf Albert.

Dauer: 13—14 Minuten.
Verlag: Universal (Studienpartitur, Solo-Stimme).

— *Chronochromie*
Orchester: 4. 3. 4. 3. — 4. 4. 3. 1. — Glockenspiel, Xylophon, Marimba, 3 Schlagzeuger — 16. 16. 14. 12. 10.
1. *Introduction*, 2. *Strophe I*, 3. *Antistrophe I*, 4. *Strophe II*, 5. *Antistrophe II*, 6. *Epode*, 7. *Coda*.
Komponiert: 1959—1960.
UA: 16. Oktober 1960, Donaueschingen. Orchester des SWF/Hans Rosbaud.
Dauer: 22 Minuten.
Verlag: Leduc (Studienpartitur).

— *Sept Haïkaï*
Esquisses japonaises
Orchester: 2. 3. 4. 2. — 0. 1. 1. 0. — Solo-Klavier, Xylophon, Marimba, 4 Schlagzeuger — 8. 0. 0. 0. 0.
1. *Introduction*, 2. *Le Parc de Nara et les lanternes de pierre*, 3. *Yamanaka-Cadenza*, 4. *Gagaku*, 5. *Miyajima et le torii dans la mer*, 6. *Les Oiseaux de Karuizawa*, 7. *Coda*.
Komponiert: 1962.
UA: 30. Oktober 1963, Odéon-Théâtre, Paris. Yvonne Loriod, Domaine Musical/Pierre Boulez.
Dauer: 20 Minuten.
Verlag: Leduc (Studienpartitur, Solo-Stimme).

— *Couleurs de la cité céleste*
Orchester: 0. 0. 3. 0. — 2. 4. 4. 0. — Solo-Klavier, Xylophon, Xylorimba, Marimba, 3 Schlagzeuger.
Komponiert: 1963.
UA: 17. Oktober 1964, Donaueschingen. Yvonne Loriod, Domaine Musical/Pierre Boulez.
Dauer: 16—17 Minuten.
Verlag: Leduc (Studienpartitur, Solo-Stimme).

— *Et exspecto resurrectionem mortuorum*
Orchester: 5. 4. 5. 4. — 6. 4. 4. 2. — 3 Schlagzeuger.
1. *Des profondeurs de l'abîme, je crie vers toi, Seigneur: Seigneur, écoute ma voix!* 2. *Le Christ, ressuscité des morts, ne meurt plus; la mort n'a plus sur*

lui d'empire. 3. *L'heure vient où les morts entendront la voix du fils de Dieu.* 4. *Ils ressusciteront, glorieux, avec un nom nouveau — dans le concert joyeux des étoiles et les acclamations des fils du ciel.* 5. *Et j'entendis la voix d'une foule immense.*
Komponiert: 1964, Petichet.
UA: 7. Mai 1965, Sainte-Chapelle, Paris. Domaine Musical/Serge Baudo.
Dauer: 29 Minuten.
Verlag: Leduc (Studienpartitur).

— *Des Canyons aux étoiles . . .*
Orchester: 4. 3. 4. 3. — 3. 3. 3. 0. — Solo-Klavier, Glockenspiel, Xylorimba, 5 Schlagzeuger — 6. 0. 3. 3. 1.
1. *Le Désert*, 2. *Les Orioles*, 3. *Ce qui est écrit sur les étoiles*, 4. *Le Cossyphe d'Heuglin*, 5. *Cedar Breaks et le don de la crainte*, 6. *Appel interstellaire*, 7. *Bryce Canyon et les rochers rouge-orange*, 8. *Les Ressuscités et le chant de l'étoile Aldebaran*, 9. *Le Moqueur polyglotte*, 10. *La Grive des bois*, 11. *Omato, leiothrix, elopaio, shama*, 12. *Zion Park et la cité céleste.*
Komponiert: 1971—1974.
UA: 20. November 1974, Alice Tully Hall, New York. Yvonne Loriod, Musica Aeterna/Frédéric Waldman.
Dauer: 100 Minuten.
Verlag: Leduc (Dirigierpartitur).

III Vokalwerke

— *Deux Ballades de Villon*
Für Singstimme und Klavier.
1. *Epître à ses amis*, 2. *Ballade des pendus.*
Komponiert: 1921, Paris.

— *Trois Mélodies*
Für Singstimme und Klavier.
1. *Pourquoi?* 2. *Le Sourire* (Cécile Sauvage), 3. *La Fiancée perdue.*
Komponiert: 1930, Paris.
UA: 1930. Louise Martha, O. M.
Dauer: 6 Minuten.
Verlag: Durand.

— *La Mort du nombre*
Für Sopran, Tenor, Violine und Klavier.
Komponiert: 1930, Paris.
UA: 1931, Paris. Georgette Mathieu, Jean Planel.
Dauer: 12—13 Minuten.
Verlag: Durand.

— *Messe*
Für 8 Soprane und 4 Violinen.
Komponiert: 1933, Neussargues.

— *Vocalise*
Für Sopran und Klavier.
Komponiert: 1935, Paris.
Dauer: 4 Minuten.
Verlag: Leduc.

— *Poèmes pour Mi*
Für Sopran und Klavier.
1. *Action de grâces*, 2. *Paysage*, 3. *La Maison*, 4. *Epouvante*, 5. *L'Epouse*, 6. *Ta Voix*, 7. *Les deux Guerriers*, 8. *Le Collier*, 9. *Prière exaucée*.
Komponiert: 1936, Petichet.
UA: 28. April 1937, Paris. Marcelle Bunlet, O. M.
Dauer: 28 Minuten.
Verlag: Durand.
Orchestriert: 1937, Paris.
Besetzung: Sopran, 3. 3. 2. 3. — 4. 3. 3. 1. — 3 Schlagzeuger — Streicher.
UA: 1946, Bruxelles. Marcelle Bunlet, Orchestre National de la Radio belge/Franz André.
Dauer: 28 Minuten.
Verlag: Durand (Studienpartitur).

— *O sacrum convivium!*
Besetzung: SATB (Chor) oder Sopran und Orgel.
Komponiert: 1937, Paris.
Dauer: 3 1/2 Minuten.
Verlag: Durand.

— *Choeurs pour une Jeanne d'Arc*
Für große und kleine Chöre.

1. *Te Deum*, 2. *Impropères*.
Komponiert: 1941, Neussargues.
(nicht aufgeführt).

— *Trois petites Liturgies de la présence divine*
Besetzung: 36 Frauenstimmen, Solo-Klavier, Ondes Martenot solo, Celesta, Vibraphon, 3 Schlagzeuger — 8. 8. 6. 6. 4.
1. *Antienne de la conservation intérieure (Dieu présent en nous . . .)*, 2. *Séquence du Verbe, cantique divin (Dieu présent en lui-même . . .)*, 3. *Psalmodie de l'ubiquité de l'amour (Dieu présent en toutes choses . . .)*.
Komponiert: 15. November 1943 — 15. März 1944, Paris.
UA: 21. April 1945, Paris. Chorale Yvonne Gouverné, Yvonne Loriod, Ginette Martenot, Orchestre de la Société du Conservatoire/Roger Désormière.
Dauer: 40 Minuten.
Verlag: Durand (Studienpartitur).

— *Harawi*
Chant d'amour et de la mort
Für dramatischen Sopran und Klavier.
1. *La Ville qui dormait, toi*, 2. *Bonjour toi, colombe verte*, 3. *Montagnes*, 4. *Doundou tchil*, 5. *L'Amour de Piroutcha*, 6. *Répétition planétaire*, 7. *Adieu*, 8. *Syllabes*, 9. *L'Escalier redit, gestes du soleil*, 10. *Amour oiseau d'étoile*, 11. *Katchikatchi des étoiles*, 12. *Dans le noir*.
Komponiert: 15. Juni — 15. September 1945, Petichet.
UA. 24. Juni 1946, Mâcon. Marcelle Bunlet, O. M.
Dauer: 60 Minuten.
Verlag: Leduc.

— *Cinq Rechants*
Für 3 Soprane, 3 Alte, 3 Tenöre, 3 Bässe.
Komponiert: Dezember 1948, Paris.
UA: 1949, Salle Erard, Paris. Ensemble vocal Marcel Couraud/Marcel Couraud.
Dauer: 17 Minuten.
Verlag: Salabert.

— *La Transfiguration de Notre-Seigneur Jésus-Christ*
Chor: S. S. Mezzo. A. A. T. T. Bar. B. B. (10 Sänger für jede Stimme).
Orchester: 7 Solisten: Klavier, Violoncello, Flöte, Klarinette, Xylorimba,

Vibraphon, Marimba. 5. 4. 5. 4. — 6. 4. 4. 2. — 6 Schlagzeuger — 16. 16. 14. 12. 12.
Premier septennaire: 1. *Récit évangélique*, 2. *Configuratum corpori claritatis suae*, 3. *Christus Jesus, splendor Patris*, 4. *Récit évangelique*, 5. *Quam dilecta tabernacula tua*, 6. *Candor est lucis aeternae*, 7. *Choral de la sainte montagne — Deuxième septennaire*: 8. *Récit evangélique*, 9. *Perfecte conscius illius perfectae generationis*, 10. *Adoptionem filiorum perfectam*, 11. *Récit évangélique*, 12. *Terribilis est locus iste*, 13. *Tota Trinitas apparuit*, 14. *Choral de la lumière de gloire.*
Komponiert: 28. Juni 1965 — 20. Februar 1969.
UA: 7. Juni 1969, Lissabon. Gulbenkian-Chor, Yvonne Loriod, Mstislav Rostropovitch, Michel Debost, Henry Druart, Alain Jacquet, Jacques Delécluse, François Dupin, Orchestre de Paris/Serge Baudo.
Dauer: 90 Minuten.
Verlag: Leduc (Dirigierpartitur).

IV Instrumentale Kammermusik

— *Thème et variations*
Für Violine und Klavier.
Komponiert: 1932, Paris.
UA: 1932, Paris, Claire Delbos, O. M.
Dauer: 10 Minuten.
Verlag: Leduc.

— *Fantaisie*
Für Violine und Klavier.
Komponiert: 1933, Paris.

— *Quatuor pour la fin du temps*
Für Violine, Klarinette, Violoncello und Klavier.
1. *Liturgie de cristal*, 2. *Vocalise pour l'ange qui annonce la fin du temps*, 3. *Abîme des oiseaux*, 4. *Intermède*, 5. *Louange à l'éternité de Jésus*, 6. *Danse de la fureur, pour les sept trompettes*, 7. *Fouillis d'arcs-en-ciel, pour l'ange qui annonce la fin du temps*, 8. *Louange à l'immortalité de Jésus.*
Komponiert: 1940—1941, Görlitz.
UA: 15. Januar 1941, Stalag VIII A, Görlitz, Schlesien. Jean La Boulaire,

Henri Akoka, Etienne Pasquier, O. M.
Dauer: 49 Minuten.
Verlag: Durand (Partitur und Stimmen, Studienpartitur).

— *Le Merle noir*
Für Flöte und Klavier.
Komponiert: 1951, Paris.
Dauer: 6 Minuten.
Verlag: Leduc.

V Orgelwerke

— *Esquisse modale*
Komponiert: 1927, Paris.

— *Le Banquet céleste*
Komponiert: 1928, Fuligny.
Dauer: 6 Minuten.
Verlag: Leduc.

— *L'Hôte aimable des âmes*
Komponiert: 1928, Fuligny.

— *Variations écossaises*
Komponiert: 1928, Paris.

— *Diptyque*
Essai sur la vie terreste et l'éternité bien heureux
Komponiert: 1930, Paris.
Dauer: 12 Minuten.
Verlag: Durand.

— *Apparition de l'église éternelle*
Komponiert: 1932, Paris.
Dauer: 10 Minuten.
Verlag: Lemoine.

— *L'Ascension*
1. *Majesté du Christ demandant sa gloire à son Père*, 2. *Alléluias sereins d'une âme qui désire le ciel*, 3. *Transports de joie d'une âme devant la gloire du Christ qui est la sienne*, 4. *Prière du Christ montant vers son Père.*
Komponiert: 1933, Neussargues (Nr. 1 und 4); 1934, Paris (Nr. 2 und 3).

Dauer: 26 Minuten.
Verlag: Leduc.
(siehe auch *L'Ascension* unter den Orchesterwerken).

— *La Nativité du Seigneur*
Neuf Méditations
1. *La Vierge et l'enfant*, 2. *Les Bergers*, 3. *Desseins éternels*, 4. *Le Verbe*, 5. *Les Enfants de Dieu*, 6. *Les Anges*, 7. *Jésus accepte la souffrance*, 8. *Les Mages*, 9. *Dieu parmi nous*.
Komponiert: 1935, Grenoble.
UA: 1935, La Trinité, Paris. O. M.
Dauer: 55 Minuten.
Verlag: Leduc.

— *Les Corps glorieux*
1. *Entrée (Les Langues de feu)*, 2. *Offertoire (Les Choses visibles et invisibles)*, 3. *Consécration (Le Don de la sagesse)*, 4. *Communion (Les Oiseaux et les sources)*, 5. *Sortie (Le Vent de l'Esprit)*.
Komponiert: 1949, Tanglewood — 1950, Paris.
UA: Pfingsten 1951, La Trinité, Paris, O. M.
Dauer: 28 Minuten.
Verlag: Leduc.

— *Livre d'orgue*
1. *Reprises par interversion*, 2. *Pièce en trio I*, 3. *Les Mains de l'abîme*, 4. *Chants d'oiseaux*, 5. *Pièce en trio II*, 6. *Les Yeux dans les roues*, 7. *Soixante-quatre durées*.
Komponiert: 1951.
UA: 23. April 1953, Villa Berg, Stuttgart, O. M.
Dauer: 42 Minuten.
Verlag: Leduc.

— *Verset pour la fête de la Dédicace*
Komponiert: Dezember 1960, Paris.
Dauer: 9 Minuten.
Verlag: Leduc.

— *Méditations sur le Mystère de la Sainte Trinité*
Den 9 Stücken hat Messiaen später (1986) die folgenden Titel gegeben: 1. *Le Père inengendré*, 2. *La Sainteté de Jésus-Christ*, 3. *La Relation réelle en Dieu est réellement identique à l'essence*, 4. *Je suis, je suis!*, 5. *Dieu est im-*

mense, éternel, immuable; Le souffle de l'Esprit; Dieu est Amour, 6. *Le Fils, Verbe et Lumière*, 7. *Le Père et le Fils aiment, par le Sainte-Esprit, eux-mêmes et nous*, 8. *Dieu est simple*, 9. *Je suis Celui qui Suis.*
Komponiert: 1969.
UA: 20. März 1972, Basilica of the Immaculate Conception, Washington, DC. O. M.
Dauer: 77 Minuten.
Verlag: Leduc.

— *Livre du Saint-Sacrement*
1. *Adoro te*, 2. *La Source de Vie*, 3. *Le Dieu caché*, 4. *Acte de Foi*, 5. *Puer natus est nobis*, 6. *La Manne et le Pain de Vie*, 7. *Les Ressuscités et la lumière de Vie*, 8. *Institution de l'Eucharistie*, 9. *Les Ténèbres*, 10. *La Résurrection du Christ*, 11. *L'Apparition du Christ ressuscité à Marie-Madeleine*, 12. *La Transsubstantiation*, 13. *Les deux Murailles d'eau*, 14. *Prière avant la communion*, 15. *La Joie de la grâce*, 16. *Prière après la communion*, 17. *La Présence multipliée*, 18. *Offrande et Alléluia final.*
Komponiert: 1984—1985.
UA: 1. Juli 1986, Detroit. Almut Rössler.
Dauer: 90 Minuten.
Verlag: Leduc

VI Klavierwerke

— *La Dame de Shalott*
Komponiert: 1917, Grenoble.

— *La Tristesse d'un grand ciel blanc*
Komponiert: 1925, Paris.

— *Préludes*
1. *La Colombe*, 2. *Chant d'extase dans un paysage triste*, 3. *Le Nombre léger*, 4. *Instants défunts*, 5. *Les sons impalpables du rêve*, 6. *Cloches d'angoisse et larmes d'adieu*, 7. *Plainte calme*, 8. *Un Reflet dans le vent . . .*
Komponiert: 1928—1929, Fuligny.
UA: 1931, Paris. Henriette Roget.
Dauer: 34 Minuten.
Verlag: Durand.

— *Fantaisie burlesque*
Komponiert: 1932, Paris.
UA: 1932, Paris. Robert Casadesus.
Dauer: 7 Minuten.
Verlag: Durand.

— *Pièce pour le tombeau de Paul Dukas*
Komponiert: 1935, Grenoble.
Dauer: 5 Minuten.
Publiziert in La Revue musicale, Nr. 166 (1936).

— *Rondeau*
Komponiert: 1943, Paris.
Dauer: 3 Minuten
Verlag: Leduc.

— *Visions de l'Amen*
Für 2 Klaviere.
1. *Amen de la création*, 2. *Amen des étoiles, de la planète à l'anneau*, 3. *Amen de l'agonie de Jésus*, 4. *Amen du désir*, 5. *Amen des anges, des saints, du chant des oiseaux*, 6. *Amen du jugement*, 7. *Amen de la consommation.*
Komponiert: 1943, Paris.
UA: 10. Mai 1943, Paris. Yvonne Loriod, O. M.
Dauer: 48 Minuten.
Verlag: Durand.

— *Vingt Regards sur l'enfant Jésus*
1. *Regard du Père*, 2. *Regard de l'étoile*, 3. *L'Echange*, 4. *Regard de la Vierge*, 5. *Regard du Fils sur le Fils*, 6. *Par lui tout a été fait*, 7. *Regard de la Croix*, 8. *Regard des hauteurs*, 9. *Regard du temps*, 10. *Regard de l'Esprit de joie*, 11. *Première Communion de la Vierge*, 12. *La Parole toutepuissante*, 13. *Noël*, 14. *Regard des anges*, 15. *Le Baiser de l'Enfant-Jésus*, 16. *Regard des prophètes, des bergers et des mages*, 17. *Regard du silence*, 18. *Regard de l'onction terrible*, 19. *Je dors, mais mon coeur veille*, 20. *Regard de l'eglise d'amour.*
Komponiert: 23. März — September 1944, Paris.
UA: 26. März 1945, Salle Gaveau, Paris. Yvonne Loriod.
Dauer: 125 Minuten.
Verlag: Durand.

— *Cantéyodjayâ*
Komponiert: 1949.
UA: 23. Februar 1954, Paris. Yvonne Loriod.
Dauer: 12 Minuten.
Verlag: Universal.

— *Quatre Etudes du rythme*
1. *Ile de feu I*, 2. *Mode de valeurs et d'intensités*, 3. *Neumes rythmiques*, 4. *Ile de feu II*.
Komponiert: (Nr. 1) 1950, Paris, (Nr. 2) 1949, Darmstadt, Paris, (Nr. 3) 1949, Tanglewood, (Nr. 4) 1950, Paris.
UA: 1950, Tunis. O. M.
Dauern: (Nr. 1) 3 Minuten, (Nr. 2) 2 1/2 Minuten, (Nr. 3) 7 1/2 Minuten, (Nr. 4) 4 Minuten.
Verlag: Durand.

— *Catalogue d'oiseaux*
1. *Le Chocard des Alpes*, 2. *Le Loriot*, 3. *Le Merle bleu*, 4. *Le Traquet stapazin*, 5. *La Chouette hulotte*, 6. *L'Alouette Lulu*, 7. *La Rousserolle effarvatte*, 8. *L'Alouette calandrelle*, 9. *La Bouscarle*, 10. *Le Merle de roche*, 11. *La Buse variable*, 12. *Le Traquet rieur*, 13. *Le Courlis cendré*.
Komponiert: Oktober 1956 — 1. September 1958.
UA: 15. April 1959, Salle Gaveau, Paris. Yvonne Loriod.
Dauern: (Nr. 1) 13 1/2 Minuten, (Nr. 2) 9 1/2 Minuten, (Nr. 3) 13 1/2 Minuten, (Nr. 4) 16 Minuten, (Nr. 5) 8 Minuten, (Nr. 6) 9 Minuten, (Nr. 7) 30 1/2 Minuten, (Nr. 8) 5 1/2 Minuten, (Nr. 9) 11 1/2 Minuten, (Nr. 10) 19 Minuten, (Nr. 11) 9 1/2 Minuten, (Nr. 12) 8 1/2 Minuten, (Nr. 13) 11 Minuten. Total 165 Minuten.
Verlag: Leduc

— *La Fauvette des jardins*
Komponiert: 1970, Petichet.
UA: 7. November 1972, Espace Cardin, Paris. Yvonne Loriod.
Dauer: 34 1/2 Minuten.
Verlag: Leduc.

— *Petites Esquisses d'oiseaux*
1. *Le Rouge-gorge*, 2. *Le Merle noir*, 3. *Le Rouge-gorge*, 4. *La Grive musicienne*, 5. *Le Rouge-gorge*, 6. *L'Alouette des champs*.
Komponiert: 1986.

UA: 26. Januar 1987, Théâtre de la Ville, Paris, Yvonne Loriod.
Dauer: 45 Minuten
Verlag: Leduc.

VII Elektronische Musik

— *Fête des Belles-Eaux*
Für 6 Ondes Martenot.
Komponiert: 1937, Paris.
UA: 1937, Paris.
Dauer: 31 1/2 Minuten.
— *Deux Monodies en quarts de ton*
Für Ondes Martenot.
Komponiert: 1938, Paris.
— *Musique de scène pour un Oedipe*
Für Ondes Martenot.
Komponiert: 1942, Paris.
— *Timbres-durées*
Für Tonband.
Komponiert: 1952.
Realisiert von Pierre Henry.
Dauer: 15 Minuten.
Zurückgezogen.

Bibliographie

Die ausführlichste Bibliographie über Messiaen wurde von Rainer Riehn erstellt für *Musik-Konzepte* 28, die dem französischen Komponisten gewidmet sind, sie nennt sich aber — höchst bescheiden — „Auswahlbibliographie". Hier werden nur die wichtigsten Arbeiten von und über Messiaen aufgeführt.

1. Messiaens eigene Publikationen

— *Vingt Leçons de solfège moderne* (O. M. et al.), Paris 1933.
— *„Ariane et Barbe-Bleue" de Paul Dukas*, in: *Revue musicale* 166 (1936), S. 79—86.
— *Le Rythme chez Igor Strawinsky*, in: *Revue musicale* 191 (1939), S. 91—92.
— *Technique de mon langage musical*, Paris 1944.
— Préface zu *Mana* von André Jolivet, Paris 1946.
— *Maurice Emmanuel: ses „trente chansons bourguignonnes"*, in: *Revue musicale* 206 (1947), S. 108.
— *Conférence de Bruxelles*, Paris 1958.
— *Conférence de Notre-Dame*, Paris 1978.
— *Musique et couleurs. Nouveaux Entretiens avec Claude Samuel*, Paris 1986 (siehe auch C. Samuel weiter unten).
— *Traité du rythme* (in Vorbereitung).

2. Bücher über Messiaen

— Sieglinde Ahrens/Hans-Dieter Möller/Almut Rössler: *Das Orgelwerk Messiaens*, Duisburg 1976.
— Paul Borum/Erik Christensen: *Messiaen en handbog*, Kopenhagen 1977.
— Antoine Goléa: *Rencontres avec Olivier Messiaen*, Paris 1960.
— Paul Griffiths: *Olivier Messiaen and the Music of Time*, London 1985.

— Harry Halbreich: *Olivier Messiaen*, Paris 1980.
— Ingrid Hohlfeld-Urfer: *Die musikalische Sprache Olivier Messiaens, dargestellt an dem Orgelzyklus „Die Pfingstmesse"*, mit einem Beitrag von Almut Rössler: *Zur Interpretation der Orgelwerke Messiaens*, Duisburg 1978.
— Robert Sherlaw Johnson: *Messiaen*, London 1975.
— Pierrette Mari: *Olivier Messiaen*, Paris 1965.
— Aloyse Michaely: *Die Musik Olivier Messiaens. Untersuchungen zum Gesamtschaffen*, Hamburg 1987.
— Roger Nichols: *Messiaen*, London 1975.
— Alain Périer: *Messiaen*, Paris 1979.
— Michèle Reverdy: *L'Oeuvre pour piano d'Olivier Messiaen*, Paris 1978.
— Claude Rostand: *Olivier Messiaen*, Paris 1957.
— Claude Samuel: *Entretiens avec Olivier Messiaen*, Paris 1967.
— Claude Samuel: Olivier Messiaen: *Musique et couleurs. Nouveaux entretiens avec Claude Samuel*, Paris 1986.
— Stuart Waumisley: *The Organ Music of Olivier Messiaen*, Paris 1968.

3. Artikel über Messiaen

— Jean Barraqué: *Rythme et développement*, in: *Polyphonie* 1954, Nr. 9 S. 47—73, und Nr. 10 S. 58—63.
— Pierre Boulez: *Olivier Messiaen*, in: ders.: *Points de repère*, Paris 1981, S. 552 — 557; deutsch in: ders.: *Anhaltspunkte*, Stuttgart 1975, S. 154—162.
— David Drew: *Messiaen, a Provisional Study*, in: *The Score*, Nr. 10 (1954), S. 33—49, Nr. 13 (1955), S. 59—73, Nr. 14 (1955), S. 41—61.
— Adrian Evans: *Olivier Messiaen in the Surrealist Context: a Bibliography*, in: *Brio* (1974), S. 25—35.
— Hellmut Heiß: *Struktur und Symbolik in „Reprises par interversion" und „Les Mains de l'abîme" aus Olivier Messiaens „Livre d'orgue"*, in: *Zeitschrift für Musiktheorie* 1 (1970), Heft 2, S. 32—38.
— Trevor Hold: *Messiaen's Birds*, in: *Music and Letters* 3 (1971), S. 113—122.
— *Melos* 25 (1958), Heft 12: Messiaen-Nummer.
— Messiaen-Festival-Buch: *Hommage à Messiaen*, Paris 1978.

— *Musik-Konzepte* 28 (1982): Messiaen-Nummer.
— Roger Smalley: *Debussy and Messiaen*, in: *Musical Times* 109 (1968), S. 128—131.

Personenregister